Berthold Gunster

# Ja, maar wat als alles lukt?

*Opzet, tekstbijdragen, redactie*
Annemargreet Dwarshuis

*Omslagontwerp* Sybren Kuiper
*Binnenwerk* Jan Gunster

Elfde druk, juni 2021

ISBN 978 90 229 9606 5
NUR 770

# Inhoud

# Ja, maar

Stel, je hebt een idee, een plan of een gedachte. En het enige wat je hoort zijn ja-maars. 'Ja, maar dat is vroeger ook al een keer geprobeerd, toen werkte het ook niet', 'Ja, maar wat kost dat wel niet' en 'Ja, maar wat als het mislukt...?!'

Al die ja-maars geven je het gevoel dat elke poging tot vernieuwing en verandering verdwijnt in een zompig moeras van argumenten, redelijkheid en quasiverstandige tegenwerpingen. En dat is precies hoe het werkt. Ja-maar is de gesloten levenshouding van het denken in termen van beperkingen, bedreigingen en beren op de weg. Hoe zinvol elk argument op zichzelf ook kan zijn, het resultaat is stroperigheid, verstarring en stilstand.

Er is ook een andere houding, de ja-en-houding. Dat is de open houding, waarbij we denken in termen van wat wél kan, van kansen en mogelijkheden. Niet alleen de beren, maar vooral de weg. Het resultaat? Creativiteit, vernieuwing en inspiratie.

*

Het verschil tussen ja-en- en ja-maar-gedrag is in principe heel eenvoudig. Ja-en-gedrag is een restaurant binnenkomen en vooral waarnemen *wat er is.* Je ziet de bediening, de inrichting van het restaurant, je tafelgenoten. Er is een kok die voor je gaat koken. Het kan niet anders of je wordt vervuld met een gevoel van volledigheid. Het is goed. Je zegt ja tegen de wereld waarin je je op dat moment bevindt. Kijken met een ja-en-blik leidt tot verrassing: je ziet dingen die je niet had verwacht, maar die er wel zijn. Ja-en is de positie van kansen en mogelijkheden. Bij ja-en is het glas half vol.

Als je met een ja-maar-blik naar hetzelfde restaurant kijkt, zie je andere dingen. Je ziet vooral de dingen zoals ze *hadden moeten zijn*. Het uitzicht is niet in orde, de bediening duurt te lang, de kaart is niet goed, het is rumoerig. Kortom, je ziet vooral wat er *niet* is. Als je met een ja-maar-blik kijkt, dan kijk je niet, maar dan vergelijk je wat je ziet met hoe het had moeten zijn. En het kan niet anders of je wordt vervuld met een gevoel van gemis. Er ontbreekt iets. Het is niet goed. Je zegt ja-maar tegen de wereld waarin je je op dat moment bevindt. Kijken met een ja-maar-blik leidt tot teleurstelling: je ziet niet wat je had verwacht. Ja-maar is de positie van bedreigingen en beperkingen. Bij ja-maar is hetzelfde glas half leeg.

Het verschil tussen ja-en en ja-maar is in principe eenvoudig. Maar hoe komt het toch dat we zo vaak op een ja-maar-manier kijken? En dan gaat het niet alleen om een restaurant, maar ook om hoe we kijken naar ons werk, naar onze partner en niet in het minst naar onszelf: onze dromen, verlangens, gevoelens en gedachten. Hoe komt het dat we juist de dingen die ons dierbaar zijn vaak met zoveel (negatieve) kritiek, cynisme en scepsis bekijken? En wat zouden we kunnen doen (of moeten laten) om dat te veranderen? Wat zou het ons opleveren als we op een ja-en-manier leren kijken? En (ten slotte) hoe maak je de overgang van ja-maar- naar een ja-en-manier van kijken? Dat zijn de essentiële vragen van dit boek. En het aardige is, al lezend zul je merken dat het er soms helemaal niet toe doet of het glas half vol of half leeg is. Een ja-en-levenshouding begint namelijk niet met een beoordeling, maar met een vraag. Waar is de kraan?

*

Als dit boek een gebouw is, dan kun je dit hoofdstuk zien als de begane grond. Het bevat de grondvesten, de fundering van het gebouw. Is ja-maar altijd 'verkeerd'? Daarover gaat het eerste deel van dit boek. Je zult merken: ja-maar heeft zijn functie. De kunst is alleen te weten wanneer je het wel en wanneer je het niet moet zeggen.

Het volgende deel is het hart van dit boek: het bevat de tien ja's voor een ja-maar-vrij leven. De eerste ja gaat over 'zijn', de laatste over 'doen'. Je kunt deze hoofdstukken zien als de tien verdiepingen van het gebouw. De hoofdstukken zijn achter elkaar, als een aaneensluitend betoog, maar ook afzonderlijk van elkaar te lezen.
Het derde deel van dit boek gaat over de vraag 'wat als alles lukt?' Willen we dat? Hoe ziet dat eruit? Het is het sluitstuk van het boek. Je kunt het zien als het helikopterplatform. Als het goed is, ben je vanaf hier *ready for take-off.*
Ten slotte bevat het boek een vierde en laatste deel met handbagage voor onderweg: boeken om verder te lezen en noten ter verantwoording.

Wil je weten in hoeverre je een ja-maar- danwel een ja-en-type bent? Op internet kun je bij www.ja-maar.nl de Ja-maar-Test afleggen. De test kost je ongeveer drie minuten. Misschien is het een leuk idee de test te doen voordat je het boek leest en nogmaals na afloop. Mogelijk is er een verschil meetbaar. Wie weet.

Nog een noot bij de herziene uitgave. Tijdens het schrijven in 2008 van *Huh?! De techniek van het omdenken* bemerkte ik dat veel van wat ik in *Ja-maar wat als alles lukt?* in 2005 had geschreven toe was aan een frisse opknapbeurt. Vandaar.

Veel plezier!

Berthold Gunster

**Ja-maar-zeggers brengen niet alleen elk idee om zeep, ze ruïneren complete bedrijven, zelfs hele industrieën.**

**Ja, maar zo werkt dat niet.**
**Ja, maar dat kunnen we niet betalen.**
**Ja, maar wat als het mislukt!**

**Ja-maar-zeggers hebben de antwoorden.**
**Zij zien de beren op de weg.**

**Als je je in een gezelschap bevindt, kijk goed rond, wie zijn hier de ja-maar-zeggers, en kijk ook, wie zijn hier de ja-en-zeggers.**

**Laat ons de ja-en-zeggers behoeden. Ze durven te dromen. En te doen. Ze bereiken het onbereikbare. Keer op keer.**

**Ja, en hoe zorgen we dat het werkt?**
**Ja, en wat kunnen we investeren?**
**Ja, en wat als alles lukt?**

**Ja-en-zeggers stellen de vragen.**
**Zij zien de beren én de weg.**

Vrij naar een onbekende tekst

# Deel I
# Begane grond

*

Ja-maar bereidt ons voor op tegenslag.
Maar hoe bereiden we ons voor op succes?

# Ja-en, nee-want, ja-maar

*Als je op de lach zit te wachten komt hij niet.*
[BEPPIE MELISSEN]

Als je iets onverwachts overkomt, kun je op allerlei manieren reageren: verbaasd, opgelucht, geïrriteerd, geschokt, blij. Het lijkt alsof er duizenden verschillende reacties mogelijk zijn op een gebeurtenis. Maar in essentie zijn alle reacties samen te vatten in drie basisposities: acceptatie (ja-en), verzet (nee-want) of kritische observatie (ja-maar). Laten we een eenvoudig voorbeeld nemen. Een dagje strand.

Het is mooi weer, de eerste zomerse dag van het jaar. Maarten wil met zijn partner Monique een dagje naar het strand. In alle vroegte verzamelen ze een tas met handdoeken en zonnebrand-olie, een grote koelbox met hapjes en drankjes, ze stappen in de auto, zetten de ramen open en de muziek aan, rijden de straat uit, kortom, ze hebben er zin in. Deze dag kan niet meer stuk. Maar op vijf kilometer van de kust wordt het langzaamaan steeds donkerder, wolken pakken zich samen en na een tijdje begint het te regenen. De ruitenwissers gaan aan, de temperatuur zakt een graad of zes en Maarten en Monique kijken elkaar vragend aan. Wat te doen?

Als zich zo'n onverwachte en onwelkome (want in strijd met je oorspronkelijke plan) gebeurtenis aankondigt, kun je in principe op drie manieren reageren. De eerste positie zou je kunnen omschrijven als de ja-en-positie. Het is de positie van acceptatie. 'Oké, regen. Dat wordt een fantastische strandwandeling. We zijn straks de enigen op het strand, wie had dit gedacht?' De tweede houding, de nee-want-houding, is die van strijd en verzet. 'Shit. Dit was wel het laatste waar ik op zat te wachten. De weersvoorspelling klopt weer eens van geen kanten. We gaan naar huis, dit wordt niks meer.' De derde en laatste houding, die van ja-maar, zou je kunnen omschrijven als de houding van kritische observatie. 'Tja, regen. Maar er was toch echt mooi weer voorspeld. Misschien wordt het nog droog. Zullen we op de parkeerplaats gaan staan en even afwachten?' Alle drie de reacties zijn begrijpelijk en logisch. De ene reactie is niet beter dan de andere. Er bestaat niet zoiets als een foute manier van met de werkelijkheid omgaan. Alleen is het de kunst om per situatie de meest effectieve reactie te laten zien.

*

Uit het oogpunt van effectiviteit is ja-en natuurlijk de ultieme reactie. Wie de regen kan accepteren en een nieuw plan kan trekken (strandwandelen in de regen), is onmiddellijk in harmonie met zijn omgeving. Aangezien de feiten van dat moment (regen) in overeenstemming zijn met je nieuwe visie (strandwandelen in de regen), is er geen spanning tussen droom en werkelijkheid. De ja-en-reactie geeft rust, handelingsperspectief en plezier. Ondanks tegenslag weet je de touwtjes in handen te houden. Als de wind verandert, verander je de stand van je zeilen. Net zo makkelijk.

Ja-en is een wereld zonder grenzen. Alles is mogelijk, alles kan. Geen feit zo weerbarstig of het kan ingepast worden binnen de eigen plannen. Daarmee is ja-en de positie van inspirerende denkers, leiders met een wereldomspannende visie en uitzonderlijke kunstenaars. Met hun zienswijze creëren ze een nieuwe kijk op de werkelijkheid. Hoewel hun basishouding toekomstgericht is, leven ja-en-mensen voortdurend in contact en harmonie met het moment, het hier en nu. Ze staan open voor wat er is, sterker nog, ze zien de huidige werkelijkheid als een humuslaag waar een toekomstige werkelijkheid op kan groeien. Zelfs bij ogenschijnlijke tegenslag. Ongeacht soms reusachtige beperkingen lijken ze er altijd in te slagen de situatie naar hun eigen hand te zetten en een leven te creëren dat in het verlengde ligt van hun eigen verlangens en behoeften. Ze maken van de nood een deugd. Ze zullen 'de molen naar de wind keren'. In essentie is ja-en de houding van accepteren en toevoegen. Wie een ja-en-reactie vertoont, past zijn visie aan de feiten aan. Je zou ook kunnen zeggen: ja-en-zeggers gaan voor hun geluk.

Let wel: accepteren is iets (wezenlijk) anders dan berusten. Accepteren is een actieve daad van overgave. Wie de werkelijkheid accepteert, heeft geen moeite met de werkelijkheid. Hij kan zijn visie moeiteloos aanpassen aan de feiten. Accepteren is actief. Berusten is meestal passief. In de praktijk betekent berusten vaak je ergens bij neerleggen. Je zult merken dat acceptatie vaak leidt tot precies het tegenovergestelde van berusting. Mensen die de werkelijkheid accepteren, zijn juist uiterst effectief als het erom gaat een *nieuwe werkelijkheid* te creëren. Hoe beter je de dingen accepteert, des te beter je de situatie kunt beïnvloeden. Deze ogenschijnlijk tegenstrijdige gedachte is een van de pijlers van dit boek.

De tweede houding, de nee-want-reactie, leidt tot strijd en verzet. De dag lijkt mislukt. Wie nee-want zegt, zal dat verlies niet accepteren. Hij zal zich verzetten en proberen de feiten alsnog aan te passen aan zijn visie. En dat geeft spanning. Want zolang dat wat je wilt (visie) niet overeenstemt met dat wat is (de werkelijkheid), zul je wat moeten ondernemen. Bijvoorbeeld doorrijden naar een strand 100 kilometer zuidelijker. De positieve kwaliteit van een nee-want-reactie is assertiviteit. Zoals ja-en de wereld zonder grenzen is, zo is nee-want de wereld van begrenzing. Een streep trekken. Nee kunnen zeggen tegen iemand. Opkomen voor jezelf. Wie geen nee kan zeggen, leidt een leven dat wordt bepaald door wensen en behoeften van anderen. Mensen met een gezonde nee-want-kwaliteit hebben een stevige kern. Beschikken over ruggengraat. Weten wat ze willen. En waaien juist niet met alle winden mee. Wie een nee-want-reactie vertoont, past de feiten aan zijn visie aan. Nee-want-zeggers gaan voor hun gelijk.*

De derde en laatste houding, de ja-maar-reactie, leidt tot afwachten. 'Oké, het regent op dit moment, maar misschien is het straks wel droog. Oké, we wilden graag op het strand in de zon liggen, maar we kunnen ondanks de regen nog wel zwemmen.' Wie ja-maar-gedrag vertoont weet het eigenlijk nog niet. Zal ik mijn visie aanpassen aan de feiten (ja, we gingen naar het strand om te zonnen, maar we kunnen altijd nog gaan zwemmen), of zal ik de feiten aanpassen aan mijn visie (ja, het regent op dit moment, maar het zou zomaar mooi weer kunnen worden, je weet het nooit). Het belangrijkste kenmerk van ja-maar is het niet-handelen. Wie ja-maar zegt, kijkt ernaar en denkt erover na. Weet nog niet precies wat te doen. En dat is het grootste verschil tussen ja-maar en de andere twee posities. Ja-en en nee-want leiden tot handelen. Een besluit. Een actie. Ja-maar leidt tot niet-handelen. Ja-maar is 'ik stond erbij en ik keek ernaar'. Daarmee is ja-maar de houding van kritische observatie en wetenschappelijke beschouwing. Alles wat goede journalisten, wetenschappers en advocaten doen, kun

---

* Je zult tijdens het lezen van dit boek bemerken dat de nee-want-houding verder nauwelijks in beeld komt. Misschien vraag je je af waarom dat zo is. Assertiviteit, opkomen voor jezelf en duidelijk aangeven waar je grens ligt zijn toch belangrijke vaardigheden? Die constatering is juist. Nee kunnen zeggen is een gezonde en belangrijke vaardigheid. Als je dat niet kunt, is het niet best, en er zijn boekenkasten over volgeschreven hoe je op een gezonde manier nee kunt leren zeggen. De kern van dit boek is echter niet assertiviteit maar acceptatie. Met een reden. Het probleem is vaak niet dat mensen geen nee kunnen zeggen, het probleem is veeleer dat mensen ja zeggen terwijl ze eigenlijk nee *bedoelen*. En dus is het in plaats van nee-want te leren zeggen veel effectiever om gewoon *geen ja-en* te zeggen. Je hoeft niet iets nieuws bij te leren, je moet iets ouds loslaten. Ik heb niet zoveel met nee. Nee als grondhouding suggereert dat je je zou moeten wapenen tegen de boze buitenwereld. Alsof iedereen je met van alles en nog wat voortdurend lastigvalt en je je daar voortdurend tegen zou moeten beschermen. Maar is dat werkelijk zo? En is zo'n basishouding van wantrouwen wel effectief? Als mensen je om een gunst vragen die je liever niet wilt verlenen, is het toch veel juister om te constateren dat je niet de behoefte voelt om ja te zeggen dan dat je de aandrang voelt om nee te zeggen?

je beschouwen als ja-maar-werkzaamheden. Kritische reflectie, intelligente beoordeling en fundamentele analyse vormen zelfs de essentie van hun werk. Ja-maar kan van levensbelang zijn. In de vliegtuigbouw kan één verkeerde berekening catastrofale gevolgen hebben voor honderden mensen. Om die reden bedraagt in sommige bedrijfstakken de maximale foutenmarge nul procent. Testen, testen, testen voordat je daadwerkelijk de lucht in gaat.

Op een positieve manier ja-maar-gedrag vertonen is moeilijker dan het lijkt. Wie in de ogen van anderen te lang nadenkt, wordt al snel gezien als iemand die het proces belemmert. In onze westerse cultuur ligt een grote nadruk op doen, actie ondernemen, ervoor gáán. De enkele keer dat we ja-maar-gedrag móéten vertonen, kunnen we het vaak niet. Dan heet het al snel: geen woorden, maar daden. Wij geloven dat dingen ontstaan door dingen te doen. Het is een reflex van velen om bij onzekerheid harder te gaan werken. Meer te gaan doen. Maar soms is het verstandig om de tijd te nemen. Gras groeit niet door eraan te trekken. Perioden van twijfel en niet-weten zijn vaak voorboden van een nieuw en revolutionair inzicht. Soms is het verstandig ergens nog eens een nachtje over te slapen. Loslaten, niet weten, de spanning laten bestaan zonder die op te hoeven lossen, kunnen leven met een probleem – dat vinden we moeilijk in praktijk te brengen. Ja-maar is de positie van twijfel. En daar houden we niet zo van. Wie een ja-maar-reactie vertoont, weet (nog) niet wat de beste strategie is: zal ik de feiten aanpassen aan mijn visie of mijn visie aanpassen aan de feiten? Of van beide een beetje. Ja-maar-zeggers gaan (voorlopig) nergens voor. En da's, zoals gezegd, best lastig. Onze cultuur heeft ons geleerd dat nietsdoen betekent dat er ook niets ontstaat. Een misvatting. Het gras staat immers het hoogst als je terugkomt van vakantie.

*

Zoals gezegd, met alle drie de reacties is niks mis: ze hebben elk hun nut en kwaliteit. Ze hebben (echter) ook alle drie hun valkuil. Of, zoals mijn moeder altijd zei: 'Alles met "te" ervoor is niet goed'.* Zo is ja-en uiteraard een kwaliteit. Het is zelfs de essentie van dit boek. Maar het kan ook een valkuil worden. Wie tegen elke mogelijkheid ja-en zegt, wordt iemand die met alle winden meewaait. Wie slechts ja kan zeggen, kan geen prioriteiten stellen en heldere keuzes maken. Mensen die gekenmerkt worden door een dominante ja-en-houding, moeten van zichzelf altijd aardig zijn, alles accepteren en elke tegenslag met een glimlach dragen. Iemand die ja-en tot zijn basishouding maakt, heeft eigenlijk geen eigen kompas of kern. Hij is als een weekdier zonder ruggengraat.

Ook nee-want kan een valkuil zijn. De ultieme nee-want-respons als het gaat om een dagje strand zag ik in de *Donald Duck*. Ondanks zware regenval dwong Donald zijn neefjes Kwik, Kwek en Kwak met zwembroek, handdoekje en parasol op het strand te gaan liggen. Nee-want is de ultieme strijd met de elementen. Wie elke situatie (over)assertief benadert, zal door anderen als vijandig worden ervaren. Als een notoire ruziezoeker. Of zo'n vader achter een krant: wat het kind ook zegt, het antwoord is nee. Zo'n dwangmatige grondhouding is behalve onaardig (nee betekent wegwezen) ook weinig effectief. Als je alles afwijst, overal de strijd mee aangaat, word je op den duur een burcht waar niemand meer toegang toe heeft. Zoals een overmatige ja-en-houding leidt tot met alle winden meewaaien, zo leidt een overmatige nee-want-basishouding tot het ontstaan van een staat van oorlog. De valkuil van ja-en is onbegrensdheid, de valkuil van nee-want is juist een overmatige begrenzing. Een opsluiting in jezelf.

Zoals de positieve kant van ja-maar kritische observatie is, zo is de valkuil zeuren, zeiken en mekkeren. Het is niet goed of het deugt niet. Er is altijd wel ergens iets op aan te merken. Er is al-

* Behalve tegoedbon, teletubbies, tevredenheid, tekenpotlood, televisie, tequila, tezamen en te bed.

tijd nog wel een rapport te schrijven, een onderzoek te doen of nog een meubelzaak te bezoeken voordat een definitieve bank gekozen wordt. Als ja-maar je basishouding wordt, dan word je zo'n klassieke schoonmoeder. 'Mooie bank, hè?!' 'Ja, maar wel een besmettelijk stofje.' Ja-maar-mensen zijn nooit ergens helemaal voor, maar ze zijn ook nooit ergens helemaal tegen. Ze zeggen ja, maar doen nee. Het is zoiets als gas geven en remmen tegelijk. Ja-maar-mensen staan niet in het leven, ze kijken naar het leven. Ze weten het niet, ze twijfelen. Ze wikken en wegen. Als er een fusie aan zit te komen, hebben ze allerlei bezwaren, twijfels en dilemma's. Maar om nou te zeggen dat de fusie er dan níét moet komen, nee, dat ook weer niet. Ze zijn er niet echt tegen. Maar als zich na de fusie problemen voordoen (en die doen zich natuurlijk altijd voor), dan hadden zij dat natuurlijk allang zien aankomen. In zijn ergste vorm zijn ja-maarmensen de betweters en achterafgelijkhebbers. Altijd wel wat te zeuren. Een ja-maar-basishouding betekent nooit ergens écht voor gaan. Maar er wel altijd een mening over hebben...

Als het goed is beschik je in voldoende mate over alle drie de houdingen en kun je per situatie gemakkelijk beslissen welke positie je wilt innemen. Soms is het verstandig op een ja-en-manier te reageren, soms is een nee-want-manier beter en een andere keer kan het juist goed zijn een ja-maar-reactie te vertonen. Maar... dit blijkt in de praktijk nogal eens tegen te vallen.

*

Laten we een willekeurig doorzonwoningstel nemen. Harrie en Marieke. Ze hebben hun eigen kleine wereld perfect georganiseerd: beiden een baan met bestaanszekerheid voor jaren, een middenklassenauto, een hypotheek die voor tien jaar vaststaat tegen 5,9 procent rente en een levensverzekering die uitkeert bij overlijden van een van beiden. Na lang wikken en wegen hebben ze twee jaar geleden besloten een kind te nemen – zij was toen 38 en hij 45, het was nu of nooit – en zo werd vorig jaar Clarinde geboren. Nu, een jaar later, logeert Clarinde bij oma Anke en Harrie en Marieke gaan een weekendje naar Amsterdam. Ze weten precies wat ze willen: een gezellige Franse bistro aan het water, niet te veel mensen, gezellige muziek, Marieke heeft vooronderzoek gedaan op internet, een reservering gemaakt (en gecheckt of de reservering goed geregeld was) en nu zijn ze er klaar voor. Maar… als ze op de plaats van bestemming komen is het er veel drukker en lawaaieriger dan ze hadden verwacht. Bovendien oogt het allemaal wat chaotisch en ongeorganiseerd. Hmm. Wat nu?! Na lang beraad besluiten ze verder te zoeken. Ze annuleren netjes de reservering en gaan naar buiten. Op zoek naar iets anders. Maar ja, da's niet zo makkelijk. Wat ze ook bekijken, het is te duur, te gewoon, te vol, te leeg… over wat ze allebei níét leuk vinden kunnen ze het gemakkelijk eens worden. Maar over wat ze wél leuk vinden een stuk minder makkelijk. Als ze dan uiteindelijk om halfnegen ergens binnenstappen ('Laten we deze maar nemen, straks kunnen we nergens meer terecht'), is de kans groot dat ze meteen al beginnen te evalueren. 'Wel klein en benauwd,' fluistert Marieke. 'En dat voor die prijs,' beoordeelt Harrie.

## Ja-maar-houding

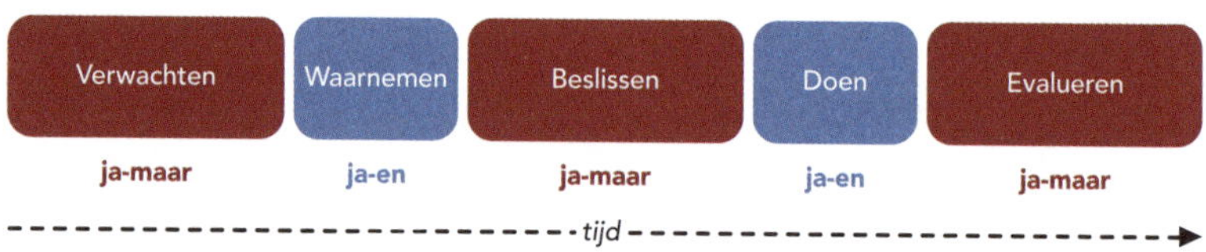


## Ja-en-houding

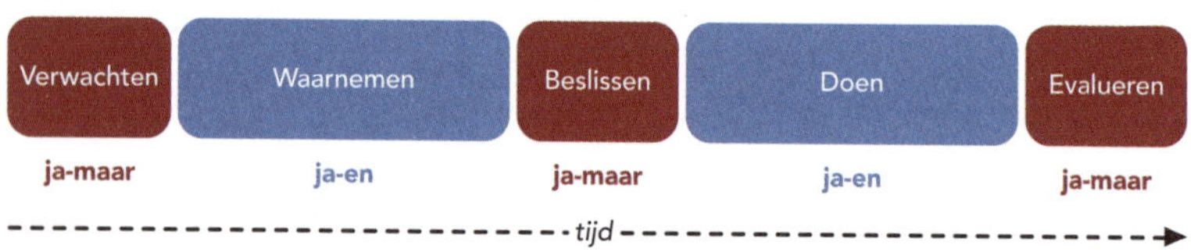

Marieke en Harrie hebben hoge en precieze verwachtingen van het leven, vinden het belangrijk de beste beslissing te nemen en zullen dan ook uitvoerig evalueren of wat zij hadden besloten wel oplevert wat ze verwachtten. Hun handelingspatroon ziet er aldus uit (lees de kolom zoals die hiervoor staat afgebeeld van links naar rechts): elke handeling begint met een *verwachting*. Harrie en Marieke hebben hoge verwachtingen. Daar besteden ze veel tijd en aandacht aan. Vervolgens gaan ze *waarnemen*. Maar eigenlijk nemen ze niet echt goed waar. Ze vergelijken wat ze zien (in de werkelijkheid) met hun verwachting (in hun hoofd). Alle Mexicaanse, Griekse, Indiase, Thaise en Belgische restaurants laten ze links liggen. Die passen immers niet in hun sjabloon van 'bistro'. De meeste tijd zijn ze bezig met nadenken, twijfelen en discussiëren. Als ze vervolgens besloten hebben waar ze uit eten gaan en dat ook gaan *doen* (nu begint het blokje 'doen'), zullen ze niet eerst rustig gaan eten, maar beginnen ze eigenlijk meteen al te *evalueren* (het volgende blokje) of deze beslissing wel goed was. Het kan niet anders of de evaluatie valt dan ook negatief uit. Kenmerkende zinsneden uit ja-maar-dialogen zijn dan ook teksten als 'zie je wel', 'ik zei toch', 'hadden we maar...'

De blokjes '*verwachten*', '*beslissen*' en '*evalueren*' zou je alle drie als ja-maar-blokjes kunnen beschouwen: je bent aan het *denken over* de werkelijkheid. En dat is precies de kern van ja-maar: beoordelen. De blokjes '*waarnemen*' en '*doen*' zou je beide als ja-en-blokjes kunnen beschouwen: je bent de werkelijkheid aan het ervaren. En dat is de kern van ja-en: overgave en acceptatie.

Als je, zoals Marieke en Harrie, veel tijd besteedt aan de ja-maar-blokjes, zul je voor elke beslissing, of het nou gaat om de keuze voor een restaurant, een nieuwe auto kopen, van baan veranderen, samenwonen, behang uitkiezen of een school zoeken voor je dochter, per definitie veel tijd nodig hebben.

Als Harrie en Marieke niet oppassen, gaat de meeste tijd zitten in discussiëren *over* het leven. Je zou ook kunnen zeggen: Marieke en Harrie zitten meer in hun eigen hoofd dan in de werkelijkheid.

Het is voor mensen als Marieke en Harrie, die een sterke voorkeur voor ja-maar hebben, de uitdaging minder tijd te besteden aan het 'hebben over' en meer aan het 'beleven van'. Maar dat is moeilijk, want in het leven word je dagelijks geconfronteerd met grote en kleine keuzes. Wie de overgang wil maken naar een ja-maar-vrij leven (lees: een leven zonder *overbodig* twijfelen) kan het zich natuurlijk niet veroorloven helemáál niet meer na te denken. Dat zou naïef zijn. De kunst is echter alles op zijn tijd te doen. Een ja-en-leven kent dezelfde volgorde als een ja-maar-leven, alleen met een wezenlijk ander accent.

Als je met een ja-en-blik de wereld bekijkt, kijk je op een fundamenteel andere manier dan wanneer je met een ja-maar-houding in de wereld staat. Wie met een ja-maar-bril kijkt, legt een grote nadruk op wat hij verwacht. En hij zal de werkelijkheid vergelijken met zijn verwachting. Een ja-maar-blik neemt vooral waar wat er níét is. Wat er ontbreekt, niet goed is aan de werkelijkheid. Een ja-maar-blik leidt daarom bijna per definitie tot teleurstelling. Het kan eigenlijk alleen maar tegenvallen. Wie daarentegen met een ja-en-blik kijkt, verwacht minder, bij vlagen zelfs helemaal niks, en kijkt beter. En het aardige is, wie goed waarneemt, zal merken dat de realiteit eigenlijk veel grootser, omvangrijker en rijker is dan de verwachting. Wie met een ja-en-blik waarneemt, zal letterlijk meer kansen en mogelijkheden zien dan iemand die op zoek is naar wat er niet is. Allerlei wetenschappelijk onderzoek ondersteunt namelijk de aanname dat een ontspannen houding een wezenlijk kenmerk is van mensen die beter waarnemen, creatiever zijn, meer gevoel voor humor hebben en beter in staat zijn tegenslag te verwerken en door te zetten.* Voor nu volstaat het om in te zien dat Harrie en Marieke zo dwangmatig op zoek zijn naar een Frans restaurant, dat ze alleen in staat zijn Franse restaurants waar te nemen. Je zou deze strategie kunnen vergelijken met het zoeken naar een speld in een hooiberg en ondertussen een volautomatische naaimachine, een gloednieuwe racefiets en een wonderschone boerendochter of -zoon al zoekend over het hoofd zien. Harrie en Marieke nemen niet alleen andere restaurants niet waar, maar ook alle andere mogelijkheden die zich bevinden in het gebied buiten de verwachting 'uit eten gaan'. Een disco misschien (dan maar een keer niet eten), een kroeg of loungecafé (waar ze Frans eten bleken te serveren, Franse tot loungemuziek bewerkte chansons draaiden en op de muren foto's van Frankrijk het decor bepaalden...). Of misschien komen Marieke en Harrie wel opeens langs de plek waar ze elkaar voor het eerst ontmoet hebben. En kijken ze elkaar opnieuw verliefd in de ogen. Tja, dan hoef je natuurlijk helemaal niet meer te eten...

*

Samengevat. Wie op een ja-maar-manier in het leven staat, heeft hoge verwachtingen, neemt 'geladen' met verwachtingen de werkelijkheid slecht waar, ziet kansen en mogelijkheden over het hoofd, zal lang treuzelen over een beslissing, intuïtief de verkeerde beslissing nemen en vervolgens kortstondig actie ondernemen

---

* Zo blijkt ontspanning niet alleen te leiden tot meer aandacht en creativiteit, maar ook tot een groter gevoel voor *humor*. Arthur Koestler legt in *The Art of Creation* uit hoe diepgaand ontspanning, humor en creativiteit met elkaar verweven zijn. Het is ondoenlijk te lachen of creatief te zijn als je je zorgen maakt. Zo hebben onderzoeken van Alice Ilsen e.a. aan de universiteit van Maryland aangetoond dat mensen die slechts vijf minuten een filmpje met bloopers bekeken daarna een vijf keer zo grote kans hadden een hun voorgeschoteld probleem op te lossen (Bron: Claxton, Guy; Hare Brain, *Tortoise Mind: How Intelligences Increases When You Think Less*, Fourth Estate, UK, 1997). Niet voor niets betoogt John Cleese: 'Grote creativiteit is reageren op situaties zonder kritisch na te denken. Met speelsheid.' En concludeert Mihaly Czikzentmihalyi, schrijver van onder andere *Creativity* en *Flow*, als het gaat om creativiteit: 'Het lijdt geen twijfel dat een speelse, lichtvoetige houding het kenmerk is van creatieve mensen.'

om al snel tot evaluatie over te gaan. Gezien de geringe inspanningen zal het eindoordeel per definitie negatief uitvallen. In de woorden van de Duitse voetbalspeler Jürgen Wegmann: '*Erst hatten wir kein Glück, dann kam auch noch Pech dazu.*'[1]
Iemand die daarentegen met een ja-en-blik kijkt, heeft minder verwachtingen, is in staat om daar open en flexibel mee om te gaan, neemt vooral waar wat er wél is (en wat hij misschien niet eens verwacht had), ziet daardoor vooral kansen en mogelijkheden, wat mogelijk leidt tot het formuleren van nieuwe, zelfs *hogere* verwachtingen. Hij heeft (dus) ook weinig tijd nodig om een goede beslissing te nemen. Een ja is een ja. Vervolgens gaat hij ervoor, is bereid zo lang door te gaan als nodig is en is onderweg in staat tegenslag te incasseren. Daarna zal hij weinig tijd nodig hebben om kort en effectief te evalueren of het goed was of niet. En omdat hij er voluit voor is gegaan, is de kans groot dat de evaluatie positief uitvalt en er al snel een nieuwe cyclus van verwachten-waarnemen-beslissen-doen-evalueren plaats kan vinden.

Nog korter geformuleerd zou je het verschil tussen een ja-maar- en een ja-en-manier van kijken als volgt kunnen omschrijven: bij ja-maar kijk je naar wat er zou *moeten* zijn, maar wat er nog ontbreekt of niet goed is. Bij ja-en kijk je naar wat er is en wat je ermee zou *kunnen*. Ja-maar is dan ook de houding van het zien van de beren op de weg, wat er allemaal niet klopt, kortom, de houding van controle. Ja-en is de positie van kansen en mogelijkheden zien, ofwel de positie van creëren.

Deze verschillende basishoudingen grijpen in op alle gebieden van ons leven. Wie op een ja-maar-manier in de wereld staat, kijkt niet alleen op die manier naar een restaurant, maar ook naar zijn of haar eigen lichaam, relaties met anderen, dromen die hij heeft en de doelen die daaruit voortvloeien. Ja-maar en ja-en zijn twee verschillende *levenshoudingen*, die verweven zijn met ons hele bestaan. Als je jezelf herkent in een ja-maar-levenshouding, als je regelmatig ja-maar-gedrag vertoont, vastomlijnde verwachtingen hebt, bij belangrijke beslissingen de neiging hebt lang te twijfelen, geneigd bent snel op te geven en regelmatig in zelfbeklag terugkijkt naar wat jij of 'zij' verkeerd gedaan hebben, dan is dit boek voor jou geschreven.

*

Dit boek vraagt je niet een totaal andere persoon te worden. En dat hoeft ook niet. Ja-maar en ja-en zijn beide kwaliteiten, je hoeft niets wég te doen. Behou alles wat je hebt. Koester beide kwaliteiten. Het gaat alleen om een *accentverschuiving*. Zeg ja-en bij waarnemen en doen, zeg ja-maar op de momenten dat je iets overdenkt. Het zou te gemakkelijk – en bovendien onjuist – zijn om te concluderen dat vanaf nu ja-maar de foute positie zou zijn en ja-en de goede. Zo zwart-wit ligt het niet. Het gaat om een relatief gemakkelijke en subtiele verplaatsing van aandacht. De grap is, een relatief kleine maar wel consequent doorgevoerde verandering – net iets minder verwachten en net iets beter waarnemen – kan wel revolutionaire gevolgen hebben. Vergelijk het met een weegschaal. Aan de ene kant ligt een gewicht van 1 kilo, aan de andere kant 995 gram druiven. Ondanks het geringe verschil in gewicht zal de weegschaal door slechts een of twee druiven er bij te plaatsen *volledig* overhellen naar de andere zijde. Weinig verschil, groot effect. Vergelijkbaar met ijs van een temperatuur even onder nul. Door het slechts een klein beetje te verwarmen zal er een complete metamorfose plaatsvinden. Dat is waarom ik bij voorkeur spreek van een accentverschuiving.

Ik heb dat al eerder betoogd, maar laat er geen misverstand over bestaan: ja-maar als basishouding is een gezonde kwaliteit. Boekhouders, controllers, journalisten en accountants worden zelfs betaald om ja-maar-gedrag te vertonen. Het is de kern van hun beroep. Kritische controle. Intelligente reflectie. En het zou onzin en naïef zijn om te stellen dat als het management met een nieuw plan zou komen (outsourcen van de helft van de productie) iedereen na het lezen van dit boek op een ja-en-manier zou moeten reageren. '*Hoera! Bedankt! Nieuwe kansen!*' Integendeel. Er is niks mis met kritisch zijn. Sterker nog, als er iets is wat ik zelf de afgelopen jaren heb geleerd, is het misschien wel juist om op de ja-maar-momenten het niet te weten, er nog een nachtje over te slapen en even wat afstand te nemen. De tijd nemen om een gefundeerde beoordeling van de situatie te formuleren of een juist besluit te nemen. Je kunt ja-maar en ja-en zien als in- en uitademen. Als het goed is, vindt er een natuurlijke, voortdurende afwisseling tussen beide houdingen plaats. Reflectie versus actie. Denken versus doen. Het een kan niet zonder het ander. Het is de essentie van de mens. Leven is doen én denken. Beide hebben elkaar nodig. Het is vooral een kwestie van *timing*. Er zou om die reden ook heel goed een boek geschreven kunnen worden over de effectiviteit van ja-maar. En dat boek zou uiteraard heel zinvol en nuttig kunnen zijn. Het zou gaan over veiligheid, controle en zorgvuldigheid. Maar dit is een ander boek. Dit boek gaat over avontuur, creativiteit en beweging. Over jezelf overgeven aan de stroom van het leven en *tegelijkertijd* voldoende het gevoel behouden van controle en beheersing. Dat doel bereiken we alleen als we de balans tussen ja-maar en ja-en bewaken. En in de praktijk zien we op de beslissende momenten, zo is mijn ervaring, vooral een teveel aan ja-maar. We hebben echter van moment tot moment de keuzevrijheid hoe we reageren op een situatie. Dit boek onderzoekt dan ook de vraag hoe je vanuit de vrijheid een accentverschuiving van ja-maar naar ja-en kunt realiseren.

# Ja-maar

Bedenken wat er
zou moeten zijn,
maar niet is.

# Ja-en

Zien wat er is
en wat je ermee
zou kunnen.

# Angst

*Wat doen grote mensen als het regent? Ze mopperen.*
*Wat doen kinderen? Ze springen in de plassen.*

Hoe komt het nou dat we zo vaak geneigd zijn om, zelfs als we dat niet willen, op een ja-maar-manier in het leven te staan? Om die vraag te beantwoorden is het belangrijk eerst naar de bron van ja-maar te kijken. In essentie is de bron van ja-maar angst. Zoals overgave, vertrouwen en liefde de bron zijn van ja-en, zo zijn controle, wantrouwen en angst de bron van ja-maar.*

Angst kan velerlei vormen en gedaanten aannemen, van lichte bezorgdheid en onrust tot paniek en heftige angststoornissen. En alles wat ertussen zit: angst voor het donker, angst voor het onbekende, angst voor de angst. Ondanks de letterlijk honderden variaties is angst in essentie te herleiden tot drie primaire basisangsten: angst voor de dood, angst voor de eenzaamheid en angst een betekenisloos leven te leiden. *The Big Three*. Zodra je inziet dat deze drie angsten de voedingsbodem vormen van al het ja-maar-gedrag, zal het je helpen een accentverschuiving van ja-maar naar ja-en te realiseren. Door je op sommige momenten niet door je angst te laten overmeesteren. Angst als alerte raadgever is een trouwe en loyale bondgenoot, angst als blinde paniek is als een olifant in een porseleinkast.

---

* Veel mensen zullen haat en liefde als tegenpolen beschouwen. Maar bij nadere beschouwing is dat onjuist. Haat en liefde zijn op oppervlakkig niveau wel elkaars tegengestelde, maar op dieper niveau komen ze uit dezelfde bron voort: de mensen die we het meest haten, zijn vaak onze voormalige geliefden. Het feit dat we hun liefde niet meer kunnen ontvangen, maakt dat we hen haten. Zo staat aan de bron van haat altijd liefde. Haat brengt je net als liefde naar iets of iemand toe. Angst doet je van iets of iemand verwijderen. Daarom zijn haat en liefde in essentie een uiting van iets willen en is angst altijd een uiting van iets niet willen. Zo is het tegenovergestelde van liefde dus angst en is het tegenovergestelde van ja niet nee, maar ja-maar.

*

Het belangrijkste ja-maar vloeit voort uit de meest fundamentele angst die we kennen: de angst voor fysieke bedreiging en – in het verlengde daarvan – de dood. Tegenwoordig hebben we pleisters, dokters en ziekenhuizen, maar wat moet het vijfduizend jaar geleden betekend hebben om een been te breken of een meniscus te scheuren? Stel je dat eens serieus voor. Dat moet een ramp geweest zijn. Geen dokter, geen ziekenhuis of gips, helemaal niks. Alleen maar jij die op de grond ligt met wat onhandig kijkende stamleden in een kringetje eromheen.

Eén verkeerde beslissing, één verkeerde beweging kon fataal zijn. Gevaar, honger, ziekten en dood lagen voortdurend op de loer. En dan hebben we het nog niet eens gehad over hongerige carnivoren als de Bengaalse tijger, zwarte panter of bruine beer. De wereld was vrij overzichtelijk. Zij behoorden tot de roofdieren, wij tot de prooidieren. Ten opzichte van deze vechtmachines hadden we maar een treurig verdedigingsapparaat: geen slagtanden, nauwelijks spieren en een lachwekkend acceleratievermogen. Voordat we een beetje wapens konden maken en intelligent konden samenwerken, hadden we van *fight* eigenlijk niks te verwachten. Hoeveel kans maakte je als onhandige tweevoeter ten opzichte van een jongvolwassen leeuw met gezonde trek? Het motto was simpel, *flight or fright*. Een uiterst hoge alertheid moet voor onze soort een absolute vereiste geweest zijn om te overleven. Voortdurende angst was onze levensredder, onze ingebouwde alarmknop. In die prille jaren van de mensheid moeten we even schrikachtig geweest zijn als herten, vogels of paarden. Zelfs ten tijde van de Romeinen was de gemiddelde levensverwachting niet hoger dan negentien, twintig jaar.

Vijfduizend jaar lijkt lang geleden, maar in de evolutie van de mens is het een klein streepje geschiedenis. Het kan niet anders of de programma's die we toen nodig hadden om te overleven, vormen ook nu nog de hardware van ons bestaan. Roep maar eens vlak achter iemands oor op een onbewaakt ogenblik stevig boe en je zult alle ingebouwde angstreflexen ogenblikkelijk in werking zien: hij springt naar voren, geeft een gil, al zijn haren gaan rechtovereind staan en hij zal zijn handen omhoogbrengen om zijn belangrijkste lichaamsdelen (hart en hoofd) te beschermen. Deze ja-maar-reflex is van groot nut als het gaat om overleven. Het zijn evolutionair zeer oude systemen en verstoringen daarvan liggen ten grondslag aan allerlei angststoornissen, zoals posttraumatische stressstoornis en paniekstoornis. Kortom, onze *ingebouwde* angsten zijn onze bondgenoten en het is goed om ze met respect te bezien. Ze zijn snel, alert en actiegericht en helpen ons daarmee bij onze overleving. Maar angst als raadgever om te overleven hebben we in de alledaagse praktijk van de eenentwintigste eeuw natuurlijk een stuk minder nodig dan vroeger. Toch zie je dat veel mensen hun leven inrichten op het voorkomen van gevaar en naar een zo veilig mogelijke comfortzone streven.

Alhoewel deze alarmknop een deel van onze aangeboren hardware is, moet deze er voor een deel ook ingeprogrammeerd worden. Naast ingebouwde angst is er dan ook sprake van *aangeleerde* angst. Terecht. En begrijpelijk. Als kind zijn we klein en kwetsbaar en de wereld is vol gevaar. Stel je maar voor dat je als kind van vier jaar met je bal aan het spelen bent, en je bal stuitert naar de overkant van de weg, dan heb je de impuls om gelijk achter je bal aan te rennen. Als het goed is hebben je ouders je geleerd om op te passen bij gevaar: ja, je mag wel oversteken, *maar...* kijk eerst naar links, dan naar rechts en daarna nog een keer naar links. Dus niet alleen maar impuls-handelen, eerst *nadenken*. Dus impuls-*nadenken*-handelen. En als je als kind goed naar je ouders luistert en je oefent dit een tijdje, dan wordt het nadenken vanzelf een nieuwe *reflex*. Je weet dat je moet uitkijken als je oversteekt. Het gaat vanzelf. En zo ontstaat er een nieuw programma, impuls-reflex-doen. Je neiging in beweging te komen *onderdruk* je met een tegenbeweging, een reflex. Veel lichamelijke reflexen zijn ingebouwd (wanneer je met een hamer een tik tegen je knie geeft, zal je been vanzelf omhoogschieten), maar andere reflexen (zoals oppassen aan de zijkant van de weg of je voet meteen naar het rempedaal brengen als de remlichten van de auto voor je plotseling oplichten) leren we in de loop van ons leven.

Dat onze ouders ons leren behoedzaam te zijn bij gevaar is natuurlijk nuttig en nodig. Het is zinvolle, *aangeleerde* angst. Maar in sommige gezinnen, maatschappijen en culturen wordt de angst zo sterk gereproduceerd, dat die ons hele handelen beïnvloedt. Angst is nogal vaak irrationeel. Zo leren sommige mensen hun kinderen op te passen voor 'mensen uit het kamp', dat zijn zigeuners en criminelen waar je met een grote boog omheen moet lopen. Anderen leren op te passen voor besmetting, bacteriën en ongedierte. In deze gezinnen worden pakken yoghurt de avond voor de vervaldatum onherroepelijk weggegooid en worden de mondhoeken voortdurend hardhandig met doekjes gereinigd. Aangeleerde angst kent duizenden gedaanten, van angst voor de wolf, poep, homoseksualiteit, moslims, Joden, vloeken, stoute dingen denken, blanken, kapitalisten, Sinterklaas en de boze buurman tot vader die straks thuiskomt. Als we niet oppassen, trainen we onszelf zo goed na te denken, op te passen bij gevaar, tot tien te tellen, te bezinnen eer we beginnen en niet in zeven sloten tegelijk te lopen, dat we gewoonweg geen tijd meer overhouden om na te denken over wat we wél willen. 'Als de deur maar op het nachtslot zit, als ik maar eerst voldoende geld heb, als het vliegtuig maar veilig geland is, als ik maar een vaste baan heb, als ik mijn pensioen gehaald heb, als, als, als, dan...

Als-dan is in feite de omkering van ja-maar. Helaas leven velen van ons het grootste deel van hun tijd op deze manier. Zo door 'als' in beslag genomen, dat ze geen tijd meer overhouden voor 'dan'. Voor hen is dit leven eigenlijk een soort goede voorbereiding op... ja, op wat eigenlijk? Ze leven in een staat van permanente angst en bezorgdheid. En je zult altijd zien: waar ze het meest bang voor zijn, zal juist gebeuren. Zo las ik het volgende bericht in de krant.

'Een bijgelovige Roemeen die gisteren – vrijdag de 13e – de deur niet uit wilde uit angst voor een ongeluk, is overleden nadat hij in de keuken was gestoken door een wesp. De 54-jarige Florin Carcu had alle mogelijke voorzorgsmaatregelen getroffen. Hij had zelfs een vrije dag genomen. De wesp betrof een zeldzame, uiterst giftige soort, bijgenaamd "de wolf".'[2]

Overigens, Marinus Knoope, schrijver van *De creatiespiraal*, merkt in dit verband treffend op: 'De meeste mensen zijn teleurgesteld als hun zorgen uitkomen. Strikt logisch gezien is dat een beetje vreemd. Als je je zorgen maakt en ze komen uit, dan is er iets gelukt, dan heeft het creatieproces gewerkt.'

Deze angst voor de dood ligt ook aan de basis van angst voor *verandering* in het algemeen. Verandering is per slot van rekening altijd onzeker. Je weet wat je hebt, maar wat krijg je ervoor terug? Bij alle grote veranderingen speelt deze angst voor de dood op de achtergrond een rol. Veranderingen op het gebied van wonen, werken, relaties en gezin gaan per definitie gepaard met perioden van twijfel. Wie wat angstiger in het leven staat en meer dan gemiddeld bezorgd is over wat er allemaal mis kan gaan, zal bij dergelijke grote beslissingen in een kramp raken. Leuk, een kind, maar wat als het niet gezond is? Verkering, leuk, maar wat als hij het uitmaakt? Verhuizen, top, maar moeten we niet eerst ons eigen huis verkopen? Wat als we straks niet voor onszelf kunnen zorgen? Wat als wonen, eten, kortom, ons overleven in gevaar komt? Wie bezorgd is over de toekomst zal op kansrijke momenten in zijn leven de sprong niet makkelijk durven maken. Maar soms is durf, een ingecalculeerd risico, absoluut noodzakelijk. Want straks is het droomhuis dat een tijdje te koop stond opeens verkocht aan iemand anders. Of is je biologische klok uitgetikt.

*

Om te overleven hebben we elkaar nodig. Het ergste wat ons in vroeger tijden kon overkomen, was verstoten worden door de groep. Als dat gebeurde, waren we eigenlijk ten dode opgeschreven. Veel van onze ja-maars, van 'wat zullen de buren er wel niet van denken' tot 'zo doen we dat hier nou eenmaal', zijn tot deze angst terug te voeren, de angst voor *eenzaamheid.* Leven volgens de regels, verwachtingen, codes en cultuur van de groep was vroeger van groot belang om te overleven. Er was geen sociaal vangnet in de vorm van bijstand, ouderdomspensioen of Ziektewet. Mensen hielpen elkaar. En als je niemand had om voor je te zorgen, dan had je een groot probleem. Maar die wederzijdse afhankelijkheid is in de loop van de tijd afgenomen. Hoewel wij nog steeds op een complexe manier met elkaar verbonden zijn (en waarschijnlijk altijd zullen blijven), is de betekenis van een groep, stam of horde voor ons overleven in betekenis afgenomen. Steeds meer worden we individuen die deelgenoot zijn van een complexe wereld. De groepen waartoe we behoren, kunnen we soms net zo gemakkelijk wisselen als onze kleding, en dat doen we dan ook veelvuldig en met groot gemak. Bij familie gedragen we ons anders dan op school, op het werk of in de supermarkt. De wereld vereist van ons dat we steeds flexibeler met groepsregels om kunnen gaan. In feite zijn we van een 'we', een groepsdier, aan het veranderen in een 'ik', een individu, dat zich in steeds wisselende omgevingen weet aan te passen. Een 'ik' dat nog steeds met andere 'ikken' verbonden is tot een 'we', alleen minder duidelijk dan vroeger. We kunnen verbindingen verbreken en maken. Dat is mooi. Maar de prijs die we ervoor betalen is dat anderen dat óók kunnen. En dat is minder mooi.

De angst om niet te voldoen aan de regels of behoeften van de groep, en dientengevolge uitgesloten worden, kan verschillende vormen aannemen. Laten we beginnen met een ogenschijnlijk onschuldige vorm, het vasthouden aan regels. Elke groep produceert een set van regels en leden van de groep zullen die regels moeten eerbiedigen en handhaven teneinde de groep bijeen te

houden. Om effectief te functioneren zijn groepen van nature *dwangmatig*. De Tien Geboden, het Wetboek van Strafrecht en het reglement van de IJsvereniging Ankerveen hebben alle ten doel groepsgedrag te reguleren. Niets mis mee. Ware het niet dat sommige mensen hier nogal in doorschieten. Zo mocht onze oudste zoon van dichtbij een sterk staaltje regelzucht meemaken. Vlak voor het havo-eindexamen aardrijkskunde zit een van zijn medeleerlingen in een stadsbus in Utrecht. De bus staat op een brug in een lange file en de leerling dreigt te laat te komen voor het examen. Gelukkig heeft hij een mobiele telefoon bij zich en kan hij zijn leraar bellen. Die laat de conciërge van de school in een auto stappen en naar de file rijden. De conciërge weet zijn auto in een zijstraat van de file te manoeuvreren, nog geen 100 meter van de bus verwijderd, en belt de leerling op om hem te vertellen dat hij uit de bus kan komen. De jongen vraagt aan de chauffeur de deuren open te doen, en wat doet hij? Hij weigert. Waarom? Hij mag dat alleen doen als hij bij een halte staat. Terwijl de bus twintig minuten op dezelfde plek stilstaat. Naast de stoep. Er is geen enkele reden, behalve de regels, om de deuren niet te openen. De leerling miste toch nog zijn examen.
Het star vasthouden aan regels (de bedoeling, de afspraak, de norm) is dan ook een typisch kenmerk van ja-maar-gedrag. Niet de logica, het boerenverstand of 'dat wat werkt' is uitgangspunt, maar hoe we het altijd gedaan hebben en hoe het hoort. De regels.

Een tweede vorm van ja-maar-gedrag die voortkomt uit de angst verstoten te worden door de groep is de ja-maar die we kennen van (kleine) kinderen. Aangepast gedrag. Aardig doen. Hielen likken, deemoedig het hoofd buigen en coöperatief gedrag suggereren. Een kind weet natuurlijk heel goed dat het een verzoek van zijn ouders maar beter met ja kan beantwoorden. Nee is niet verstandig. Als een kind rechtstreeks aanstuurt op een conflict, is de kans groot dat het verliest. En het laatste wat een kind wil is verstoten worden. Daarom zal een kind zijn verzet altijd in een iets vriendelijker ja-maar verpakken. Ja-maar suggereert een dialoog. Maar iedere ouder weet natuurlijk dat het geen dialoog is. Het is de ja-maar die eigenlijk nee is. Deze vorm van ja-maar-gedrag ervaren we als zaniken en zemelen. Als je er als ouder wat van zegt, is de kans groot dat je te horen krijgt: maar ik mag toch wel een vraag stellen? Ouders in Amerika hebben een mooie uitdrukking tot hun beschikking als hun kind dit gedrag vertoont: *don't but me.*

Volwassenen die zich op hun werk op dezelfde manier opstellen, zullen eveneens geneigd zijn ja-maar te zeggen als ze nee bedoelen. Ook voor hen geldt dat openlijk verzet een risico inhoudt. De sociale buitensluiting heet in dit geval ontslag. Daarom horen we in organisaties medewerkers ook zo vaak (letterlijk) ja-maar zeggen. Alleen zal zeuren van een volwassene natuurlijk niet geaccepteerd worden. Een volwassene wordt geacht mee te denken met de doelstellingen van de organisatie. Daarom zal een volwassene zijn ja-maar in een iets ander jasje moeten steken. In dit geval heet het 'kritische vragen stellen' of 'draagvlak zoeken'. Het klinkt verstandig, maar het is vaak hetzelfde geëmmer en gemekker. Ja zeggen en nee doen is daarmee hét kenmerk van een ja-maar-cultuur. Overigens, ook vice versa, van boven naar onderen, zijn aardige staaltjes ja-maar-gedrag waarneembaar. Als medewerkers constructieve ideeën hebben of onwelgevallige informatie over de buitenwereld (klanten), dan is de kans groot dat cruciale informatie met een ja-maar-reactie van het management wordt weggewoven. Niet lullen maar poetsen, heet het dan.

Een derde manier om niet buiten de groep te vallen is *gespeelde bescheidenheid.* Ook aan 'de bovenkant' kun je uit de boot vallen. In principe zijn we allemaal gelijk, een teveel aan succes, roem of geld bedreigt de broze status-quo. Kom niet met je hoofd boven het maaiveld uit. De beste manier om met succes om te gaan is dus gewoon te blijven. Of in elk geval te doen alsof. O wee, als je kapsones hebt. En dus heeft Nederland heel veel 'gewone' succesvolle mensen voortgebracht. En daarom houden we ook meer van André Hazes dan van John de Mol. *Gewoon André*, heette een van zijn albums dan ook puntig. Hoewel je je af kunt vragen hoe 'gewoon' iemand als Hazes was.

Een andere strategie om de angst voor sociale buitensluiting te bezweren is onaantastbaarheid of *superioriteit*. Als je de baas bent voel je je minder bedreigd. Macht geeft bescherming. Je kunt op verschillende manieren de baas worden. Door je in één bepaald, uiterst nauw gedefinieerd vakgebied te bekwamen ben je al snel de alfa-aap van de groep. In het land der blinden is eenoog koning. Vanuit die positie veroorloven mensen het zich om een vorm van ja-maar-gedrag te vertonen die je als neerbuigend of geringschattend kunt omschrijven. 'Ja, maar laat u dat nou maar aan ons over', 'Dat begrijpt u toch niet' of 'U moet dat ook niet zelf willen oplossen'. De bedoeling van deze ja-maars is de ander te degraderen tot de ondeskundige en afhankelijke partij. Als anderen minder zijn, hoef je ook niet bang voor ze te zijn. Winkeliers van speciaalzaken (vooral als ze tegen hun pensioen lopen en van één ding echt enorm veel weten), verkopers van iets-heel-moeilijks-technisch of baliemedewerkers bij de dienst Paspoorten ('Ja, maar mevrouw, zo werkt dat natuurlijk niet, even aan het eind van de dag een paspoort halen, we zijn de Albert Heijn niet') kunnen ook nog weleens zo'n arrogante toon aanslaan. Het is de ja-maar van wie-denkt-u-wel-niet-dat-u-bent. De vorm is superioriteit, maar de bron is angst en het onvermogen op een gelijkwaardige manier te communiceren. Overigens hoef je er niet echt intelligent of deskundig voor te zijn. Vaak zijn het juist de badmeesters, conciërges en chefs van de kopieerafdeling die dit gedrag vertonen. Mensen die net één verdieping hoger staan. Blijkbaar zijn die het meest bezig hun positie in de groep te bevestigen. Ten koste van de begane grond. Uiteraard.

Hoe mensen zich ook gedragen, arrogant, quasibescheiden, ultiem vasthoudend aan de regels, de drijfveer van al deze gedragingen is terug te leiden tot de angst buiten de groep te vallen. Een angst die mensen overigens *terecht* ervaren. Ook in deze tijd heeft sociale uitsluiting, in vakliteratuur aangeduid als *social exclusion*, vaak ingrijpende gevolgen. Sterker nog, de voortschrijdende individualisering van de afgelopen decennia heeft tot gevolg dat meer en meer mensen buiten de boot vallen. Met vaak zeer ernstige gevolgen. Zo stelt een studie van de afdeling Sociale Psychologie van de VU Amsterdam dat buiten een groep gesloten worden, gezien kan worden als 'een van de ergste dingen die mensen kunnen overkomen'. Ze vervolgen met: 'Dergelijke sociale uitsluiting heeft voor het slachtoffer zowel psychologische als economische gevolgen. Slachtoffers van sociale uitsluiting hebben een verlaagde zelfwaardering, ervaren minder controle over hun leven en kunnen de fundamentele behoefte om ergens bij te horen niet meer vervullen. Dit kan op den duur leiden tot depressie en een verzwakt immuunsysteem.'[3] Andere gevolgen van sociale uitsluiting zijn dak- en thuisloosheid en een structurele afhankelijkheid van bijstandsvoorzieningen. Problemen die vaak hun oorsprong vinden in de opvoeding. Zo blijken jongeren die moeite hebben om hun school af te maken en dak- en thuislozen als kind vaak al ernstig problematische en verstoorde relaties met hun opvoeder(s) te hebben gehad. Als er al opvoeders waren.[4] Kortom, de angst voor eenzaamheid is een uiterst reële angst. Het vermogen om bij een groep te horen is ook tegenwoordig letterlijk van levensbelang.

*

En zo zijn we aanbeland bij de derde en laatste angst: de *zinloosheid van het bestaan*. De 'waartoe zijn we op aarde'-vraag. Religies hebben van het geven van een solide antwoord op deze vraag hun broodwinning gemaakt. Hun antwoord is even simpel als doeltreffend: de hemel. Wie nu goed leeft, mag straks de hemel in. Zeker weten of je er komt doet natuurlijk niemand, maar als je ons geloof aanhangt en goed je best doet te leven volgens onze regels, neemt de kans zienderogen toe. Mooi idee natuurlijk, het geeft het leven structuur en richting, maar wat als je niet in een bepaalde religie gelooft? Hoe geef je dan je leven zin? En moeten we zoiets überhaupt wel willen? En als we ons niet met die vraag bezighouden, hebben we dan per definitie een zinloos leven? Of bestaat zoiets niet, een zinloos leven? Hmm. Lastige vragen.

In een zoektocht naar het vinden van een antwoord op deze vragen construeren velen een leven dat voor hen betekenis krijgt. Ze proberen hun leven zin te geven. Er betekenis in te leggen. Op zich is dat prima. Als het motief er puur en alleen uit zou bestaan dat het mooi is een betekenisvol leven te leiden, dan was er niet zoveel aan de hand. Maar in veel gevallen speelt de angst *betekenisloos* dood te gaan op de achtergrond een allesbepalende rol. Voor de meeste mensen is het namelijk geen vrije keus een betekenisvol leven te leiden, de meeste mensen voelen zich gedwongen betekenisvol te leven. En dan wordt het wel lastig. Want met zo'n loodzware opdracht wordt het moeilijk te bepalen wat goed en wat niet goed is. Hoe maak je van dag tot dag keuzes? Wat is betekenisvol en wat betekenisloos? Is vanavond naar de film gaan 'zinnig'? Is het betekenisvol marketingmanager te worden in de inlegkruisjesindustrie? Moet ik mijn best doen in het leven om alles eruit te halen? Is dat het doel? Maar zo ja, mag ik dan een dagje een beetje lanterfanten? Oké, om uit te rusten en op krachten te komen, zodat ik daarna opnieuw 'zinvolle' dingen ga doen. Maar wat als ik langdurig wil lanterfanten? Zeg een week. Of een jaar. Of de rest van mijn leven? Wat als ik op mijn sterfbed lig, ik kijk terug en ik zie één groot lanterfanten verleden? Mag dat dan? Is dat oké? Of heb ik dan een zinloos leven geleid, omdat ik mijn talenten niet benut heb? En zo ja, is dat dan de betekenis van dit leven, het benutten van talenten? Maar waarom is dat zo? Wat is daar dan weer het doel of nut van? Allemaal lastige vragen. Wie niet meer een hemel als richtpunt neemt, ziet zichzelf in het midden van een leeg en groots universum geplaatst. Verlaten van een vaste structuur en zingeving. En hoe bepaal je dan wat juist en niet juist is? Moet ik mijn studie afmaken en promoveren? Moet ik veel geld verdienen om daarna intens van een Zwitserleven-pensioen te kunnen genieten? Of moet ik als Moeder Teresa de ondervoede medemens in een weids armgebaar een warm thuis geven? De tragiek is, niemand heeft het antwoord. We mogen het onszelf geven. We moeten ons leven zelf inhoud en richting geven. En dat is razend ingewikkeld. Ook voor mensen die een geloof aanhangen. Want voor hen zijn er wel algemene richtlijnen over goed en kwaad, maar hoe geef ik mijn leven van dag tot dag richting? Wat is zinvol en wat zinloos? Met die vraag staan we er alleen voor.

Het gevolg is dat we twijfelen. We moeten de dingen wel goed doen! Niet zomaar omdat we het leuk of geinig vinden, nee, het moet wel zinvol zijn. En zo verleggen we het ijkpunt van ons handelen van onze impulsen, de dingen waar we naar verlangen, naar ons denken. De dingen die ons goed lijken. Vooral mensen die neigen naar *perfectie* worden nogal eens gedreven door deze overtuiging dat het leven goed geleefd moet worden. We herkennen deze dwangmatige neiging tot perfectie in de manier waarop Harrie en Marieke een restaurant zoeken, we herkennen het in de vrouwen die (te) lang naar de ideale man zoeken, de stellen die jaren op zoek zijn naar hun ideale huis en de mensen die structureel ontevreden zijn met hun huidige werk, maar geen actie durven ondernemen. Perfectie kán een inspirerend hulpmiddel zijn om de dingen goed te doen, maar in de praktijk werkt perfectionisme meestal tegenovergesteld. De neiging tot perfectionisme maakt ons verdrietig en gefrustreerd over alles wat níét goed is. Het is de ja-maar van het rode potlood. Zo vertelde een vriendin, Margreet: 'Ik kom uit een gereformeerd gezin. Hoewel ik heel lieve en zorgzame ouders heb gehad, ben ik opgevoed met het idee dat de mens in principe geneigd is tot het slechte. De mens is zondig. Er werd ook altijd gezegd: een tien is voor God. Ik heb op latere leeftijd pas gemerkt hoezeer dat mijn zelfbeeld heeft beïnvloed. Ik heb de kerk wel afgeworpen, maar de kerk mij niet. Hoe ik ook mijn best doe, het is voor mijn eigen gevoel nooit goed genoeg, het is altijd ja, maar… De eerste jaren dat ik op mezelf woonde was ik boos op mijn ouders. Waarom konden zij nooit eens blij of trots zijn als ik iets goed had gedaan? Later kwam ik erachter dat mijn ouders eigenlijk met hetzelfde probleem te kampen hadden. Ook zij konden het voor zichzelf nooit goed genoeg doen.'

*

Deze drie fundamentele angsten vormen de oorzaak van doorgeschoten ja-maar-gedrag. Ze vormen de verklaring *waarom* we op sommige momenten door angst en onzekerheid verlamd worden. Daarnaast zijn er drie factoren te onderscheiden die deze angsten *versterken*, namelijk dat we ouder worden, dat de wereld steeds sneller verandert en de ervaring dat het leven minder maak- en controleerbaar is dan vroeger.

Dit hoofdstuk opent niet voor niets met het citaat dat volwassenen klagen over de regen en kinderen er juist in springen. Hoe ouder we worden, des te meer ja-maar-gedrag we zullen vertonen. Hoe meer we leren, des te meer weten we wat er allemaal fout kan gaan. Er komen steeds meer *aangeleerde* angsten bij. Rode stoplichten, brandende kachels, kartelmesjes, nare mannen die balletje-balletje spelen en zakkenrollers in de metro. Ons systeem lijkt steeds meer ingesteld op het voorkomen van gevaar en het leren van fouten (en dus het voorkomen van wat we níét willen) dan op het leren nemen van gecalculeerde risico's, wat we wél willen. In de loop der jaren slibben we helemaal dicht met regels, gewoonten en overtuigingen. We raken onze jeugdige onbevangenheid kwijt en worden een groot panieksysteem. Van elke fout die we hebben gemaakt, hebben we wat geleerd. Dat noemen we dan kennis, wijsheid en ervaring. Maar die mooie woorden kunnen niet verbloemen dat het vaak om onnauwkeurige reflexen gaat. Die in veel gevallen nergens op gebaseerd zijn. Soms is het juist verstandig níét vol op de rem te gaan bij rood licht. Zelfs bij apen zie je dat hoe ouder ze zijn, des te behoedzamer ze worden. In een beroemd en veelgeciteerd onderzoek wordt een groep van tien apen in een kooi geplaatst. Midden in het hok staat een trap, aan het plafond hangt een tros bananen. Al snel rent een aap de trap op. Maar zodra hij de trap aanraakt, worden alle apen met koud water nat gespoten. Het duurt niet lang of de apen gaan de trap natuurlijk niet meer op. Als dit eenmaal het geval is, wordt een van de apen vervangen door een nieuwe aap. Het eerste wat deze aap doet is natuurlijk naar boven rennen, richting bananen. Maar voordat hij de kans krijgt de trap goed en wel te bestijgen raken de andere apen in paniek. Ze maken de nieuwe aap op niet mis te verstane wijze duidelijk: niet doen, gevaar! Zo gaat dat door tot op het laatst alle tien apen vervangen zijn. Op dat moment zijn er alleen nog maar apen in de kooi die nog nooit zijn nat gespoten. Als men een van deze apen ten slotte vervangt door een nieuwe, elfde vervanger, en ook deze de trap meteen wil beklimmen, zullen alle andere apen deze aap nog steeds in paniek duidelijk maken dat hij de trap niet moet beklimmen. Terwijl ze geen van alle op basis van ervaring weten waaróm. Zoals het voor apen geldt, geldt dat ook voor mensen. Mensen met weinig levenservaring stormen trappen op, vliegen bananen achterna en zijn zich van geen gevaar bewust. 'Toen we op vijfjarige leeftijd voor het eerst naar school gingen,' zo beschrijft Mathieu Weggeman, 'stelden we gemiddeld 65 vragen per dag, waarvan de meeste begonnen met "waarom". Als we 45 zijn, is dat aantal teruggelopen naar gemiddeld 6. In die periode van 40 jaar hebben we ons ontwikkeld van vraagteken naar uitroepteken.'[5] Zoals de apen in het experiment, houden mensen met veel levenservaring de nieuwelingen in paniek in een klemmende wurggreep van 'zo doen we dat hier' en 'dat begrijp je later wel' vast. Hoe meer we geleerd hebben, des te voorzichtiger we worden. In de woorden van Marianne Williamson: 'Met liefde worden we geboren. Angst is wat we hier leren.'

Van dichtbij mocht ik meemaken hoe de generaties daarin verschillen. Opa had het op zich genomen het verjaardagscadeau voor zijn kleinzoon te kopen. Een wekker. Met behulp van de gids van de Consumentenbond verrichtte opa een vergelijkend warenonderzoek. Na uitputtend wikken en wegen was zijn keus gevallen op een specifieke wekker. Opa onderzocht waar deze wekker het goedkoopst was en ging tot aanschaf over. Thuisgekomen bestudeerde hij de meer dan vijftien pagina's dikke handleiding (dankzij de moderne elektronica beschikte de wekker over de meest onverwachte extra functies), vervolgens werd de wekker met handleiding netjes teruggedaan in het doosje, in cadeaupapier verpakt en tijdens de verjaardag aan kleinzoon overhandigd. Kleinzoon op zijn beurt rukte het papier eraf, gooide als eerste de handleiding opzij en duwde vervolgens twee batterijen in de wekker. Opa raakte in paniek. 'Kijk nou eerst eens even in de handleiding hoe de batterijen erin moeten...' Kleinzoon hoefde niet te kijken. De cijfers op de display versprongen al, dus dat zat wel goed. Vervolgens probeerde hij met een balpen op een knopje te drukken om de wekker op de juiste tijd in te stellen. De wekker reageerde met een alarmerend geluid. Opa's paniek nam sprongsgewijs toe. 'Zie je wel, je doet het helemaal verkeerd, ik zeg toch, pak die handleiding erbij, straks gaat hij stuk.' Nog voor opa was uitgesproken had kleinzoon de batterijen eruit gehaald en ze er meteen weer in gestopt. 'Even resetten.' Opnieuw bediende hij met de balpen de wekker. Deze keer lukte het wel. 'Bedankt opa, hartstikke leuk.' 'Wil je niet weten hoe je de wekfunctie in moet stellen?' 'Nee, dat zoek ik vanavond wel uit als ik ga slapen.'

*

Behalve een verschil in onbevangenheid is er nog een ander, misschien wel belangrijker verschil tussen opa en kleinzoon: ze demonstreren twee keuzestrategieën uit twee verschillende tijdperken. Opa stamt uit de tijd van monopoly. *Eerst lees je de spelregels, daarna ga je spelen.* Kleinzoon stamt uit het PlayStation-tijdperk. *De regels leer je aldoende.* Kleinzoon moet wel. Als je alle characters, cheats en levels van een doorsneespelletje zou uitprinten, zou je er met gemak je kamer mee kunnen behangen.

Beide strategieën hebben hun nut, alleen de ja-maar-strategie van opa is door de tijdgeest ingehaald. Het feit dat ja-maar-gedrag meer en meer een probleem gaat vormen, heeft te maken met het steeds sneller worden van de wereld. Duurden vroeger de opkomst en ondergang van een hele industriële sector zo'n vijftig tot vijfenzeventig jaar, tegenwoordig duurt zo'n zelfde cyclus nog maar tien jaar. Een voetbalwedstrijd uit de jaren zeventig ziet er lachwekkend traag uit. De toegenomen snelheid van de wereld dwingt ons steeds sneller te reageren. Of we het nou willen of niet, als we deel van deze wereld willen uitmaken, als we *in sync* met de wereld willen zijn, zullen we de snelheid waarmee we kunnen beslissen, moeten opvoeren. We zullen op het goede moment ja-en moeten kunnen zeggen tegen kansen en mogelijkheden. Als we het nu niet doen, is het te laat.

Voor sommige mensen is dat moeilijk. Het lijkt wel of hun interne klok niet gelijkloopt met de wereld om hen heen. Vooral mensen die wat ouder zijn en mensen die geneigd zijn op basis van *verstandige* overwegingen een beslissing te nemen, zullen moeite hebben ja-en te zeggen tegen kansen en mogelijkheden. Helaas is een verstandige beslissing nemen op basis van volledige informatie vaak niet mogelijk. Daarvoor gaat het leven meestal gewoonweg veel te snel. Op die momenten is het de kunst niet alleen op ons verstand, maar vooral ook op onze *intuïtie* te vertrouwen.

*

Tot tien, vijftien jaar geleden leefden we in de overtuiging dat de wereld maakbaar was. Of in elk geval binnenkort zou worden. Landen waren tamelijk gesloten en met een eerlijk gekozen democratisch bestuur, gelijke kansen voor iedereen en regels en wetten waar iedereen zich aan zou houden, zouden we een eerlijke samenleving kunnen creëren. We hadden pensioenen, Wajonguitkeringen, melkertbanen en wachtgeldregelingen. De wereld buiten Nederland was dan wel groot en complex, maar achter onze veilige dijken en binnen onze landsgrenzen hadden we ons tuintje aangeharkt en de stoep geveegd. Dat idee. Maar de afgelopen jaren is de wereld stevig op de schop gegaan. Goederen en diensten stromen de wereld over, grenzen zijn transparanter dan ooit, en iedereen kan met iedereen op elk moment van de dag communiceren. Onder invloed van de globalisering is het niet meer duidelijk wie wat waar bepaalt, stuurt of regelt. Als er überhaupt nog wel gestuurd wordt, tenminste. Als in Amerika verkeerde hypotheken worden afgesloten, kan het zomaar zijn dat mijn baas in Beemsterzwaag twee jaar later vijf mensen ontslaat. De kredietcrisis die in 2007 is begonnen is misschien wel de sterkste aanwijzing dat de wereld minder maakbaar is dan we zouden willen. Het geeft ons een onbestemd gevoel en we kunnen er maar moeilijk mee overweg. We hebben het idee dat we de controle kwijtraken. De Belgische filosoof Peter Venmans schrijft daarover: 'De moderne mens is gesteld op efficiëntie. We willen dat problemen aangepakt worden en voelen ons verantwoordelijk voor het goed functioneren van de wereld. Geconfronteerd met onrecht kunnen we ons moeilijk voorstellen dat we niets zouden doen. Onze cultuur is door en door utilitair en pragmatisch: gericht op nuttigheid en op het oplossen van problemen. Tegelijk voelen we ons ook weleens onbehaaglijk bij de neveneffecten van een doorgedreven nutsdenken. Een rationele aanpak van problemen leidt niet altijd tot een beter leven en brengt zelfs in gevaar wat ons het meest dierbaar is.'[6]

Een van de eerste dingen die we moeten leren loslaten is de illusie dat ons leven, laat staan de wereld, maakbaar zou zijn. Ons leven is (helaas) niet maakbaar en de wereld als geheel al helemaal niet. Toch leven we diep vanbinnen met een andere overtuiging. Als we nou maar alle problemen repareren, als we de oorzaken van de dingen die fout gaan nou maar wegnemen, dan komt alles goed. Als we de oorzaak van armoede wegnemen, is de armoede opgelost. Als we weten hoe hongersnoden ontstaan, kunnen we ze in de toekomst voorkomen. Deze overtuiging leidt echter tot een desastreuze manier van met de werkelijkheid omgaan. In onze poging het leven te controleren gaan we namelijk dwangmatig op zoek naar oorzaken die er niet zijn. De traditionele manier om dingen te veranderen is die van probleem, diagnose, oorzaak en oplossing. We kijken vooral naar wat er stuk is en proberen dat te repareren. Maar die manier van denken schiet tekort als het gaat om de armoede oplossen, hongersnoden voorkomen, zelfs om onze relatieproblematiek vlot te trekken. Het lukt wel bij een machine, klok of een fiets – Lekke band? Waar zit het gaatje? Plakken! – maar complexe systemen als een samenleving, een relatie of het biologische systeem van een cavia of huismus lijken niet te luisteren naar een dergelijk kordaat plan van aanpak.

Om de overgang van een ja-maar- naar een ja-en-houding te kunnen maken, is het dan ook van belang om de illusie van *maakbaarheid* en *controle* los te laten. Het leven is helaas níét maakbaar. Zelfs op het microniveau van het gezin, een relatie of onze eigen persoon is de werkelijkheid daar te complex voor. Zoals Voltaire zei: 'Twijfel is een ongemakkelijke, maar zekerheid is een belachelijke omstandigheid.' We moeten de illusie opgeven een statische, eerlijke, rechtvaardige wereld te kunnen bouwen, met onszelf als schepper op de troon. Het is in strijd met de natuur van het leven. Die overtuiging heeft ons bovendien veel ellende gebracht. Een bos waar de bomen keurig opgeruimd zijn herbergt minder leven dan een bos waar de dode bomen blijven liggen. Evenzo blijkt uit onderzoek dat hoe *hygiënischer* een woonomgeving is, des te frequenter astma- en andere allergieaandoeningen voorkomen. De aanwezigheid van huisstofmijten, huisdieren en andere bacillen opwekkende 'rommel' blijkt in feite een verhoogde weerstand met zich mee te brengen. En hoe verhoog je de concentratie van studenten? Door hen tijdens de hoorcolleges op het web te laten surfen.[7] Kortom, overmatig ordenen maakt dood. Ogenschijnlijke wanorde schept leven. De essentie van het leven is niet statisch en maakbaar, de essentie van het leven is beweging en verandering. Het leven is geen te metselen burcht, maar eerder een bloem die zich openvouwt. Of een rivier die door het landschap kronkelt.

In plaats van het leven te *controleren,* kunnen we het beter *(co) creëren.* Wij zijn onderdeel van een scheppingsproces. Niet de alwetende stuurman.

*

Veel angst leidt automatisch tot een sterke behoefte aan controle. Het is het belangrijkste kenmerk van ja-maar-gedrag: de behoefte gevaren en risico's zo veel mogelijk te beperken. De beren op de weg tijdig in beeld te krijgen. En als het even kan zo veel mogelijk te ontlopen. Ja-en-gedrag is gebaseerd op de tegenhanger van angst, namelijk *vertrouwen.* Zoals angst de bron is van controle, zo is vertrouwen de bron van overgave. Overgave aan dat wat is en vertrouwen in de goede afloop. Ongeacht de beren op de weg. Of misschien wel *dankzij* de beren op de weg. De kern van die houding ligt besloten in het woord 'ja'. Een volledige acceptatie. Zonder mitsen en maren. Een onvoorwaardelijke overgave aan het hier en nu. Waar dat toe kan leiden, daarover gaat het in het volgende hoofdstuk.

| **Ja-maar** | **Ja-en** |
|---|---|
| angst | vertrouwen |

# Overgave

*'A life that matters is captured in the word "yes". Yes is the answer – if not the antithesis – to How? Yes affirms the value of participation, of being a player instead of a spectator to our own experience. Yes affirms existence of a destination beyond material gain.'*

[PETER BLOCK]

De zon ging onder, de hemel kleurde langzaam oranje, het was het eind van een mooie voorjaarsdag. Ik zat op de passagiersstoel van een witte, enigszins rammelige oude Ford. Naast me zat Paula, die ons in Chicago had geholpen met onze 'Why Is Johan Homeless'-tour. Paula leidde een schrijfgroep van dak- en thuislozen voor de Chicago Streetwise-organisatie. Haar groep produceerde artikelen waarmee de krant gevuld werd, die daklozen in Chicago konden verkopen. Samen met mijn drie mannen, Johan – de naamgever van het project – Theo en Jay, hadden we vanuit Nederland een tiental optredens in Chicago verzorgd voor kinderen op lagere scholen. De mannen waren al vooruitgereisd naar het vliegveld, met Paula was ik naar een benefietbijeenkomst geweest voor haar organisatie, ik zou me over ongeveer een halfuur bij Johan, Theo en Jay aansluiten. Voldaan over ons bizarre Amerikaanse avontuur, acteren met Nederlandse daklozen in het Engels in Chicago, mijmerde ik wat over de afgelopen dagen, de vliegreis en Nederland dat er weer aan zat te komen.

Niet ver van het vliegveld – we waren al een aantal landingsbanen gepasseerd – merkte ik op dat we in het midden van een grote, langzame bocht zaten. Interessant. Als je als buitenlander in Chicago komt, is een van de eerste dingen die je opvallen dat de stad in een *grid* is verdeeld. Allemaal rechte straten, volgens een logisch plan uitgelegd. Zo bochtig en kronkelig als onze Europese steden zijn, zo recht en logisch zijn de Amerikaanse. Net op het moment dat ik me daar wat over verwonderde, kwam – geheel vanuit het niets – een gedachte in me op. Of gedachte, ik weet niet wat het precies was. Het was eerder de ervaring alsof iemand een filmblik in mijn hoofd geslingerd had. Of misschien nog beter, dat mijn hersenen met een USB-stick in een fractie van een seconde waren geüpload met een gigantisch bestand.

Het begon met de gedachte: ik moet nog een keer terugkomen naar Chicago. Dat voelde als een uiterst logisch gegeven. Deze stad zou ik nogmaals zien. Mijn logisch denken had nog niet eens de vraag kunnen stellen hoe of wanneer dat dan zou moeten gebeuren, of het antwoord diende zich al aan. Ik zag een heel project voor me. Van begin tot eind. Nou was dat geen nieuwe ervaring. Ik had vergelijkbare ervaringen eerder gehad. Dat ik 'gezien' had dat iets moest gebeuren. En tot nu toe, elke keer als ik dergelijke ingevingen had gevolgd, waren ze ook uitgekomen. Maar deze ervaring was nogal intens. En had nogal wat financiële en praktische consequenties. Mijn eerste kritische gedachte was dan ook: o nee, daar gaan we weer, niet weer een project. Thuis, partner, kinderen, ander werk, mijn hele agenda zou ervan overhoop komen te liggen. Inkomsten die tijdelijk zouden stoppen. Alles wat er aan keurig geordend leven bestond zou op de schop gaan. De tweede gedachte, meteen daarna: o ja, doen, laat los, volgen.

Ik keek even opzij naar Paula en maakte een inschatting hoe zij zou reageren als ik het haar zou vertellen. Positief, zo gokte ik. Bovendien, wat had ik te verliezen? Ik haalde adem en begon te vertellen. *'Paula, I have an idea,'* begon ik. Korte stilte. *'Okay, shoot,'* antwoordde ze. *'How about this…'* En ik vervolgde: 'Zie voor je, een Amerikaanse gele schoolbus. De bus komt om ongeveer acht uur voorrijden bij het Streetwise-kantoor. Mensen uit Chicago en toeristen nemen plaats in de bus, de deuren sluiten, voorin neemt een *tourguide* annex dakloze de microfoon en heet de mensen welkom. "Goedenavond allemaal, welkom bij deze bijzondere bustour, wij gaan jullie vanavond Chicago laten zien door de ogen van dak- en thuislozen. We komen op plekken waar je niet eerder bent geweest. Maak je geen zorgen, de ruiten zijn van kogelvrij glas en we zijn goed verzekerd. Onderweg zullen we op een stuk of vier, vijf locaties stoppen en uit de bus gaan. Op die locaties krijgen we een verhaal, lied of toneelfragment te zien over de vraag wat die locatie voor die persoon in zijn of haar leven betekent. Zo maken we een tour door Chicago, aan het eind komen we hier weer terug. Onderweg zal ik u verhalen vertellen over plekken waar we langs komen en hun relatie met het leven van dak- en thuislozen in deze stad. *Are you ready? Fasten your seatbelts, here we go.*" Vervolgens fade-in van muziek – "Fifty ways to leave your lover" van Paul Simon, "Hop on the bus, Gus" – en de bus zou vertrekken. *Departure at twilight, arrival at midnight.* Dat,' zo zei ik tegen Paula, 'is het project dat ik voor me zie.' Er viel even een stilte. Zo te zien was ze in elk geval geïnteresseerd blijven luisteren.

Maar ik zag niet alleen het project in alle details en scherpte voor me, ook de weg ernaartoe. Alsof ik het gehele project op mijn harde schijf had staan. Ik schatte in of Paula nog meer input kon verdragen en vervolgde: 'Vandaag stap ik op het vliegtuig, ik zie voor me hoe we via de mail een eenvoudige website kunnen bouwen met eerste indrukken van hoe het project eruit zal zien, mogelijkheden om geld te doneren, fans te werven en – belangrijk – de eventuele acteurs, de daklozen die we nodig hebben, een indruk te geven van wat we gaan doen. Jouw schrijfgroep wordt de acteursgroep, jij schrijft samen met hen de teksten van de hele tour, zij doen het acteerwerk, ik zal hen regisseren en samen gaan we het onder de vlag van Streetwise produceren. *How about that?*' Zelfs de tijdsplanning leek me vrij helder. 'Op 1 juni beginnen we, op 30 juni zijn we klaar, die dag om acht uur is de première. Vanaf 1 juli tot het winterseizoen zal de bus een keer of dertig door Chicago rijden. Elke keer uitverkocht, natuurlijk.

Binnenkort, ergens in april, zal ik, voorafgaand aan het project, nog een keer naar Chicago komen om met jouw schrijversgroep te overleggen. Tenslotte zullen zij het hart van het project moeten vormen en er zin en vertrouwen in moeten hebben. Zij moeten wel meedoen.' Er viel even een stilte. Paula leek het idee nog eens in zijn geheel van alle kanten te bekijken. '*Hmm, sounds good...*'

Zoals gezegd, ik had eerder vergelijkbare ervaringen gehad dat ik wist wat ik moest doen of wat er zou moeten gebeuren. Dit idee van de bustour in Chicago was echter wel zeer gedetailleerd. Met begin- en eindpunt, tussenstappen en zelfs precieze data. Het was geen indringende *emotionele* ervaring – sterker nog, vaak gaan dit soort toekomstbeelden, zo is mijn ervaring, gepaard met nauwelijks of misschien wel helemaal geen emoties – maar wel een zeer duidelijke *visuele* ervaring.

Paula stelde zich open voor het project en de weken erna bouwden we – ik vanuit Utrecht en zij vanuit Chicago – aan een eerste, nog wat onhandige website. Het project was vooralsnog vooral een hobby van ons tweeën: als Paula er met mensen in Amerika over sprak, reageerden ze geïnteresseerd en belangstellend, maar niet meteen verrukt. Laat staan dat mensen er hun portemonnee voor open zouden trekken. In april van dat jaar besloot ik naar Chicago te vliegen en het project te bespreken met de schrijfgroep van Streetwise. Na aankomst belegden we een bijeenkomst, tien mannen en twee vrouwen in een cirkel. Na verteld te hebben hoe ik het project voor me zag en er met elkaar over gefilosofeerd te hebben waar het over zou kunnen gaan, wat een mogelijke route was en hoe we aan geld konden komen, hielden we een rondje. Wie zou meedoen, wie niet. Een voor een sprak de groep zich positief uit. Curly. Yes. Gregory. Yes. Nathalie. Yes. Het enthousiasme en de twinkeling in ieders ogen groeide. Joshua. Yes. Malcolm. Yes. Uiteindelijk stapte iedereen in het project. Op David na. Hij zou niet meedoen. 'Het lukt toch niet, mensen kijken neer op daklozen en zullen dat altijd blijven doen, *whatever we do, we can't change this perception.*' David was beslist in zijn overtuiging. Maar David was een leuke gozer – en volgens mij een slimme vent – ik wilde hem graag aan boord houden. 'Dat je niet meedoet respecteer ik, uiteraard, ik wil je echter vragen in één opzicht alsnog mee te doen. Nu lijkt dit idee van een bustour totaal absurd. We hebben geen geld, geen bus, geen organisatie, geen professionele staf, het enige wat we hebben is een idee. Maar... als ik 1 juni terugkom en we gaan met elkaar aan het werk, dan zal het project van dag tot dag vorderen. We zullen wat geld krijgen, misschien dat zich een busmaatschappij aandient die een bus ter beschikking stelt, we houden een slechte try-out, repeteren nog een paar keer de matige scènes en dan zomaar opeens staan we 30 juni om tien minuten voor acht in een kring, tien minuten voordat de bus voor komt rijden, om elkaar toitoitoi te wensen. Allemaal heel mooi, maar weet je wat op dat moment het ergst is? We zullen de absurditeit van het project op dat moment vergeten zijn. Door de veranderingen van dag tot dag vinden we het eigenlijk vrij normaal dat er een bus voor komt rijden. Om die reden wil ik je vragen of je alleen dan, op dat moment, aan het project mee zou willen doen. Dan zou ik jou graag het woord willen geven, het gaat er niet om dat je dan je "ongelijk" zou moeten erkennen, daar gaat het me niet om. Waar het me wel om gaat is dat jij ons er dan aan herinnert hoe absurd dit project is. En hoe top het is als het ons lukt. Wat als alles lukt?! Dat is toch fantastisch! Zou je dat willen? En volgens mij is het makkelijk om ja te zeggen, want het project mislukt toch.' David moest lachen van dit paradoxale voorstel. '*I'll be there, sure. If this group is there, I'll be there.*' Applaus. Einde sessie. Een paar dagen later vertrok ik, terug naar Nederland.

De maanden daarna concentreerde ik me op mijn dagelijkse bezigheden in Nederland, af en toe ging er een mailtje heen en weer naar Amerika, maar verder bleef het stil. Geen geld, geen belangstelling van de pers, een klein artikel in het Streetwise-blaadje, maar dat was het. Ik had inmiddels al een vliegticket geïnvesteerd in het project, maar het zag er niet naar uit dat ik dat geld ooit terug zou zien. Tja. Gratis arbeid investeren was geen probleem, maar geld... Dat was niet alleen een kwestie van mij, ook van mijn partner en ons gezin. Zou ik nog een ticket kopen? Ik begon alle overwegingen te rationaliseren. Waartoe deed ik eigenlijk dit absurde project? Wilde ik iets bewijzen? En wie zat er op dit krankzinnige project te wachten? Een groepje daklozen soms? Misschien waren ze het hele project allang weer vergeten. Die hadden wel wat anders aan hun hoofd dan toneelspelen. Overleven, bijvoorbeeld. Hoe helder en inspirerend het beginbeeld ook was, mijn logische verstand nam het over. En hoe ik ook piekerde, redeneerde of logisch probeerde te bedenken wat ik zou moeten doen, er kwam geen enkel logisch antwoord. Het enige wat bleef, was de oorspronkelijke ingeving in die bocht in Chicago. Het idee dat dit moest gebeuren. Dat ik dit zou moeten doen. Ik twijfelde, maar mijn partner hield vol. 'Wat heb je te verliezen,' zei ze, 'hooguit nog een vliegticket en wat verblijfskosten? Ik zorg die maand wel voor de kinderen. Wat moet gebeuren, moet gebeuren.' En zo gezegd zo gedaan. Ik kocht een ticket. Heenreis 31 mei, terugreis 1 juli. *Que sera, sera.*

De 31e mei draaide het vliegtuig in een trage bocht (opnieuw een bocht) boven Chicago, ik zat aan de kant die naar beneden helde en voelde hoe mijn lichaam stevig tegen de wand van het vliegtuig werd gedrukt. Nou vind ik vliegen eigenlijk een ramp (alles wat je omhooggooit valt meteen weer naar beneden), maar op dat moment keek ik naar de grond en genoot van het uitzicht. Ik verbaasde me erover dat ik niet bang was. Waarom niet? Wat maakte dat ik zo ontspannen kon genieten van de stad die daar beneden in de diepte met al zijn lichtjes, auto's en reclames lag te knipperen? Het antwoord was even simpel als onbegrijpelijk. Ik wist gewoon dat dit vliegtuig niet neer zou storten. Dat was onmogelijk. Ik had werk te doen. En ik moest dus aankomen. Ik was op een missie. Er zouden allerlei vliegtuigen wereldwijd neer kunnen storten op dit moment, maar dit vliegtuig niet. Het was een volkomen onlogische gedachte. Maar een even volkomen logische ervaring.

De eerste dag van juni gingen we aan het werk en het leek alsof vanaf dag één het project uit de grond spoot. De stand na een week? We kregen hulp van een Engelse marketingstagiair, een uiterst welbespraakte en zeer intelligente jongeman, die zich de hele maand een slag in de rondte zou werken voor het project (waarschijnlijk is hij na zijn studie meteen als *high potential* binnengekomen bij een organisatie als Google of Apple), een samenwerkingsovereenkomst met de Writing Alliance, een organisatie die daklozen hun eigen verhalen laat opschrijven en vertellen en bovendien maar liefst 5000 dollar uit hun budget doneerde aan ons project, de beschikking over een gratis bus en – als klap op de vuurpijl – individuele giften die bij elkaar meer dan 10.000 dollar bedroegen. Bizar! In Nederland was ik gewend dat je eerst een subsidieaanvraag moest schrijven, aangevuld met een uitgebreide verantwoording, en dat zo'n aanvraag dan maandenlang in een of andere morsige pijplijn verdwijnt met – in het gunstigste scenario – een bijdrage waarmee je net een decor door een stagiair kunt laten ontwerpen, maar in Amerika liepen blijkbaar mensen rond die na één gesprek en een kop koffie (*I'll pay the bill*) bereid waren 2000 of 5000 dollar te schenken. '*Good luck! Love your project! Make it happen*!' Zo leek de bustour zich, precies zoals in mijn droom, helemaal als vanzelf te voltrekken. Zonder enige stoot of tegenslag. Totdat letterlijk een dag voor de première de directeur van de organisatie hoogte kreeg van het project.

Paula had niet zo'n beste verstandhouding met haar leidinggevende, Anthony. In de maanden dat wij het project voorbereidden, was hij echter in New York, waar hij intensief bezig was een vergelijkbare organisatie als Chicago Streetwise van de grond te tillen. Paula maakte de inschatting dat hij ons project waarschijnlijk niet zou zien zitten. Hij was nogal op geld, kranten verkopen, de organisatie. Alles wat met cultuur, schrijven, laat staan theater te maken zou hebben, zou hij waarschijnlijk niet zien zitten. Om die reden had ze er bewust voor gekozen hem geen toestemming te vragen. Het leek mij niet verstandig, maar Paula was zo beslist in haar inschatting, dat ze erop stond te beginnen zonder hem te informeren. Als het eenmaal liep, zou hij vanzelf wel enthousiast worden. Hij zou wel moeten. De stelligheid waarmee Paula de situatie inschatte, maakte dat ik daarin meeging. De laatste week van juni kwam Anthony echter terug en was totaal verbijsterd door wat hij in 'zijn' centrum aantrof. Enthousiaste mensen, grootse plannen, een samenwerking met een andere organisatie, de volgende dag een première... Hij was woedend. Het eerste wat hij deed was Paula sommeren op zijn kantoor te komen. 'Waarom had ze geen toestemming gevraagd?!' Paula antwoordde natuurlijk niet 'omdat het anders niet had gemogen', maar mompelde iets van 'Dacht dat het wel mocht, als het zover was, je was via de mail niet te bereiken...' Allemaal smoezen natuurlijk, en Anthony had wel in de gaten dat zij op eigen houtje had geprobeerd het project erdoor te drukken. Die dag riep hij alle deelnemers aan ons project bij elkaar – wij waren niet uitgenodigd – en vertelde hun dat het project met onmiddellijke ingang was beëindigd. En mocht het project elders onder een andere naam verdergaan, bijvoorbeeld bij Street Alliance, dan zou hij er persoonlijk voor zorgen dat elke *street vendor* die mee zou doen zijn badge om de krant te mogen verkopen zou kwijtraken. Deze grap was over en uit. In stilte verliet de groep de ruimte. Met tranen in de ogen vertelden ze ons dat dit betekende dat het project voor hen ten einde was. Het verkopen van de krant was hun enige inkomstenbron. Die avond overdachten Paula en ik in een Starbucks achter een frappucino de situatie. Twijfels en overdenkingen. Had ze het hem dan misschien wél moeten vertellen? Wat zouden we nu alsnog kunnen doen? We hadden geen idee hoe we deze tegenslag op dit tijdstip ten goede konden keren. Eén dag voor de prèmiere. We bestelden nog maar een venti mocha, roerden wat in de ijsblokjes en keken zwijgend uit het raam. Voor mij was het de eerste keer dat iets waarvan ik zo duidelijk had gezien dat het er zou moeten komen, blijkbaar niet zou gebeuren. Jammer. Erg. Pijnlijk. En wat leeg. Wat nu? Tja. Terug naar Nederland. Later die avond belde ik met mijn partner om haar op de hoogte te brengen van de stand van zaken. Ze hoorde het aan, maar aan het eind zei ze tot mijn verbazing: 'Volgens mij gaat het allemaal wel goed komen, ik weet niet hoe, maar vertrouw er maar op.' Tja, dacht ik, fijn dat je me bemoedigt, maar jij hebt makkelijk praten. 'Hoe gaat het met het Nederlands elftal,' probeerde ik mijn humeur enigszins ten positieve te keren, 'zijn ze een ronde verder?' Mijn partner vertelde dat 'we' in de halve finale tegen Italië hadden gespeeld. 'En,' vroeg ik nieuwsgierig, 'zitten we in de finale?' 'Nee,' antwoordde ze, 'Nederland was de hele tijd beter, Kluivert penalty gemist, Frank de Boer daarna nog een keer een penalty gemist, de Italianen bakten er niets van, het bleef 0-0, na de wedstrijd volgde een strafschoppenserie, Frank de Boer miste opnieuw en die verdediger, die kale...' 'Stam,' vulde ik aan. 'Ja, die miste ook, en de Italianen schoten alles erin. We liggen eruit.' Ik hing op. Alles was mislukt. Ik had het hele EK gemist. Geen enkele wedstrijd kunnen zien. Zelfs geen samenvattingen. Nederland lag uit het EK en ik uit het project. 29 juni 2000. Wat een dag.

De volgende ochtend ging in alle vroegte, om kwart over zeven Paula's mobiel. Of ze naar downtown Chicago wilde komen, naar het Streetwise-kantoor, 1331 S. Michigan Avenue. *Meeting in Anthony's office*. En of '*this Bertrand from Denmark*' mee wilde komen. Een uur later meldden we ons op zijn kantoor. Handen schudden. Zitten. Koffie. Hij keek ons strak aan. Hier was zijn voorstel. Alle rechten op de naam Not Your Mama's Bustour waren exclusief voor Streetwise. Ik, noch iemand anders zou waar dan ook in Amerika eenzelfde project mogen starten onder dezelfde naam. We zouden daar ook geen geld voor krijgen. Om dat te regelen zou er een contract komen, dat wij moesten tekenen. Alle fondsen die onder de naam Not Your Mama's Bustour waren geworven, vervielen aan Streetwise. Anthony zou de producent van de tour worden. Dat waren zijn voorwaarden. We keken elkaar verbijsterd aan. Wij hadden hoe dan ook niks tegen deze voorwaarden. Wij hoefden de naam niet te hebben, we hadden daar geen verdere ambities mee, we hoopten eigenlijk al dat Streetwise de producent zou willen worden, het enige wat wij wilden was dat het project gerealiseerd zou worden. 'En,' zo vervolgde Anthony, 'wat de Writing Alliance betreft, die kan mee blijven doen, maar de eindverantwoordelijkheid ligt bij Streetwise. Zij zijn slechts sponsor. Verder is Streetwise bereid er 10.000 dollar bij te doen. De première van vanavond kan doorgang vinden, *as scheduled*.' En o ja, mijn *expences* konden – als ik de bonnetjes zou overdragen – vergoed worden. We waren verbijsterd. Anthony gedroeg zich in het gesprek als de grote baas, maar in feite smeekte hij op zijn knieën of we het project wilden afmaken. Tien minuten later stonden we buiten, 10.000 dollar rijker. En de volledige support van de organisatie. We konden aan het werk. Heel erg hard aan het werk. We hadden nog een paar uur te gaan.

De ervaring van deze ochtend is een van de indringendste geweest die ik in mijn leven tot nu toe heb gehad – en dat is een van de redenen waarom ik dit verhaal over Chicago zo uitgebreid in dit boek opneem – dat een creatie waaraan ik meegewerkt heb, door kan gaan terwijl ik zelf *alle hoop had opgegeven*. Dus *blijkbaar* kunnen er krachten samenspannen, zelfs als ik volledig stop met energie ergens in te investeren, zelfs als ik er niet eens meer in geloof, om 'mijn' project succesvol ten uitvoer te brengen. Het versterkte mijn overtuiging dat Not Your Mama's Bustour, zoals het project is gaan heten, niet zozeer een project was dat ik zou moeten gaan *doen*, alswel een project dat *via mij en anderen* gerealiseerd zou worden. Ik was dan misschien wel de inspirator, maar de creatie had zijn eigen dynamiek. Ik was niet de inspirator, ik was de *geïnspireerde*. Ik voelde me deel van een groter geheel, onderdeel van mysterieuze scheppingskrachten. En alleen door me eraan over te geven, door er volledig ja tegen te zeggen, kon alles met elkaar samenvallen en het project gerealiseerd worden.

De 30e juni 's avonds stonden we om tien voor acht in een kring in de werkruimte van het Streetwise-kantoor. Als we naar opzij keken konden we de straat zien waar elk moment de gele schoolbus zou voorrijden voor de première. David was er ook. Sterker nog, David was er al die tijd geweest. Eerst schreef hij stukjes over de repetities voor de krant, later vroeg hij schoorvoetend of hij ook een verhaal op de bus mocht vertellen, en dat verhaal was zo indringend, dat het een van de beeldbepalende fragmenten van het project was geworden. Vlak voor een laatste toitoitoi gaf ik David het woord. '*Well, David, here we are. I understand you wanted to say something*?!' David moest opnieuw lachen. Het was dezelfde lach als een paar maanden daarvoor. '*This is what I want to say*,' antwoordde hij. '*Let's rock this tour*!' Hij klapte hard in zijn handen, schreeuwde van blijdschap en de hele groep volgde hem. Not Your Mama's Bustour was geland op aarde. De cirkel was rond. Het beeld van dat moment – het door David ontstane applaus, die kring uitgelaten mensen – viel samen met het beeld zoals ik het in die bocht in Chicago had gezien. Droom en werkelijkheid gleden in elkaar, zoals twee plaatjes van een viewmaster samenvallen tot een driedimensionaal beeld.

*

De ervaring zoals ik die in Chicago heb gehad, was een indringende en voor mij zeer uitzonderlijke. Ik ben er echter van overtuigd dat iedereen dit gevoel kent, dit weten wat je moet doen of wat er zal gebeuren. Sommige mensen weten dat ze een bepaald huis moeten kopen en even later komen ze dat huis toevallig tegen. In de krant, op televisie of tijdens een toevallige wandeling. Anderen hebben het met de keus voor een partner. Opeens weten ze dat dit degene is met wie ze oud willen worden. En ze zien elkaar als bejaarden op een bankje zitten, uitkijkend over het water. In die staat van zijn, vanuit dit weten, lijkt het opeens alsof alles vanzelf gaat. Alsof alles wat je nodig hebt als vanzelf op je pad komt. De baan die je voor je zag, zie je opeens in de krant staan. Je wilt iemand iets vertellen en hij belt je uit zichzelf al op. Je had geld nodig om iets te ondernemen, en opeens is het geld er. Of er is helemaal geen geld meer nodig. Blijkbaar, zo lijkt het, kunnen we ons niet alleen het verleden, maar ook de *toekomst* 'herinneren'.

Hoe zou je deze ervaring van zien wat moet gebeuren het best kunnen omschrijven? Is het een inzicht? Een gedachte? Een weten? Al die woorden schieten echter tekort. Wat mij betreft is *openbaring* de beste term om te omschrijven wat er in essentie gebeurt. Nou heeft het woord 'openbaring' nogal wat religieuze connotaties. Sommige mensen hebben mogelijk om die reden moeite de term te gebruiken, andere zullen mogelijk juist vinden dat het alleen in een religieuze context gebruikt mág worden. Toch wil ik het voor deze ervaring gebruiken. Het woord beschrijft namelijk precies wat er gebeurt: je hebt de ervaring dat 'iets' aan je geopenbaard wordt. Je bedenkt het niet. Je wordt bedacht. En of die openbaring voortkomt uit ons individuele onderbewuste, ons collectieve onbewuste of vanuit een mythische, spirituele of religieuze dimensie kan en durf ik niet te zeggen. Het enige wat ik wel weet, is dat deze ervaring van 'de toekomst weten' groter en vooral van een andere orde is dan mijn ik, mijn individuele ego, dat slechts kan redeneren, twijfelen en afwegen. Als je dit weten durft te volgen leidt het tot de ervaring dat alles lukt. Een lukken dat van een totaal andere orde is dan rijkdom, populariteit of aanzien. Het is het 'Ja-maar wat als alles lukt?' waar de titel van dit boek naar verwijst. Doelen op de gebieden van geld, macht en populariteit lijken flauwe afspiegelingen van dat succes te zijn. Het gaat in het leven helemaal niet om geld, macht of aanzien. Geld komt wel, als het nodig is. En je zult zoveel aanzien, macht of populariteit krijgen als nuttig of nodig is. Als je je doelen alleen op die gebieden stelt, voelt het alsof je de schaduw najaagt in plaats van het origineel. De kopie in plaats van de bron. Zelfs op zoek gaan naar geluk is niet waar het om gaat. Ook geluk is niet meer dan een bijproduct van het leven. Soms ben je gelukkig, soms niet. Maar daar draait het in de kern niet om. De kernvraag is: doe je wat je voor je gevoel *moet* doen? Doe je dat waarvan je intuïtief weet dat het bij je past? Kun je ten volle ja zeggen tegen het leven zoals het op je pad komt? Wie zo durft te leven, heeft het gevoel alsof zijn en doen met elkaar samenvallen. En dat is precies wat er ook gebeurt. Wat je doet valt samen met wie je bent. Je bent in flow. Je leven verloopt moeiteloos. Als vanzelf.

# Deel II

# De tien verdiepingen

*

Als je iets echt wilt vind je altijd een weg.
Als je iets niet wilt vind je altijd een excuus.[8]

# 10 x ja

Waar we het meest ja-maar tegen zeggen is niet onze partner, de buurman, het weer of onze ouders, dat zijn we zelf. Onze grootste uitdaging in het leven is onszelf te accepteren. In alle opzichten. We streven er wel naar, zeker weten. Het is ons belangrijkste project. En we zijn er ook de hele tijd erg dichtbij, want...

als ik straks afstudeer, dan...
als ik promotie maak, dan...
als ik 5 kilo ben afgevallen, dan...

Maar als we afgestudeerd zijn en 5 kilo afgevallen, dan is er weer een nieuwe opgave. Als-dan was de omkering van ja-maar, weet je nog? En hoe groter onze inspanning, des te groter de teleurstelling als ook aan de onderkant van de volgende regenboog geen pot met gouden munten staat.

Het dilemma is alleen dat het ook niet zou werken als we nergens naar zouden streven. Het kan toch ook niet het idee van het leven zijn dat we stil gaan zitten in een grot en niets doen? Helemaal tevreden zijn met het moment. Want hoe zou dat er praktisch uit moeten zien? Als we honger hebben, dan is er toch weer een als-dan? Bovendien is het tegennatuurlijk om niets te willen in het leven. Dat is net zo onlogisch als een boom die zou willen stoppen met groeien of een wolk die stil in de lucht zou willen blijven hangen. Wij zijn onderdeel van de natuur. En de essentie van de natuur is groei, beweging en verandering. In de appel ligt het zaadje besloten waar een boom uit zal groeien. En in een foetus het groeiplan van een mens.

Kortom, blijkbaar is het de uitdaging te accepteren waar we zijn, te accepteren dat we verlangen naar waar we nog niet zijn én de spanning te accepteren die daaruit voortvloeit. Het gaat er niet om de stress die daaruit voortvloeit te reduceren, het is de kunst die stress te transformeren tot scheppende energie. Levenskunst of -geluk zou je dan ook kunnen definiëren als het tegelijkertijd kunnen accepteren van deze drie elkaar op het eerste gezicht tegensprekende houdingen.

De enige manier om dat te doen is door diepgaand ja-en te zeggen tegen de fundamentele aspecten van ons leven, van wie we ten diepste zijn en waar we vurig naar verlangen tot wat we in onze stoutste dromen willen bereiken. Daarover gaat het tweede deel van dit boek, de tien regels voor een ja-maar-vrij leven. Als we vanuit ons gehele wezen ja-en kunnen zeggen tegen al deze aspecten van ons bestaan, zijn we in harmonie met onze natuur, onstuimig veranderend, voortdurend groeiend en voluit levend. *Are you ready for the ride?*

# 1. Zeg ja tegen zijn

*We are human beings.*
*Not human doings.*
[JOHN BRADSHAW]

'Bij de aankomst op Faro in Portugal was er sprake van heftige regen en behoorlijke luchtzakken. Het vliegtuig schokte heen en weer, maar de passagiers maakten nog grapjes. Zelfs toen de bordjes WE HAVE LANDED al brandden – terwijl dat toch echt niet het geval was – konden sommigen daar nog wel de humor van inzien. Maar op een gegeven moment verdwenen de stewardessen en werd het angstig stil. Even later raakte het vliegtuig met een klap de grond en op hetzelfde moment stond alles in vuur en vlam. We werden als sardientjes in een blik tegen elkaar gedrukt. Ik zag complete rijen stoelen langs me heen schuiven. Het eerste wat ik dacht: het is gebeurd, ik heb geen enkele kans dit te overleven, jammer dat ik geen afscheid van mijn familie heb kunnen nemen. Vreemd genoeg voelde ik me volkomen ontspannen. Alsof ik mezelf vanaf een ander punt kon waarnemen. Ik weet nog dat ik in alle rust kon denken: zolang ik voel, leef ik nog. Om me heen zag ik surrealistische beelden: passagiers die stilzaten op hun stoelen, als een soort poppen, het vliegtuig was aan de bovenkant opengescheurd, de regen gutste naar binnen, mensen liepen over het dak... Het waren beelden van een rampenfilm, maar ik was meer toeschouwer dan deelnemer. Ik weet zeker: als mijn vriendin er niet was geweest, was ik gewoon blijven zitten. Ze heeft me door elkaar geschud en we zijn gaan rennen. Toen we 50 meter van het vliegtuig verwijderd waren, volgde er een zware explosie. Niemand die op dat moment nog in het vliegtuig was, heeft het overleefd. Na Faro heb ik moeite gehad het gewone leven weer op te pakken. Heel veel dingen deden er niet meer toe. Bij heel veel dingen dacht ik al snel: waarom? Sinds Faro weet ik dat dit leven niet alleen over mijzelf gaat. Ik ervaar het leven sindsdien veel meer als een geschenk. Ik kon daarna ook altijd terug afdalen naar dat punt. Hoe rot ik me ook voelde, ik kon altijd terug naar het besef dat het bestaan zelf een geschenk is. Voor die tijd wist ik dat wel, maar sinds Faro kan ik het ook echt zo ervaren.'

Op maandag 21 december 1992, even na halfacht 's morgens, stort in hevige onweersbuien en rukwinden de DC-10 *Anthony Ruys* neer op het vliegveld van Faro. Aan boord 327 passagiers die gepland hadden de kerstdagen in de Algarve door te brengen en 13 Martinair-bemanningsleden. 54 passagiers en 2 bemanningsleden komen om, 106 personen raken zwaargewond. Mijn vriend Dick, van wie het verhaal is, en zijn partner hebben geluk. Ze overleven de ramp zonder noemenswaardig letsel.

*

Het eerste ja dat ik met je wil onderzoeken is wat abstract en zul je mogelijk niet meteen begrijpen. Ik wil je vragen ja te zeggen tegen het feit dat je *bent*. Dat lijkt gemakkelijk om te doen (je bestaat toch?!), maar in de praktijk lijkt het wel alsof we juist ons bestaan moeten verdienen. We leven alsof we nog niet mogen bestaan. Wat natuurlijk onzin is: je bestaat gewoon, punt uit. Toch ervaren we het niet zo. We denken dat we allerlei dingen moeten doen om te mogen zijn.

Zoals we al eerder zagen bij het vraagstuk van de zingeving, hebben we allerlei overtuigingen wat we in dit bestaan zouden moeten doen om het inhoud en zin te geven. Onze talenten benutten. Andere mensen helpen. Carrière maken. Of juist onszelf vinden. We hebben meer met, zoals Edel Maex het omschrijft, de doemodus dan de zijn-modus. Hij zegt daarover: 'Doen is gedreven door een doel. We werken ergens naartoe. Daarom vergelijken we steeds waar we zijn met waar we naartoe willen. We meten hoe ver we van ons doel verwijderd zijn. In de doe-modus is er dus sprake van een voortdurende toestand van er nog niet zijn.'[9] Door van alles te *doen* proberen we ons leven een beetje op orde te brengen, maar helaas is niet alles in de doe-modus op te lossen. Als je verdrietig bent, kun je wel allerlei dingen gaan doen, maar dat hoeft niet noodzakelijkerwijs te leiden tot het verdwijnen van het vervelende gevoel. Soms lukt dat je wonderwel, maar even zo vaak wordt het er alleen maar erger op. Als je je ergert aan de troep die je kinderen maken, heeft het weinig zin om op zo'n moment iets leuks voor jezelf te gaan doen. De kans is groot dat als je terugkomt de ellende helemaal niet te overzien is. Zoals het ook weinig effectief is om je depressieve gevoelens met coke weg te snuiven als je je juist door de coke depressief voelt. Soms helpt doen niet. Op die momenten kan het verstandig zijn om juist afstand te nemen en gewoon te zijn. Niet te zijn met wat er is, of met wat je voelt, maar alleen te zijn. Verder niks. Maex schrijft daarover: 'Een vaak verwaarloosde modus is de zijn-modus. Het is een toestand van gewoon zijn, zonder iets te willen bereiken, zonder eisen te stellen aan de werkelijkheid. Gewoon aanwezig zijn. Het leven is onleefbaar als we alleen maar doen en geen ruimte maken om te zijn.'

Gewoon zijn is een lastige opgave. Als we zeggen 'ik ben', zijn we immers voortdurend geneigd er iets achter te plakken. Ik ben Anton uit Grubbenvorst. Ik ben universitair docent. Ik ben een integer mens. Ik ben aan het werk. Ik ben moeder. Alles wat we toevoegen aan 'ik ben' geeft ons een gevoel van houvast en zekerheid. We creëren een identiteit, een verhaal, een doel, een sjabloon over onszelf. Dat is handig, want het geeft wat houvast, maar welk verhaal we ook verzinnen, het is per definitie vloeibaar en vluchtig. Want Anton uit Grubbenvorst woont nu in Haaksbergen. En de universitair docent was voor zichzelf begonnen. En de integere vrouw was op een dag wel heel erg vals tegen de uiterst aantrekkelijke ex van haar partner. En wat is een moeder met kinderen die op zichzelf wonen? Zou ze dan niet meer bestaan? Nee, natuurlijk, niet. Ze zou er nog gewoon zijn. Alleen niet meer met als hoofdfunctie 'ik ben moeder'. Het kan niet anders of wat er achter 'ik ben' staat is per definitie *tij-*

*delijk*. Wat we ook toevoegen, we raken het op een dag weer kwijt. Voor de boeddhisten is de oorzaak van alle lijden dan ook *trishna*, het vasthouden of vastgrijpen. We houden vast aan de illusie dat de wereld statisch is. Maar alles is vergankelijk. De *I Tjing*, een van de belangrijkste boeken van het Chinese denken, betekent letterlijk dan ook het Boek der Veranderingen.

Niets in het leven blijft. Terwijl de ironie is dat 'ik ben', het meest *ongrijpbare* deel van ons leven, tegelijkertijd de meest *stabiele* factor is. Ons bestaan, ons zijn, is een gegeven. Om te zijn hoeven we niets te doen. We hoeven het alleen maar te accepteren. Je kunt er ook helemaal geen invloed op uitoefenen. Je kunt niet niet zijn. Je bént gewoon. Je lichaam verandert in de loop der jaren, je meningen, overtuigingen, doelen, dromen, gevoelens, gewoonten, bezittingen... alles verandert, maar het minst zichtbare, het feit dat je bent, is tegelijkertijd het meest stabiele wat je in je leven met je meedraagt. Desondanks is het moeilijk op die plek te komen.* Zo vertelt Karin, een vrouw die op dit moment als coach voor zichzelf werkt, over haar vorige baan: 'Ik heb mezelf altijd opgeofferd voor de goede zaak. Ik was vrijwilligster bij een opvangcentrum voor dak- en thuislozen. Mensen helpen was mijn credo. Er was al zoveel ellende in de wereld. Ik vond dat ik mijn steentje moest bijdragen. Ik zou me slecht voelen als ik niets zou doen. Dus als iemand naar het ziekenhuis gereden moest worden, dan was het van "Bel Karin maar". En dat gaf me ook altijd een goed gevoel. Ik was nodig. Dan kwam ik thuis en dan dacht ik: Karin, dat heb je toch maar weer mooi gedaan. Ik voelde me echt een Florence Nightingale. Maar het ging ten koste van mijn gezondheid. Meer en meer mensen gingen een beroep op me doen. Noodgedwongen moest ik gas terugnemen en voor mezelf gaan zorgen. Ik heb het daar een tijd echt moeilijk

* 'Komen' is in dit verband feitelijk een komische benaming, we 'zijn' namelijk altijd. We kunnen er niet eens vandaan. Wij kunnen niet niet zijn. We zijn. Alleen ons denken, onze gedachten, verplaatsen zich voortdurend naar vroeger, ooit, straks en daar.

mee gehad. Ik dacht: ik ben gezond, ik heb twee handen aan mijn lijf, ik heb genoeg geld, dan hoor je je medemens die het minder heeft toch gewoon te helpen?! Maar de afgelopen jaren ben ik me eigenlijk steeds meer af gaan vragen: waarom eigenlijk? Waarom zou ik me alleen maar goed mogen voelen als ik mensen geholpen heb? Zou ik me niet gewoon goed mogen voelen van mezelf? Die vragen brengen me in verwarring. Want als niemand meer iets voor een ander doet, wat dan...'

Als Karin niets zou doen, zou ze zich slecht voelen. In die zin zou je kunnen zeggen dat helpen voor haar een verslaving was. Alleen door regelmatig een shot medemenselijkheid te plaatsen, kon ze zich goed voelen. 'Als je denkt dat vrede en geluk ergens anders zijn,' zo schrijft de Vietnamese zenmeester Thich Nhat Hanh, 'en je rent erachteraan, zul je nooit aankomen. Alleen wanneer je beseft dat vrede en geluk hier in dit moment beschikbaar zijn, zul je in staat zijn je te ontspannen.' En John Kalse omschrijft het aldus: 'Als je helemaal ja zegt tegen wat is, wat je voelt, wat je denkt, wat je doet, waar je bent, met wie je bent, dan val je helemaal samen met jezelf. Er zijn geen problemen. Je bent.'

*

Allemaal leuk en aardig, denk je misschien, maar hoe doe je dat, zijn? Hoe bereik je die gelukzalige staat van 'met jezelf samenvallen', die je normaal gesproken alleen in de hemel, het nirwana, de olam haba, het al-janna of het walhalla kunt bereiken? De ironie wil namelijk dat zolang je je er bewust van bent 'te zijn', de gedachte zélf je meteen uit die ervaring haalt. Dat klinkt wat ingewikkeld, maar in feite is het vrij eenvoudig: als je denkt 'ik ben', dan ben je niet, je bent op dat moment *aan het denken dat je bent.** Zoals je niet moeder of Anton uit Grubbenvorst bent, zo

---

* Wij vereenzelvigen ons zozeer met onze gedachten, dat we ze niet kunnen scheiden van wie we zijn. De ironie wil bovendien dat wij denken dat we onze gedachten 'produceren', terwijl in feite het omgekeerde veel vaker het geval is. In de woorden van David Bohm: 'Normaal gesproken hebben onze gedachten ons in plaats van dat wij ze

ben je ook niet je gedachten. Want denk maar na: als je een kort moment géén gedachte hebt, of nog iets preciezer geformuleerd, denk even aan de korte flits tussen twee gedachten in, in die korte stilte, die tijdelijke leegte, ben je dan opgehouden te zijn? Nee, natuurlijk niet. Je bent nog steeds.

In feite is gewoon zijn het makkelijkst en tegelijkertijd het moeilijkst wat er is. Eckhart Tolle merkt hierover op: 'De meeste mensen verwarren het Nu met wat er gebeurt in het Nu, maar dat is het niet. Het Nu is dieper dan wat erin gebeurt. Het is de ruimte waarin het gebeurt. Verwar de inhoud van dit moment dus niet met het Nu. Het Nu is dieper dan welke inhoud die erin opkomt ook.'[10]

Dit zijn is een lastig te bereiken staat. Als je enige ervaring hebt met meditatie, weet je hoe moeilijk het is je volledig op het ogenblik te concentreren, zonder eraan te denken dat je vanavond ome Frits nog even moet bellen, met je partner de stedentrip naar Barcelona moet boeken en dat je voor de kerst nog een leuke jurk moet kopen. Zodra je begint met mediteren razen die gedachten als een orkaan door je hoofd. En zodra je dat soort gedachten hebt, ga je natuurlijk meteen denken dat je die gedachten niet moet hebben. Maar in plaats van een gedachte minder, heb je dan een gedachte méér! Namelijk de gedachte dat je de vorige gedachte niet mag denken. Om gek van te worden. Hoe kun je niet denken?

De ironie wil dat deze zijnstoestand, deze vredige gelukservaring – door boeddhisten ook wel aangeduid als *sukha*, de diepgaande en door niets of niemand te verstoren ervaring van gelukzaligheid – ons zomaar onverwachts kan overvallen. En vreemd genoeg vaak juist als we op het punt staan in paniek te raken. Op het moment dat we dreigen te desintegreren, dient zich plotseling

---

hebben.' (*On Dialogue*, Taylor & Francis Ltd, revised edition, 1996)

een ervaring aan van overrompelende heelheid. Alsof in het donkerst van de nacht de dageraad doorbreekt.

*

Ik was 23 jaar, studeerde aan de Academie voor Expressie en woonde met mijn vriendin in het benedengedeelte van een flatje. We waren elkaars jeugdliefde, vanaf ons 17e hadden we voor elkaar gekozen. Maar op een gegeven moment vertelde mijn vriendin dat ze 'toch wel enigszins in de wolken was' van een andere man. En ondanks haar tegenwerpingen (ik hou van jou, het betekent niks, gaat wel weer over), raakte ik in een lichte stress. Ik wist: dit gaat niet zomaar voorbij. En mijn vermoeden klopte. Ik werd heen en weer geslingerd tussen allerlei elkaar tegenwerkende krachten. Ik kon nog met mijn verstand beredeneren dat ze voor mij had gekozen, maar het voelde niet zo. Helder als glas zie ik nog voor me hoe ik op een dag uit het diepst van mijn tenen het verdriet eruit huilde. Of verdriet... verdriet is eigenlijk niet het goede woord. Het was eerder paniek, een overweldigende en onberedeneerbare verlatingsangst. Totale ontreddering. Volledige eenzaamheid. Met diepe schoksnikken zoals kinderen kunnen huilen. Alsof mijn lichaam zich binnenstebuiten keerde. Tranen, tranen, tranen. Het voelde alsof ik mezelf niet bijeen kon houden. En net toen ik dacht dat de stop uit mijn bestaan werd getrokken en mijn hele leven door het putje weg zou lopen, kreeg ik een niet te bevatten inzicht. Als ik het idee had dat ik mezelf niet bijeen kon houden, dan waren er blijkbaar twee ikken: een die in paniek was, en een die daar in alle rust naar kon kijken. Hoe alleen ik me ook zou voelen, hoezeer ik ook het idee had uiteen te vallen, op dit niveau van mezelf waarnemen heerste rust en stilte. Dat inzicht kwam als een lichtflits. Het gaf me ogenblikkelijk een enorme rust. Het was alsof ik een stukje boven mezelf hing en naar beneden kon kijken. Op hetzelfde moment hoorde ik me tegen mezelf zeggen: 'Alles is goed, maak je geen zorgen, je bent.' Ik besefte meteen dat dit een keerpunt in mijn leven zou zijn. Ik wist: wat me ook overkomt, ik kan altijd terugkeren naar dit waarnemingspunt, deze stilte in mezelf, dit 'er altijd zullen zijn', ongeacht wat me verder gebeurt. Wat ik ook zou voelen, wat er ook met mijn lichaam zou gebeuren, in essentie was ik op een hoger niveau. Niet met mijn lichaam, mijn emoties, mijn denken, maar een bewustzijn. Ik was.

Die dag en de dagen erna bleef deze rust intens aanwezig. Ik voelde me prettig, helder en aanwezig. Alles om me heen leek op dezelfde manier veranderd. Het was alsof de wereld eerst een zwart-wittelevisie was geweest en ik nu naar een kleuren-tv keek. De weken daarna was het gevoel minder intens dan in het begin, maar sindsdien, als ik even de tijd en rust neem om bij mezelf stil te staan, kan ik vrij gemakkelijk terugkeren naar dit punt van zijn. Vaak minder intens en zeker minder overrompelend, maar het vertrouwen dat alles in het leven goed is, heeft me sindsdien als een trouwe metgezel op mijn levenspad begeleid. Sinds die ervaring ben ik in boeken, films en verhalen van mensen parallelle ervaringen gaan zien. Het verhaal van Dick over de vliegramp kent een vergelijkbare, in paniek geboren, allesomvattende ervaring van geluk en rust.

*

Wat betekent dit voor jou? Gaat het je veel nieuws brengen? Wel, misschien niet. Misschien ken je de ervaring die ik probeer te beschrijven allang. Op een nog intenser niveau. Of misschien op een gewonere manier. Het hoeft allemaal niet zo heftig te zijn. Ook op het moment dat je over een bevroren meer schaatst, in de korte stilte tussen twee slagen door, kun je bij het geluid van het krakende ijs overvallen worden door de ervaring 'in het moment te zijn'. Je hoeft er niet voor in paniek te geraken, je huis te laten afbranden of in een neerstortend vliegtuig te zitten. Een gesprek waar je in opgaat, seks die vanzelf gaat, of de intense ervaring van invallend zonlicht bij een begrafenis kan evengoed een toegang tot zijn betekenen. Hoe diep je dit hebt ervaren is niet zo van belang. Wat wél van belang is, is het inzicht dat alles wat je invult achter 'ik ben' een tijdelijke invulling is. Het is een illusie. Een flauwe, zwakke weerspiegeling van wie je ten diepste bent. Wanneer je vasthoudt aan de illusie dat je bent wat je doet, denkt of voelt, creëer je een voortdurend lijden. Vanaf dat moment ben je gevangen in je eigen zingeving, je eigen verhaal van wie je bent. Het is de kunst iets meer afstand te nemen, af en toe lichtjes boven jezelf te hangen en in te zien dat we dit aardse leven als een groot spel met elkaar en het universum creëren. Een mooi, boeiend, fascinerend spel, waarvan het leuk is om het met dodelijke ernst te spelen, maar een *spel*. Als je het met totale identificatie speelt, is de ervaring dat er opeens geen bal, tegenstander of publiek meer is een ontluisterende. Als je denkt dat je je succes bént en het laat je in de steek, is dat een schok voor je zelfbeeld. Vasthouden aan de puntjes achter 'ik ben' maakt je kwetsbaar voor elke verandering. En die veranderingen komen. Zeker weten. We kunnen onze kinderen niet dwingen te stoppen met groeien. Of de aarde bevelen niet meer om zijn as te draaien. Alles komt en gaat. 'Jij bent' is de enige stabiele factor in het leven. In het oog van de orkaan is het windstil.

*

Als toegift. Een citaat van Etty Hillesum. Etty werd geboren op 15 januari 1914 in Middelburg en overleed eind november – het is niet bekend wanneer precies – in Auschwitz. Tussen 9 maart 1941 en 6 september 1943, wanneer ze van een vriend hoort dat ze de volgende dag naar Westerbork zal worden gedeporteerd, houdt ze een dagboek bij. Voordat ze wordt afgevoerd schrijft ze: 'Als je vanbinnen leeft, is het natuurlijk niet meer zo belangrijk aan welke kant van de kampafrastering je staat. Ik ben al honderd maal gestorven in honderd concentratiekampen. Alles is me bekend. Geen enkel nieuws jaagt me nog angst aan. Op de een of andere manier weet ik alles al. En toch vind ik dit leven mooi en zinvol. Op elk moment.'[11]

**Ja-maar**
ik ben…

**Ja-en**
ik ben

# 2. Zeg ja tegen de werkelijkheid

*De ware ontdekkingsreis ligt niet in het zoeken naar nieuwe landschappen, maar in het kijken met andere ogen.*
[MARCEL PROUST]

9/11

Op een rustige middag in september was ik thuis aan het werk. De telefoon ging. Het was mijn partner. 'Loop naar de televisie, meteen, er is een enorm ongeluk gebeurd in Amerika. Een vliegtuig is de Twin Towers in gevlogen.' 'Oké, ik zal kijken,' zei ik en legde de telefoon neer en liep naar beneden. De televisie bleek tot mijn verbazing al aan te staan. Op de juiste zender zelfs. Ik zag een brandende toren, rook, beelden van mensen die vol ongeloof naar boven keken. En even later zag ik een herhaling van wat eerder gebeurd was. Slowmotionbeelden van een vliegtuig dat zich in de wolkenkrabber boorde. Een explosie van vuur. Rook, vallend puin. Vol ongeloof bleef ik kijken. Wat was hier aan de hand? Enige tijd later zag ik hoe een tweede vliegtuig rechts het beeld binnenvloog, achter het gebouw door leek te vliegen, maar meteen daarna een scherpe bocht maakte en het gebouw doormidden kliefde. Ik zag beelden van mensen die op straat met de handen langs hun gezicht naar boven keken. Absurdistische beelden volgden elkaar in hoog tempo op. Eerst waren in de verte mensen te zien die zich van het gebouw naar beneden stortten. Toen de camera's inzoomden, zag ik mannen in pak naar beneden springen. De aktetas in de hand. Waar was ik getuige van? Wat was dit voor een absurde gebeurtenis? Toen na enige tijd eerst de ene en daarna ook de andere toren instortte, was de absurditeit compleet. Dit kon alleen een film zijn. Dit kon niet waar zijn. Hoewel mijn ogen alle beelden ongecensureerd verwerkten en ik wist dat dit op dit moment gebeurde, ging het mijn verstand te boven. Mijn ogen konden deze werkelijkheid waarnemen, mijn verstand verzette zich er uit alle macht tegen.

Ja zeggen tegen de werkelijkheid, waar dit hoofdstuk over gaat, lijkt makkelijk, maar dat is het niet altijd. Heftige gebeurtenissen, zoals de beelden van de Twin Towers, kunnen ons gemakkelijk uit het hier en nu slingeren. Ons verstand lijkt achter te lopen bij de gebeurtenissen. Wat we waarnemen is niet logisch. Sterker nog, het is onbegrijpelijk. En als 'wat is' niet in overeenstemming is met 'wat zou moeten zijn', dan geeft dat stress. Helaas is 'wat is' altijd en per definitie sterker dan 'wat zou moeten zijn'. De werkelijkheid wint het per definitie van de logica. Maar dat is gemakkelijker gezegd dan gedaan. Want stel dat je een Poolse automobilist bent, je staat met pech langs de kant van de weg, je kunt niet verder met je auto, maar gelukkig stopt er een voorbijganger, die aanbiedt je te slepen. Toch mooi, zou je misschien zeggen. En zo lijkt het ook bij de eerste regels van het artikel dat *De Telegraaf* daarover onder de kop HELPENDE HAND publiceert. Maar even later krijgt het bericht een wat bizarre wending.

'Berlijn. Dinsdag. Een 36-jarige Pool kreeg de schrik van zijn leven toen hij van een Duitse automobilist sleephulp accepteerde naar een volgend tankstation. Toen de Pool eenmaal achter de Duitser hing, voerde deze de snelheid op tot 160 km/u en volgde er een dodemansrit, die pas ten einde kwam toen beide wagens tegen de vangrail knalden. Beide bestuurders kwamen er zonder noemenswaardige verwondingen vanaf. De politie verwees de hulpvaardige Duitser door naar een psychiater.'

Stel dat je de Poolse automobilist bent. Eerst kijk je op je kilometerteller: tot 70, 80 kilometer per uur gaat het prima. Je denkt: ik heb een tijd gewacht, maar niet voor niks, dit schiet lekker op zo. Dan 90, 100. Oké, je hebt blijkbaar te maken met een niet bang uitgevallen Duitse vriend. Een stevige sleepmakker. Goede zaak.

Korte slagen, snel thuis. Maar wat gebeurt er met je als de teller maar op blijft lopen: 110, 120. Hé, hallo, we zijn aan het slepen, vriend, mag het wat minder? 130, 140. Waarschijnlijk begin je uit alle macht te remmen, aan de handrem te trekken, met je lampen te seinen. 150, 160. Geloof je je ogen nog? Dit kan toch niet waar zijn. En dat alles binnen twee, drie minuten. Nadat je mogelijk uren hebt staan wachten. Het gevoel opeens midden in een nachtmerrie te zijn beland.

Wie volledig in staat is ja-en te zeggen tegen de werkelijkheid, neemt deze niet alleen waar – we hebben allemaal ogen, dat is niet zo moeilijk, als je op de kilometerteller kijkt zie je de meter heus wel oplopen naar 160 – maar aanvaardt deze gebeurtenis ook als waar. Je blijft als het ware in het moment. En hoewel dat een van de gemakkelijkste dingen lijkt – je ziet toch wat je ziet?! – is het een van de moeilijkste dingen om te doen. Iets vergelijkbaars speelde zich af toen een hond voor mijn fiets sprong, ik over de kop sloeg, opkrabbelde en al bijna weg wilde rijden. Opeens zag ik dat een van mijn vingers in een wel heel rare hoek van bijna 90 graden stond. Het verkeer raasde door, de man van de hond had zijn excuus aangeboden en wilde alweer bijna weglopen, maar ik stond daar als verdoofd naar een vreemde hand te kijken. Was dit mijn hand? Zo zag mijn hand er toch niet uit! Het was alsof de tijd vertraagde en ik in een soort slow motion, frame voor frame, mijn hand intens waarnam en ondertussen de wereld wat verder buiten mijn blikveld geen geluid meer maakte, maar nog wel, zij het wat langzamer, in beweging bleef. Was dit mijn hand?! Ik nam de werkelijkheid wel waar, maar tegelijk leek het alsof de werkelijkheid niet echt tot me door wilde dringen.

*

Blijkbaar is het niet altijd even makkelijk de werkelijkheid waar te nemen. Maar hoe werkt dat eigenlijk, de werkelijkheid waarnemen? Want om ja-en te kunnen zeggen tegen de werkelijkheid is het wel handig als we enig inzicht hebben in de relatie tussen ons en de werkelijkheid. Hoe doen we dat, waarnemen? En, misschien nog wel belangrijker, hoe *interpreteren* wij die waarneming? Wel, om maar meteen met de deur in huis te vallen: verre van goed. Laten we beginnen met onze biologische beperkingen. Naar schatting worden zo'n 400 miljard bits per seconde aan informatie door onze zintuigen – ogen, oren, neus, mond en huid – waargenomen. Wat uiteindelijk in ons *bewustzijn* komt is maar zo'n 2000 bits per seconde. Oftewel, voor elke bit die het bewustzijn bereikt ontvangen we 200.000 bits informatie. Je zou ook kunnen zeggen: als je de schaalgrootte van ons bewustzijn voorstelt als 1 meter, dan is de schaalgrootte van ons onderbewustzijn gelijk aan de afstand van Utrecht naar Groningen.[12]

Dat wij onbewust veel meer weten dan we ons bewust zijn kan door allerlei onderzoek bevestigd worden. Zo is er al in 1898 door B. Sidis een onderzoek gedaan waarbij proefpersonen een kaart te zien kregen met één cijfer of letter. De proefpersonen moesten echter zo ver weg staan, dat ze zich erover beklaagden dat het een absurde opdracht was. Van die afstand was het onmogelijk te zien. De onderzoeker vroeg hun dan maar te gokken. Wat bleek? Statistisch gezien gokten ze veel vaker goed dan je zou mogen aannemen. Een vergelijkbaar onderzoek is in 1884 gedaan door de filosoof C.S. Pierce. Hij liet mensen twee gewichten vasthouden, in elke hand een, die maar een paar gram in gewicht van elkaar verschilden. Vervolgens vroeg hij hun te vertellen welke van de twee de zwaarste was. Ook hier beklaagden de deelnemers aan het experiment zich over de absurditeit van de vraag. Er was geen enkel verschil te voelen. Ook Pierce vroeg of ze wilden gokken. Tussen de 60 en 70 procent bleek vervolgens het goede gewicht aan te wijzen als het zwaarste. Blijkbaar weten we dus meer dan we weten. En is die kennis ook te activeren. Alleen vaak via omwegen als een gok. Zo lieten W.R. Kunst-Wilson en R.B. Zajonc mensen een serie betekenisloze krabbels zien. Ze haalden ze weg, lieten hun een serie nieuwe krabbels zien en vroegen hun: welke van deze krabbels zat er zojuist ook bij? De mensen gaven aan dat ze werkelijk geen idee hadden. De vormen waren veel te ingewikkeld en chaotisch om te onthouden. Vervolgens kozen ook zij een omweg, ze vroegen de deelnemers aan het experiment: welke van de krabbels vind je mooi? Wat was het resultaat? Mensen bleken bij voortduring de krabbels aan te wijzen die ze al eerder hadden gezien. Blijkbaar zijn mooi en vertrouwd hetzelfde. Blijkbaar weet ons onderbewustzijn veel meer dan we denken. En die kennis is via een omweg te activeren.[13]

Om de werkelijkheid goed waar te nemen is het dus de kunst kennis vanuit ons onderbewustzijn zo onvervormd mogelijk als het ware op te hengelen. Helaas gaat er in dat proces van ophengelen nogal eens het een en ander mis. Allerlei *psychologische* factoren maken dat we de werkelijkheid geweld aandoen. We laten dingen weg, we verdringen informatie, construeren verhalen die lijnrecht in tegenspraak zijn met de werkelijkheid, vergroten of verkleinen, vullen ontbrekende informatie moeiteloos aan met eigen verzinsels of trekken gewoonweg slordige en overhaaste conclusies.

Een van de belangrijkste vervormingen is dat we de waarneming aanpassen aan wat we menen te weten. Dit proces gaat helemaal vanzelf. We hoeven er niets voor te doen. Als je een gele zonnebril opzet, ervaar je de wereld een paar minuten als geel, maar na een tijdje wordt het beeld vanzelf weer normaal. Waarom? Je hersenen vertalen het beeld naar kleuren die ze al kennen. Pas als je de zonnebril afzet merk je het verschil weer. En zo is 's morgens het licht blauw en kleurt de hemel vlak voor de avond oranje. Toch zie je die verschillen in het echt veel minder duidelijk dan op een foto. In de loop van de dag passen je ogen zich aan. Zo kunnen we ook schrikken van een foto van een door tl-buizen verlichte ruimte. In het echt is het gewoon wit licht, op de foto wordt opeens alles gifgroen. Zo deden onderzoekers mensen een bril op die maakte dat ze de wereld ondersteboven zagen. Dat had natuurlijk een desoriënterend effect. Koffiedrinken terwijl je alles op z'n kop ziet is niet echt makkelijk. Na een paar dagen bleek het beeld echter vanzelf gekanteld tot de normale situatie. Als je erover nadenkt is dat fascinerend. Het kan niet anders of ons onderbewustzijn verzamelt voor ons, geheel automatisch, informatie over de werkelijkheid, en vat al die informatie samen in beelden, gedachten en overtuigingen die de werkelijkheid redelijk accuraat samenvatten. We vormen geheel automatisch intern een beeld van de werkelijkheid, dat in grote lijnen overeenstemt met onze buitenwereld. Allemaal heel dienstbaar en een uiterst nauwkeurig en complex proces. Het wordt alleen problematisch als ons brein vastomlijnde ideeën heeft over hoe de wereld in elkaar zit die *niet kloppen* met de werkelijkheid. In dat geval wordt *tegengestelde* informatie met het grootste gemak genegeerd of vervormd. En ook dat proces verloopt volledig onbewust. We zien op die momenten niet wat we *zien*, we nemen vooral waar wat we menen te *weten*.

In de jaren tachtig lag de auto-industrie in Amerika zwaar onder vuur. De markt werd overspoeld met goedkopere auto's uit Japan, die bovendien kwalitatief ook nog superieur waren aan de Amerikaanse modellen. Om te onderzoeken wat de Japanners nou zoveel beter deden dan de Amerikanen werden er dan ook regelmatig studiereisjes georganiseerd. Een van de Amerikaanse managers die een Japanse fabriek gezien had, was echter niet onder de indruk. 'Ze hebben ons geen echte fabrieken laten zien,' zo deed hij verslag. Op de vraag hoe hij dat zo zeker wist, vertelde hij dat de hallen leeg waren en er nauwelijks voorraden te zien waren. 'Dit was allemaal voor onze reis in elkaar gezet.' De manager was stellig in zijn beoordeling van de situatie. Maar omdat hij niet wist dat een van de kenmerken van het Japanse systeem het principe van de *just-in-time delivery* is – de aanvoer van voorraden zo nauwgezet mogelijk afstemmen op de verwerking, zodat de voorraden voortdurend zo klein mogelijk zijn – kon hij dat nu ook niet zien. Hij nam de lege hal wel goed waar, hij interpreteerde hem alleen verkeerd.[14]

Aannamen over hoe de wereld volgens ons is, bepalen in sterke mate hoe we de werkelijkheid *waarnemen*. Die aannamen zijn sterk gekoppeld aan ons weten, en dat weten is weer sterk gekoppeld aan taal. We denken voor een groot deel in woorden. Als we een gezicht van iemand waarnemen, zijn we geneigd de ogen, neus en mond waar te nemen. Daar hebben we woorden voor. We observeren echter minder goed een deel van de wang of het gebied tussen de wenkbrauwen en de haargrens, simpelweg omdat we daar geen woorden voor hebben. In onze taal bestaat het gebied niet. En, om het nog erger te maken, we nemen vooral de afwijkende kenmerken waar. Blijkbaar hebben we ergens in ons geheugen een soort ideaalbeeld, een soort pictogram van het gezicht opgeslagen, en als we andere mensen zien, dan kijken we niet echt naar wie we tegenover ons hebben, maar we vergelijken het gezicht wat we zien met het gezicht zoals dat eruit zou *moeten* zien. Het basissjabloon. En dus beschrijven we anderen niet in objectieve, maar in subjectieve termen. Zo heeft iemand een lang gezicht (in verhouding tot een normaal gezicht), een stevige nek (in verhouding tot een normale nek) of kort haar (in vergelijking tot normaal haar). Al onze beschrijvingen lijken objectief, maar in feite zijn het interpretaties en vergelijkingen. Als je er goed over nadenkt, beschrijven ze vooral wat iemand níét is. En daarmee doen we de werkelijkheid tekort. We hebben in ons hoofd een woordenboek met duizenden termen, maar onze hersenen kunnen miljarden verschijnselen waarnemen. Zodoende zijn we geneigd slechts het topje van de ijsberg waar te nemen. Alleen datgene waar we taal voor hebben te 'zien'. Claxton schrijft daarover: 'Neurologen zijn het erover eens dat onze bewuste geest vooral getraind is in het herkennen van afwijkingen van patronen, kortom, de potentiële gevaren, dat wat "anders is dan normaal". Daar schiet onze geest het eerst naartoe. De bewuste geest wordt ook wel het "zoekspotje" van de geest genoemd. Het zoomt in op *problemen*. Het bewustzijn laat dus niet zien wat zeker is, maar juist wat twijfelachtig is. Pas door rust te nemen en (zonder onrust, problemen en twijfel) echt stil te staan bij dat wat is gaan we grotere delen van de werkelijkheid waarnemen.'[15]

Aangezien je een ja-maar-houding kunt definiëren als kijken naar wat er *zou moeten zijn*, is ons onderbewuste denken blijkbaar zo georganiseerd dat het op een ja-maar-manier ordent en rubriceert. Het lijkt alsof ons onderbewustzijn voortdurend aan het werk is om ons een zo *hanteerbaar en praktisch* mogelijke interpretatie van de werkelijkheid te geven, zodat we op grond van een enorme brij aan informatie zo snel mogelijk tot zo accuraat mogelijke conclusies kunnen komen. Het is verleidelijk om te kijken naar wat er niet klopt, ontbrekende informatie aan te vullen en tegenstrijdige informatie op te lossen in een hanteerbare samenvatting. Twee mannen met een kinderwagen? Klopt niet. Moeten homo's zijn. Met adoptiekind. Beelden die ons in de war kunnen brengen of stress kunnen veroorzaken worden razendsnel van een label voorzien. Vrouw die schreeuwt tegen haar kinderen? Asociale vrouw. Spoort niet. Man in een Hummer die ons met 150 kilometer per uur voorbijscheurt? Asociaal. Dat de mannen de broers zijn van hun pasbevallen zus komt minder snel in ons op. En waarom die vrouw tegen de kinderen schreeuwt, daar hoeven we ons vanaf nu ook niet meer in te verdiepen. We hebben het 'verklaard'. Het geeft rust in ons hoofd.

Het vormen van meningen is een slordig proces. Toch zijn velen van ons opgevoed met de overtuiging dat het hebben van een *mening*, oordeel of interpretatie nodig is om je in het leven staande te kunnen houden. Meningen, dat waren dingen waar je hard voor werkte. Als je er een had, dan telde je mee. Zo vertelde Karin, met wie ik een aantal jaren heb gewerkt: 'Ik ben van de generatie voor wie het hebben van een mening van het grootste belang was. We deelden de wereld bij voortduring in twee categorieën in: goed of fout. Als iets niet in een van die twee categorieën viel, discussieerden we net zo lang door tot we eruit waren. Over alles hadden we een mening: witbrood fout, volkorenbrood goed, werkgevers fout, werknemers goed, andere culturen goed, eigen cultuur fout. Een jaar of tien geleden begon ik te merken dat ik daar eigenlijk vooral zelf last van had. Door alles in hokjes in te delen verkeerde ik eigenlijk in een voortdurende staat van oorlog met de dingen om me heen. En met mezelf. Ik moest altijd een mening hebben. Maar ik merkte dat ook als ik mezelf toestond gewoon geen mening te hebben, de wereld gewoon doordraaide. Blijkbaar waren die meningen helemaal niet zo nodig. Nu waardeer ik veel meer het gewoon waarnemen van de dingen. Meningen zijn meestal onhandige dingen. Je kijkt niet meer, je oordeelt.'

Individuen, groepen en organisaties zijn op die manier in staat labels op de werkelijkheid te plakken, die hoe dan ook niet kloppen met wat er gebeurt. Zo hebben *vier van de tien* Britten verkeerde herinneringen aan de '7/7 London Bombings'. Ze menen beelden te hebben gezien van een bus die explodeert op Tavistock Square. De grap is, de bus is in werkelijkheid wel geëxplodeerd, alleen zijn daar geen beelden van. Geen probleem. Mensen verzinnen die beelden in hun 'herinneringen' er gewoon bij. Een deelnemer aan het onderzoek verklaarde zelfs: 'De bus stopte bij een verkeerslicht, er was een groot wit licht, een harde klap en de bovenkant van de bus werd weggeblazen.'[16] We vervormen, verzinnen er dingen bij, laten informatie weg. Soms levert dat positieve verhalen op ('Wij zijn een leuk bedrijf'), soms negatieve ('Er is hier altijd wat'), maar of ze nou positief of negatief zijn, het zijn *verhalen.* En een verhaal is per definitie anders dan de werkelijkheid. Het is een interpretatie van de werkelijkheid. Het is altijd een beperking, een samenvatting. Sterker nog, verhalen kunnen regelrechte leugens zijn. Al in 260 v.Chr. beweerde de Griekse astronoom Aristarchus dat de aarde om de zon draait. Heel lang hebben we echter gedacht – en moeten denken – dat de aarde het middelpunt van het universum was. Zoals ook velen geloven in het arbeidersparadijs van Noord-Korea. Regeringen, leiders en goeroes zijn goed in het creëren van verhalen. En dat is mooi. Ze houden de boel bij elkaar en geven het geheel zin en richting. En wij houden van verhalen. We smullen ervan. Met een goed verhaal wordt het leven logisch en zinvol. We zijn eigenlijk meer gemaakt voor verhalen dan voor de feiten. Maar verhalen ontnemen je het zicht op de werkelijkheid.

*

Dus, wat je ook denkt, sta open voor het tegenovergestelde. Wie weet is de man met de Hummer wel op weg naar zijn moeder, die met haar rode Fiat Panda 34 van 1983 op een ijskoude winterzondag langs de weg gestrand is in de besneeuwde bossen van Elspeet. Het zou allemaal waar *kunnen* zijn, maar ons denken is niet geïnteresseerd in mogelijkheden. Het is primair gericht op het rubriceren van bedreigingen. En zo zet het met een beoordeling als het ware een doosje om een deel van de werkelijkheid. De ervaring is voorzien van een label, naam of sticker. En zo creëert het onderbewustzijn rust in de chaos. Het voordeel? Je kunt verder trekken. Het nadeel? Het doosje ontneemt je het zicht op de inhoud. En of de labels positief of negatief zijn maakt niet uit: waar een oordeel begint, eindigt de waarneming. We maken ons er allemaal schuldig aan. Het is nou eenmaal hoe ons brein werkt. Kijk maar eens naar de volgende tekst. Wat klopt er niet? Kijk er maar even naar, verderop in de tekst zal ik het antwoord geven.

Het vermag geen twijfel, Marieke is de
de vrouw van mijn heimelijke verlangens.

Ondanks het feit dat dit is hoe het in zijn *algemeenheid* werkt, kunnen we dit onjuist interpreteren van de werkelijkheid sterk beïnvloeden. Onder sommige condities nemen we beter waar dan onder andere. In 1973 deden twee psychologen van Princeton, John Darley en C. Daniel Batson, een opmerkelijke studie naar de relatie tussen religie en medemenselijkheid. Aan het begin van het experiment werd een aantal priesters in opleiding gevraagd een dienst voor te bereiden over de barmhartige samaritaan. Voor wie er niet bekend mee is: de essentie van dit Bijbelverhaal is dat een man door dieven is bestolen en mishandeld en iedereen hem op straat laat liggen, totdat de barmhartige samaritaan hem helpt. De parabel doet daarmee een beroep op onze medemenselijkheid. De priesters werden uitgedaagd over dit verhaal een gloedvolle dienst te houden. Maar wat ze níét wisten was dat tussen het lokaal waar zij zich voorbereidden en de ruimte waar ze de preek zouden houden een acteur zich als hulpbehoevende zwerver had opgesteld. Met de acteur was afgesproken dat elke keer als een student zou passeren, hij een diepe, door pijn getroffen grom zou produceren en minimaal twee keer zou hoesten. De resultaten waren verbluffend. Meer dan de helft van de studenten nam de zwerver niet eens waar. Sommigen stapten zelfs letterlijk over hem heen. In een vervolgexperiment werd er enige tijdsdruk toegevoegd: de studenten kregen te horen dat ze hun preek in het andere gebouw zo snel mogelijk moesten houden. De uitkomst was zo mogelijk nog rampzaliger: minder dan tien procent nam de zwerver waar.[17] Hoe ironisch. Hoe meer de studenten zich concentreerden op de preek over de barmhartige samaritaan, des te minder gingen ze zich als zodanig gedragen.

Richard Wiseman heeft uitgebreid onderzoek gedaan naar het verschil tussen mensen die denken dat ze een pechvogel zijn en mensen die denken dat ze altijd geluk hebben. Hij vroeg mensen om zichzelf te definiëren als 'ik heb altijd geluk' of 'ik heb altijd pech'. Eerst onderzocht hij (voor de zekerheid) of er werkelijk zoiets bestond als mensen die altijd geluk hebben en mensen die statistisch gezien vaker pech hebben. Dat bleek (zoals te verwachten was) niet het geval. Vervolgens ging hij onderzoeken hoe verschillend mensen van deze twee groepen zich *gedragen.* Die verschillen waren opmerkelijk. Pechvogels bleken zich structureel te gedragen zoals Harrie en Marieke. Ze hadden hoge verwachtingen, het leven bracht hun niet waar ze op hoopten en ze hadden de neiging vooral terug te kijken naar het verleden, naar hun mislukkingen en tragedies. Ze zagen domweg het geluk niet. Letterlijk. Zelfs als het voor hun neus lag. Een van zijn beroemde onderzoeken is dat waarin hij mensen vraagt een krant door te lezen en het aantal foto's te tellen. Maar op pagina 2 van de krant had hij in chocoladeletters laten afdrukken: 'Hou maar op met tellen – er staan 43 foto's in deze krant.' Halverwege de krant plaatste hij een tweede bericht: 'Hou op met tellen, zeg tegen de testleider dat je dit hebt gezien en je wint 100 pond.' Stuk voor stuk misten de deelnemers aan het experiment beide mededelingen.[18] 'Geladen' als ze waren met een *verwachting*, een opdracht, net als Harrie en Marieke, stonden ze minder open voor de werkelijkheid. Dit 'geladen met een verwachting' de werkelijkheid waarnemen blijkt een typisch kenmerk van mensen die zichzelf als pechvogel zien. Wiseman concludeert: 'Geluksvogels zien wat er is, in plaats van te zoeken naar wat ze willen zien. [...] Het klinkt tegenstrijdig, maar ze zien uiteindelijk veel meer door niet zo ingespannen te kijken.' Zoals ook Harrie en Marieke in hun dwangmatige poging het beste restaurant te vinden van alles níét zagen.

Het verhaal van Harrie en Marieke demonstreert op eenvoudige wijze het verschil tussen zoeken en vinden: hoe meer je zoekt, des te minder vind je. De Japanse zenleraar Shunryu Suzuki Roshi zegt daarover: 'In Japan kennen we de uitdrukking *shoshin*, "geest van de beginneling". Het doel van de oefening is altijd de geest van de beginneling te houden. Als je geest leeg is, is die altijd op alles voorbereid, men staat voor alles open. De geest van de beginneling kent vele mogelijkheden, de geest van de deskundige heel weinig.'[19]

Suzanne C. Segerstrom concludeert in dat opzicht over de verschillende manieren waarop je in het leven kunt staan: 'Over het algemeen houdt optimisme verband met de volgende soorten emotiegerichte *coping*: probeer te accepteren wat er is gebeurd, probeer er op een andere manier over na te denken, praat over de emoties die het oproept. En minder met de volgende soorten: doe alsof de situatie niet bestaat, doe iets om niet aan de situatie te hoeven denken (slapen, drinken, televisiekijken), wens dat de situatie anders was.'[20]

De werkelijkheid geweld aandoen is een van de belangrijkste kenmerken van doorgeschoten ja-maar-gedrag. Mensen die op die manier in het leven staan, nemen voortdurend een loopje met de werkelijkheid. Ja-maar-gedrag varieert van het onschuldige 'ja, maar de brug stond open' tot de bekendste ja-maar uit de geschiedenis: '*Ja, aber ich habe es nicht gewusst*'. Mensen die dit gedrag vertonen, zullen de neiging hebben de verantwoordelijkheid voor hun gedrag buiten zichzelf te leggen, zoals de misdadiger die zijn misdaad verklaarde (echt gebeurd) met de uitleg 'Het mes gleed er vanzelf in.'* En dit zijn natuurlijk heftige voorbeelden, maar het is goed ons te realiseren dat we allemaal ons best moeten doen om accuraat waar te nemen. We 'zien' veel meer dan we 'zien'. Want had jij gezien dat in de zin hiervoor waarin de verlangens naar Marieke onder woorden worden gebracht twee keer het woord 'de' te lezen is? Handig van ons onderbewuste. We kunnen in één keer de hele zin lezen. Maar ook slordig.

*

De basis voor een ja-en-houding is ja te zeggen tegen de werkelijkheid. De werkelijkheid accepteren zoals ie is. En dat is dus nog een hele kunst. De dingen accepteren zoals ze zijn is een van de grootste en moeilijkste uitdagingen van het leven. En met accepteren bedoel ik waar-nemen. De werkelijkheid van het moment als feit onderkennen. Sommige mensen blijven liever in hun geestelijke gevangenis van hoe de wereld zou *moeten* zijn of de droom van hoe de wereld zou *kunnen* zijn, dan de werkelijkheid onder ogen te zien. Nou is er niks mis met dromen, maar als het dromen tegen beter weten in wordt, heeft het weinig zin. Zo heb ik een jongen gekend die zich zanger noemde. Maar hij zong zo vals

* Zo mocht ik uit de mond van een medewerker van de reclassering het verhaal optekenen van een man die jarenlang zijn veel jongere neefje seksueel had misbruikt. De medewerker vroeg hem een verklaring te geven voor zijn gedrag, waarop de man – tot stomme verbazing van de medewerker – antwoordde: 'Het was ook een rotjong.'

als een kraai. Omdat hij van zichzelf overtuigd, enthousiast en uitermate gezellig was, mocht hij op alle braderieën, buurtfeesten en bruiloften van zijn brede kennissenkring komen zingen (één of maximaal twee nummers uiteraard, het was werkelijk niet om aan te horen). Toegiften hoefde hij nooit te geven (vreemd) en het programma zat altijd zo vol dat 'de tijd echt op was'. Maar niemand had de moed hem te vertellen dat hij niet kon zingen. Totdat hij een serieuze auditie ging doen en hem gezegd werd dat het nergens naar klonk. Voor zijn gevoel werd hij vernederd en met de grond gelijkgemaakt, maar zijn ervaring van vernedering was een gevolg van zijn *illusie*. Niet van de feiten. Een van de belangrijkste dingen die we in het leven moeten zien te ontwikkelen is realiteitszin. Een droom is prima, een illusie niet.

Je verzetten tegen de werkelijkheid is zinloos. Waarom? Omdat je het altijd *verliest*. Je kunt wel willen dat iets er niet is, maar als het er is, dan is het er. Het is de basis van een ja-en-houding. Ik kan wel willen dat ik fysiek een jongeman van 25 ben, maar het is niet zo. Ik kan wel willen dat de zon schijnt, maar als het regent, dan regent het. En als ik mijn hand zie met een vinger in een hoek van 90 graden, dan kan ik wel willen dat mijn hand weer de hand is die hij altijd was, maar dat is ie niet. Als je vecht tegen de realiteit, geeft dat per definitie spanning. Als we de werkelijkheid accepteren, zijn we op hetzelfde moment in *harmonie* met onze omgeving.

Een goed zicht op de werkelijkheid is de basis van ons bestaan. En noodzakelijk om op een effectieve manier met de werkelijkheid om te gaan. Een afdeling van een bedrijf nam eens deel aan een dropping in Luxemburg. Ze hadden een kaart van de omgeving, wisten waar ze heen moesten, maar omdat ze niet wisten waar ze precies gedropt waren, stonden ze in eerste instantie verbaasd in het midden van het bos wat om zich heen te kijken. Ze hadden een goede kaart van de omgeving, ze hadden er alleen niets aan. Je kunt wel weten waar je heen moet, maar zonder helder beeld van de huidige werkelijkheid kun je eigenlijk geen kant op. Robert Fritz, die een aantal boeken heeft geschreven over het creatieproces, beschouwt zelfs het niet goed kunnen waarnemen van de werkelijkheid als het belangrijkste struikelblok om te kunnen creëren.

*

Hoe kunnen we dan op een andere, betere manier de werkelijkheid waarnemen? Wel, een aantal antwoorden zijn natuurlijk al gegeven. Hoe *meer* we verwachten, des te *minder* nemen we waar. Dus andersom geldt: als we onze verwachtingen wat terzijde kunnen schuiven, nemen we beter waar. We zien mogelijkheden die we eerst niet zagen. Zo blijkt ook uit onderzoek dat we minder goed waarnemen als we geëmotioneerd zijn. Hoe sterker geëmotioneerd, des te slechter nemen we waar (neem dus nooit een besluit als je kwaad bent). Een ontspannen levenshouding ligt aan de basis van accurate waarneming. Verder kunnen we ons voornemen minder snel een mening te hebben, open te staan voor het tegendeel – misschien draait de aarde om de zon – en inzien dat we de werkelijkheid niet altijd hóéven te begrijpen. We hebben de neiging als we informatie missen die er gewoon aan toe te voegen. Waarom zouden we? *Don't fill in the gaps.* Als je alleen maar stipjes ziet, zet er dan geen lijntjes tussen. Een goede manier om een accuraat beeld van de werkelijkheid te vormen is vragen om feedback. Wat zie ik over het hoofd? Denken andere mensen er ook zo over? Maak ik een probleem of is er een probleem? Wat denkt, voelt, ziet de ander? Neem een situatie in alle rust waar zonder er meteen een mening of oordeel over te vormen. Misschien vind je het soms wel prettig om überhaupt geen mening te hebben. Dat voelt misschien wat onwennig in het begin, alsof je moet lopen zonder krukken, maar in veel gevallen is het een aangename staat van zijn. In de woorden van Toon Hermans: 'Ik vind niet-weten nog altijd belangrijker dan wel weten. Als je niet weet, is er veel meer ruimte. Als je het weet, is dat het einde van de zin, van het begrijpen. Maar er is niets te begrijpen. Er is níéts te begrijpen. Het leven is een wonder, een spel, maar ik begrijp er niks van. En ik geef me over aan het niet-begrijpen van de dingen. Ik heb daar niets aan toe te voegen.'

# 3. Zeg ja tegen dit leven

*In het verleden gebeurt niets meer.*
[ECKHART TOLLE]

Ik
Apeldoorn
Gelderland
Nederland
Europa
Wereld
Aarde
Melkweg
Heelal

Dit soort rijtjes maakte ik als kind. En ik heb mijn kinderen op een bepaalde leeftijd hetzelfde zien doen. Maar waarom doen we dat? Blijkbaar hoort het bij een bepaalde leeftijd, de leeftijd dat we ons gaan realiseren wat onze plek in het geheel is, wat de begrenzingen van dit leven zijn.

Ons leven en ons lichaam zijn volledig met elkaar verweven. Je bent tot leven gekomen dankzij een lichaam, als dat lichaam er niet meer is, zal je bewustzijn misschien blijven (*who knows* hoe het na de dood zal zijn), maar dit aardse leven zal in elk geval beëindigd zijn. Je lichaam en je leven zijn een twee-eenheid: op deze planeet kan het een niet zonder het ander. Wat betekent het om ja te zeggen tegen dit leven? En is dat niet een absurde vraag? Alsof er wat te kiezen zou zijn.

*

Ja zeggen tegen dit leven heeft mogelijk een aantal mooie kanten, maar laten we maar meteen beginnen met een trieste mededeling. Van leven ga je dood. Het is raar, maar waar. Dat weten we wel, maar die gedachte druist nogal in tegen onze logica. Bij veel dingen is het zo: hoe meer je je best doet, des te groter de kans op een happy end. Bij het leven is het omgekeerd. Hoe langer je je best hebt gedaan, des te groter de kans dat het binnenkort afgelopen is. Het leven heeft voor ons gevoel van logica iets absurds. Het heeft altijd een triest einde. Hoe je ook je best doet, het is toch een soort zandkastelen bouwen bij eb.

Dat is natuurlijk een open deur (we wéten allemaal dat we een keer dood zullen gaan), maar als je er dieper over nadenkt, heeft dat reusachtige consequenties. Het leven heeft namelijk zijn beperkingen. Het is een afgebakend project met een begin en een eind en een redelijk voorspelbare lengte. Ja zeggen tegen het leven betekent de natuurlijke dynamiek van het leven accepteren: je wordt geboren, bent een tijd afhankelijk van anderen (emotioneel, fysiek, economisch), groeit op, leert lopen, spreken en denken, wordt puber, krijgt relaties en eventueel kinderen, je komt in de kracht van je leven, daarna gaat het lichaam achteruit, je wordt langzaamaan opnieuw afhankelijk van anderen, als het goed is kun je nog een tijdje nazomeren, en dat is het dan. Hoezeer we ons er ook op instellen, aan het eind wacht per definitie de dood. Het is onmogelijk het leven te accepteren zonder de dood. Het is onderdeel van de deal.

Ja-en zeggen tegen dit leven betekent ook een leven accepteren op de planeet aarde in dit tijdsgewricht. Het betekent accepteren dat je daar bent geboren waar je bent geboren, dat je bent opgevoed door wie je bent opgevoed en dat je taal en denken in belangrijke mate gevormd zijn door de cultuur waar je als kind deel van uit maakte. Al die dingen kun je niet terugdraaien, beïnvloeden of uitwissen. Je hebt het ermee te doen.

Dit leven accepteren voelt mogelijk als een absurde opdracht. Waar en bij wie je bent geboren is een van de meest bepalende factoren van je leven. En juist op die factoren heb je nooit invloed gehad. Sommige mensen zijn met een zilveren lepel in de mond geboren, andere ervaren hun beginjaren als een valse start die leidt tot een niet in te halen achterstand. Het maakt nogal wat uit of je geboren bent in een welvarend dorp iets ten zuiden van München als zoon en enig kind van een artsenechtpaar, als vierde kind in de wijk Zetoun in Gaza-stad met alleen een moeder en een oudere zus om voor je te zorgen of als de helft van een tweeling in Indonesië op het eiland Sumatra, de provincie Bengkulu, in een familie van kleine boeren. In die eerste – voor jou zo belangrijke – jaren vinden alle gebeurtenissen buiten jouw wil plaats. Er is voor jou besloten. Welk geloof je ouders aanhangen, wat voor werk ze doen, of er überhaupt werk is, hoeveel broertjes of zusjes je krijgt, of het hele gezin in leven blijft tijdens je opvoeding, of ze willen dat je leert en of ze dat kunnen betalen, of er gezond drinkwater voorhanden is, of je als vrouw geacht wordt te dienen of te excelleren... Kortom, hoe graag we ook ons leven ter hand zouden willen nemen, in die eerste jaren wordt alles voor ons bepaald. Is dat eerlijk? Nee. Het leven is per definitie oneerlijk. Je daartegen verzetten is nutteloos. Verspilde energie. We hebben het ermee te doen.*

---

* Interessant is in dit verband de studie van Malcolm Gladwell naar de relatie tussen rijkdom en *waar en wanneer* je geboren bent. Zo blijken van de allerrijksten der aarde – Forbes heeft een top 75 gemaakt van rijksten in de menselijke geschiedenis – er maar liefst veertien te behoren tot de industriëlen die in Amerika zijn geboren in een periode van slechts negen jaar, tussen 1831 en 1840. De periode bracht grootheden voort als John Rockefeller, Andrew Carnegie en J.P. Morgan. Hoe kon dat zo gebeuren? In de jaren zestig en zeventig van de 19e eeuw maakte de Amerikaanse economie een revolutionaire verandering door. Het was de tijd waarin de spoorwegen werden aangelegd en Wall Street in opkomst was. Wie in deze periode was geboren, was net oud genoeg om in te kunnen stappen en net niet té oud om de boot te missen. 'Er is,' zo schrijft Gladwell, 'een speciaal smal venster van negen jaar dat precies perfect was.' Hetzelfde geldt voor de IT-industrie. Bill Gates en alle andere grootverdieners in de IT-industrie zijn geboren tussen 1953 en 1956 (bron: *Uitblinkers*, Malcolm Gladwell, Uitgeverij Contact, 2008, pag. 75-77).

Om werkelijk ja te kunnen zeggen tegen dit leven zou ik je willen vragen of de gedachte je helpt dat het in het leven eerlijk verdeeld zou moeten zijn. Het is natuurlijk een begrijpelijke vraag. Hij komt voort vanuit de wens het goed en fatsoenlijk voor iedereen te regelen. Maar is het een *realistische* vraag? Of beter, geeft de vraag je steun of stress? Is het een scheppende, een *creatieve*, vraag? 'Dat is niet eerlijk,' zeggen kinderen tegen hun ouders als de één een koekje krijgt en de ander niet. Maar in het echte leven gaat het niet om koekjes krijgen. Het lijkt allemaal nogal toevallig. De een krijgt nou eenmaal meer koekjes dan de ander. Sommigen krijgen zelfs niks. Helemaal geen eten. En anderen misschien wel juist te veel. En het zou best zo kunnen zijn, zoals sommige mensen beweren, dat onze ziel bewust voor dit leven heeft gekozen. En dat onze ziel ons bewust op deze planeet, in dit tijdsgewricht, in dit gezin geplaatst heeft om bepaalde lessen te leren. En dat is een mooi verhaal. Zou zomaar waar kunnen zijn. En misschien is er een leven na dit leven. Of ervoor. Misschien is er zelfs een leven tijdens dit leven en hangen we 's nachts allemaal lachend op een energetisch niveau te kijken naar hoe we het er hier van af proberen te brengen. Misschien dat er naast, onder of in dit alles nut, zin, logica of structuur zit. Zou allemaal kunnen. Maar als je met een ja-en-houding naar dit leven kijkt en uitgaat van de dingen die er zijn en die je zeker kunt weten, als je uitgaat van het hier en nu zoals je dat kunt ervaren, heeft het weinig zin daar rouwig om te zijn. Wat precies bedoeling, inhoud, nut en noodzaak van dit leven zijn, kunnen we helaas niet met zekerheid zeggen. Het leven is wat het is. Niet meer en niet minder.

Maar stel dat God zich morgen aan je openbaarde en de woorden sprak: 'We hebben jouw leven van boven zo eens een tijdje bekeken, en je hebt het eigenlijk boven verwachting gedaan. We hadden gepland dat je zo'n negentig jaar nodig zou hebben, maar nu, terwijl je zo'n beetje op de helft bent, heb je eigenlijk al je doelen al gerealiseerd. Normaal gesproken zouden we je nu ophalen, maar we dachten: laten we het eens met jou overleggen. Ook hier vinden we het prettig als er draagvlak is voor onze besluiten. Dus jij mag het zeggen. Ga je met me mee? Of blijf je nog wat jaren hier? Beide opties zijn oké, maar bedenk wel, als je hier blijft heeft het natuurlijk niets meer met zingeving te maken. Je moet dan zelf maar een beetje bedenken wat je leuk vindt om te doen.'

Ik heb deze vraag tijdens een trainingssessie eens voorgelegd aan Elena, een vrouw van middelbare leeftijd. Ze was docente op een school in Tsjernigov, een stad in het noorden van Oekraïne. Het was niet zo lang na de omwenteling, haar leven was al een aantal jaren op drift en ze vroeg zich ernstig af wat de zin van haar leven was. Ze gaf aan voldoening te halen uit het helpen van mensen, maar uit de manier waarop ze erover sprak kon ik er geen echt ja in ontdekken. Het had eerder een plichtmatig karakter. Een vergelijkbare vraag had ik eerder aan anderen gesteld en het was mijn ervaring dat het mensen hielp om na te denken over de dingen die ze *in zichzelf* leuk of zinvol vinden om te (blijven) doen: voor de kinderen zorgen, met mijn partner op wereldreis, een boek lezen, dat soort dingen. Zo niet Elena. Ze twijfelde geen moment. 'Hij mag me meenemen.' Ik was in eerste instantie geschokt. Het was een antwoord dat ik niet eerder zo duidelijk en overtuigend had gehoord. Maar het was haar antwoord. En ik moest het als realiteit accepteren.

De keus die ik aan je wil voorleggen en die ik ook Elena voorlegde, is eenvoudig: kun je kiezen voor het leven dat je nu leidt of niet? Welke dingen was je hier aan het doen die je graag af wilt maken, of aan welke dingen zou je nog graag willen beginnen? Er zijn verder geen loterijen, bingo's of prijzen te winnen. Dit is waar je ja tegen kunt zeggen. Of niet. Misschien zou je in dat geval 'alleen maar' voor je kind of partner zorgen. Prima. Als dat voor jou genoeg is, is dat genoeg. Waarom zou er meer moeten zijn? Zou je kind of partner het ook ervaren als 'alleen maar'? Misschien blijf je hier om nog een snowboardafdaling op de Wii

Fit te maken. Of een paar uurtjes te slapen. *Who cares.* Als je ja kunt zeggen tegen dit leven, kunt aanvaarden dat je bent geboren op de tijd en plaats waar je geboren bent, heb je jezelf gegrond in dit aardse. Dit is waar je nu bent. Nergens anders. Hier en nu. En van hieruit kun je verder trekken.

*

Maar ja. Maar ja. En wat dan…
Verder trekken *waarmee*? We hebben het wel te doen met dat *lichaam*. Ja zeggen tegen dit leven is al lastig, ja zeggen tegen je lichaam is een schier onmogelijke opgave. Ons lichaam is een voortdurende bron van onbehagen. Het is het tweede ja dat hoort bij het accepteren van dit leven. Het lichaam waarin we opgesloten lijken te zitten.

Ja, maar…
… ik was liever een man geweest
… ik heb sproeten
… ik ben grijs
… mijn borsten zijn te groot
… mijn borsten zijn te klein
… mijn haar is te dun
… ik ben te zwart
… was ik maar een vrouw
… mijn oren zijn te groot
… ik ben niet atletisch
… ik heb een aardappelfiguur
… ik ben te lang
… ik ben scheef
… ik heb voeten als slagschepen
… ik ben niet gespierd
… mijn frederikje is te klein
… ik ben te behaard
… mijn haarlijn kruipt omhoog
… ik heb een asymmetrische gezichtsstructuur

... ik heb een kromme neus
... ik heb nauwelijks lippen
... ik heb een dikke reet
... ik heb geen reet
... ik ben te klein
... ik ben veel te klein
... ik ben eigenlijk net iets te klein
... ik ben een dwerg
... ik ben echt vet
... ik heb te brede heupen
... mijn stem is te hoog
... ik heb klutsknieën.

Behalve dat we ontevreden kunnen zijn over hoe ons lichaam eruitziet, kunnen we ook zeer ontstemd raken over hoe ons lichaam zich *gedraagt*. Laten we beginnen met de allesbepalende 'beslissing' of je man of vrouw bent. 'Vrouwen beschikken,' zo schrijft Louann Brizendine, een Amerikaanse psychiater en neuroloog, 'over een achtbaanssupersnelweg voor het verwerken van emoties, terwijl mannen daar een klein landweggetje voor hebben. Daarentegen beschikken mannen over een centrum voor het verwerken van gedachten over seks dat te vergelijken is met O'Hare Airport in Chicago, en hebben vrouwen meer een klein, lokaal vliegveldje voor kleine en privévliegtuigen.'[21] En of we nou man of vrouw zijn, we hebben allemaal een uiterst ingewikkelde *verstandhouding* met ons lichaam. Vanuit ons bewustzijn hebben we het idee dat we ons lichaam kunnen sturen (ga linksaf, rechtsaf, neem de bus, hou je mond, sta stil, draai je om), maar op sommige momenten lijkt het alsof je lichaam jou bestuurt. Je krijgt hartkloppingen, laat een wind, moet naar de wc, raakt op het verkeerde moment seksueel opgewonden (of niet), kortom, we hebben een complexe relatie met ons lichaam. Zo complex dat we er voortdurend strijd mee voeren. We zijn boos, verdrietig, teleurgesteld over ons lichaam. Het hapert, doet pijn, heeft een eigen wil, kortom, we hebben het gevoel als een Siamese tweeling vastgeketend te zitten aan een lichaam waar we nooit voor gekozen hebben en nooit echt grip op lijken te krijgen. Maar ja, wat ben je zónder lichaam? Het is onmogelijk in dit aardse te bestaan zonder een fysiek omhulsel. Hoe moeilijk een relatie met een ander mens ook is, een relatie met een ander kan altijd verbroken worden. Maar de relatie met ons lichaam niet. We zitten er per definitie in opgesloten. Je bewustzijn lijkt als het ware gevangen in je lichaam. Je kunt niet even afstand van elkaar nemen. Of de relatie even laten bekoelen.

'Best lichaam, hoewel ik zielsveel van je hou – dat weet je, ik kan niet zonder je – denk ik toch dat het verstandig is als we een tijdje uit elkaar gaan. Misschien wil ik alleen verder, misschien met jou, maar er zijn zoveel lichamen in de wereld, misschien ook wel met een ander. Ik weet het gewoon even niet. Het ga je goed. Ik weet zeker dat je de kracht hebt om zonder mij ook verder te kunnen. Vriendelijke groet, je bewoner Berthold. *By the way*: hoe heet je eigenlijk?'

Ons bewustzijn is verweven met onze fysiek. '*The seat of the soul is physiological*,' schrijft Ida Rolf. En theatermaakster en danseres Gabrielle Roth zegt over deze verstandhouding tussen geest en lichaam: 'Je lichaam is de grondmetafoor van je leven, de uitdrukking van bestaan. Het is je Bijbel, je encyclopedie en je levensverhaal. Alles wat je overkomt, wordt opgeslagen en gereflecteerd in je lichaam. Je lichaam weet, je lichaam vertelt.'[22]

We kunnen niet aan ons lichaam ontkomen. We manifesteren ons per definitie fysiek. En hoe goed we ook ons best doen, tegen het eind van de rit begint ons lichaam ook nog eens spontaan aan een niet te stuiten aftakelingsproces. Tussen geboorte en dood zijn er in fysiek opzicht twee belangrijke doelen: in leven blijven en nageslacht produceren. Zodra dat laatste gebeurd is, laat de natuur het verder eigenlijk afweten. Vanaf de leeftijd dat ons lichaam niet meer kan reproduceren is het eigenlijk *on its own*. Zo ergens in de buurt van het dertigste levensjaar begint de aftakeling. Belangrijke functies als gezichtsvermogen, zuurstofopname, maximale hartslag, spiertonus en hoeveelheid actieve hersencellen gaan achteruit. Ons lichaam staat nog wel op de balans van Moeder Natuur, maar omdat het geen wezenlijke bijdragen meer levert aan de (re)productie is het voor de natuur een afgeschreven post. En dus zal de natuur ook niet meer actief investeren. Kortom, het lichaam is een bizar project met een onherroepelijk einde. Hoe verlicht, intelligent, aandachtig, sensitief of één met het universum we ook zijn, ons lichaam is onderworpen aan dezelfde onvermijdelijke grondregels. Het komt, groeit, plant zich voort, krimpt en verdwijnt weer in de aarde. Met medicijnen, sporten, antirimpelcrème, hormooninjecties, regelmatig wandelen en fietsen, antistressworkshops, mediteren en weldadige sapkuren kunnen we het lichaam enigszins conserveren, maar vernieuwen zit er vooralsnog niet in. Dat onze levensverwachting zo enorm is toegenomen, hebben we niet aan de natuur te danken, maar vooral aan onszelf. Als je ja zegt tegen je lichaam, zeg je dus ook ja tegen deze wetmatigheden. Je kunt denken dat je eeuwig jong blijft, maar dat is een illusie. De werkelijkheid zal je inhalen. Ja-en zeggen tegen je lichaam betekent deze levensloop accepteren. Je bent in feite bewoner met een tijdelijk huurcontract, huisbaas met onduidelijke bevoegdheden en onderhoudsmonteur met een vage handleiding.

In deze paradoxale werkelijkheid moeten we een goede verstandhouding met ons lichaam zien te vinden en voor de meesten van ons is dat een jarenlange strijd. In de eerste plaats de strijd om op gewicht te blijven (voor de meeste vrouwen is het verschil tussen hemel en hel op aarde ongeveer 5 kilo), vervolgens de strijd om in goede conditie te blijven (acceptabele hartslag en body mass index) en ten slotte de strijd om niet ziek te worden. Wat zegt ons lichaam tegen ons in deze moeilijke omstandigheden? Helpt het mee, denkt het mee, is het onze bondgenoot of hebben we er eigenlijk weinig aan? Het lastige van de relatie die we met ons lichaam hebben is dat de dialoog zo complex is. Ons lichaam 'praat' zo onduidelijk. Het heeft honger, maar hoeveel precies? Of is het eigenlijk dorst wat ik voel? We willen wel *luisteren* naar ons lichaam, maar wat wil het ons precies *zeggen*? Als we een tijdje niet eten, geeft het daarna zo'n sterke hongerprikkel af dat we onmiddellijk veel te veel eten. En als we gaan sporten zegt ons lichaam steeds: stop, stop, ga wandelen, gek, doe rustig aan. Maar naar dat signaal luisteren we ook niet, want het is toch juist goed om daar 'doorheen' te lopen? En als we moe zijn, voelen we ons fitter als we wat eten. Maar misschien moeten we gewoon naar bed gaan?! En hoe zit het met die pseudopsychologische verklaringen dat als ik last van mijn ogen heb, ik dan de werkelijkheid niet onder ogen wil zien? In dat soort verklaringen moet toch wel een kern van waarheid zitten? Als ik hoofdpijn heb, wat wil mijn lichaam daar dan mee zeggen? Betekent keelpijn dat ik mijn emoties niet kan uiten? En hoe moet ik chronische rugpijn interpreteren? Probeert mijn lichaam me dan duidelijk te maken dat ik op mijn werk niet genoeg ruggengraat vertoon? En als ik uitslag heb, of een gezwel, is dat dan een signaal? Een straf? Een feit? Zijn het waarschuwingen van de ziel? Maar waar word ik dan voor gewaarschuwd? En door wie? En waartoe?

Kortom, ja zeggen tegen dit leven is een haast onmogelijke opdracht. Is het niet omdat het leven zelf beperkt en eindig is, dan wel omdat we ook nog eens te stellen hebben met een lichaam. Is het mogelijk ja te zeggen tegen dit leven? En wat houdt dat precies in?

*

Het eerste inzicht om ja-en tegen dit leven te kunnen zeggen is het besef dat je niet je lichaam *bént*. Van dag tot dag verkeren we in de illusie dat we ons lichaam zíjn. Die verwarring is begrijpelijk. Als Marieke aan haar moeder een foto van zichzelf laat zien voor de Eiffeltoren, dan zal ze dat vergezeld laten gaan van de puntige tekst: 'Kijk, dat ben ik voor de Eiffeltoren, leuk hè?' Geklets natuurlijk. Dat weet Marieke zelf ook wel. Want ze zou eigenlijk moeten zeggen: 'Kijk, hier is een fotografische representatie van een moment in het verleden, waarbij de behuizing van mijn bewustzijn, die jij en papa bij mijn geboorte hebben benoemd als "Marieke", zich voor een bouwwerk bevond genaamd Eiffeltoren, leuk hè?' Maar ja, dat praat natuurlijk van geen kanten. Daarom zegt ze: 'Kijk, dat ben ik voor de Eiffeltoren.'

Ons taalgebruik wemelt van de uitdrukkingen die maken dat we denken dat wij ons lichaam zíjn. Dat doen we zo consequent, dat het idee dat je je lichaam bent net zo logisch lijkt als 1 + 1 = 2. Wat zie ik er lelijk uit. Ik word oud. Ik ben moe. Ik ben aangekomen. Ik heb jeuk. Ik ben opgewonden. Ik zweet. Ik heb honger. Ik ben van mijn fiets gevallen. Ik bloed. In hoe we praten valt onze identiteit samen met ons lichaam. Je zegt: 'Dit is Marieke.' En wat je je daarbij voorstelt, is haar uiterlijke verschijning. Haar lichaam. Maar is Marieke wel haar lichaam? Tijdens het schrijven van dit gedeelte van het boek las ik in de krant dat de wielerlegende Theofiel Middelkamp (91) was overleden. 'Hij was de eerste Nederlander die een touretappe won, de etappe van Aix-les-Bains naar Grenoble, in 1936. Hij was 22, had nog nooit een berg gezien en van de wereld amper weet.' Aldus het bericht. Op de foto daarnaast was niet een gezonde, jonge wielrenner te zien, maar een vrolijk lachende oude man met een pet op. Het is dat ik dit soort berichten inmiddels heb leren begrijpen, maar als je er logisch tegenaan kijkt, dan klopt hier toch iets fundamenteel niet? Als je deze vriendelijke man een fiets zou geven, zou het nog maar de vraag zijn hoe ver hij zou komen. Heelhuids de straat uit fietsen zou al een wonder zijn. Maar een col beklimmen... Waarschijnlijk verkeerde foto geplaatst. Toch luidde het onderschrift 'Theofiel Middelkamp'. En als je deze man met pet zou vragen: 'Ben jij dezelfde Theofiel als de Theofiel die destijds de eerste touretappe won?', dan zou hij je vraag ongetwijfeld met ja beantwoorden. Zo'n dialoog zou ongeveer als volgt verlopen.

'Maar Theofiel, even in alle ernst, kijk eens even naar die foto, dat is toch niet de man die in 1936 de etappe naar die col beklom?

Die foto, dat is een ouwe vent.'
'Ja, dat klopt. Ik ben nu een man van 91. Maar zeg maar Fiel.'
'Oké Fiel, dank je. Zeg maar Bert.'
'Ga door, Bert.'
'Maar dan ben je toch niet meer dezelfde als toen?'
'Klopt.'
'Hoe zit dat dan?'
'Ik was toen een jonge man, ik ben nu een oude man.'
'Dus eigenlijk ben jij dus meerdere mannen, Fiel.'
'???'
'Ik bedoel, wie ben je nu? Ben je nu een oude man met een pet of een wielrenner?'
'Hallo, Bert. Zijn we klaar?'
'Nog één vraag.'
'Snel dan.'
'Oké, stel, je bent twee mannen – ik snap er even niks van, maar ik denk even met je mee, ja – toch heb je het gevoel dat er maar één Theofiel is, die ook niet verandert, klopt?'
'Ja.'
'Wie is dat dan?'
'Ik zei toch: nog één vraag. Ik ga. Fietsen.'

Je lichaam van dit moment ziet er anders uit dan tien jaar geleden. En over tien jaar zal je lichaam er anders uitzien dan nu. Toch is er sprake van een 'jij' die constant aanwezig is. Je ervaart jezelf als één. Blijkbaar zit jij met je bewustzijn ergens in dat lichaam. En ondanks het feit dat je lichaam voortdurend verandert, heb je de ervaring één constante persoon te zijn. Een individu. Misdaadplegers proberen daar nog weleens onderuit te komen ('Ik was iemand anders, edelachtbare, ik was niet mezelf'), maar daar nemen wij geen genoegen mee. Vandaag Kobus, morgen Kobus.

Dit inzicht, dat jij en je lichaam niet hetzelfde zijn, is het eerste inzicht om ja-en tegen dit leven te kunnen zeggen. Je lichaam is niet 'wie je bent', je lichaam is eerder een soort behuizing waar jij een heel ingewikkelde relatie mee hebt. Je zit er weliswaar aan vast, je maakt er onlosmakelijk deel van uit, maar je bént het niet. Dat is belangrijk om te beseffen, want zolang je denkt dat je je lichaam bént, zul je er ook je eigenwaarde aan ontlenen. En als je je lichaam dan als minder mooi ervaart, zul je het idee hebben dat 'jij' minder mooi bent. En als je het idee hebt dat je lichaam minder kan, zul je het idee hebben dat jij minder kunt presteren. Elke teleurstelling over je lichaam zul je ervaren als een gebrek van wie je bent. Maar zoals je in het vorige hoofdstuk al hebt gelezen: wie je bent is onbespreekbaar. Je bent.

Nu we inzien dat we niet ons lichaam zijn, maar dat we ons lichaam *bewonen,* ontstaat er ruimte voor een volgende vraag: wat is onze relatie dan wel?

*

We hebben vaak het idee dat ons lichaam moet uitvoeren wat we willen. We zien ons lichaam als een *instrument.* En dat instrument is er om te gehoorzamen. Zo'n relatie zou je kunnen omschrijven als een baas-knechtverhouding. Het lichaam is de knecht. Het bewustzijn de baas. Het bewustzijn stuurt, geeft opdrachten, beveelt, het lichaam voert uit. Zolang het dat goed doet, geen probleem. Zo niet, dan is er een probleem. We gaan met ons lichaam om zoals regelmatig met schoonmaakpersoneel wordt omgegaan: zolang alles schoon is, oké, zodra iets niet goed schoon is, probleem. Zo is het hoogst haalbare dat ons lichaam kan bereiken een staat van 'oké'. Op dat moment zijn we ons lichaam vergeten. Het is niet in ons bewustzijn. Maar dan, op momenten dat ons lichaam niet doet wat we willen, ergeren we ons eraan. In feite heb je op zo'n manier een ja-maar-relatie met je lichaam. Je hebt alleen een relatie met je lichaam *zolang* het functioneert. Maar zodra het naar jouw gevoel niet functioneert, trek je je liefde, waardering en betrokkenheid terug.

Zoals benzine voor een auto van cruciaal belang is, zo krijgt het lichaam zijn brandstof in de vorm van zuurstof en voedsel. Alleen leven wij nu in een totaal andere wereld dan die van duizenden jaren geleden. Ons lichaam is uiterst geschikt om lange perioden zonder voedsel te overleven. Het is getraind om zichzelf op een paar calorieën honderden kilometers te verplaatsen. Het gedijt prima op zaden, nootjes en wat vruchten, maar nu moet het opeens functioneren in een wereld waar de supermarkten vol liggen met allerhande voedingswaren, terwijl het zich horizontaal verplaatst met auto's, bussen, brommers, taxi's en snorfietsen en verticaal met liften, vliegtuigen en roltrappen. Het meeste werk wordt zittend gedaan, de spieren die het meest bewogen worden zijn de arm (computer) en de stembanden (bespreking). 's Avonds mag het zich ontspannen. Dan leggen we het te ruste voor de televisie. Maar hoe ontspannend is dat?

Ja-en zeggen tegen je lichaam betekent accepteren dat je nou eenmaal een complexe verstandhouding met je lichaam hebt. En een complexe verstandhouding verdient aandacht, geduld en doorzettingsvermogen. Je lichaam 'vergeten' en verwachten dat het doet wat je wilt is naïef. Zo zit ons lijf in elkaar. Als je na jaren verontachtzaming merkt dat je lichaam op sommige gebieden achteruit is gegaan, is dat niet oneerlijk, dan is dat logisch. Als je je auto regelmatig een grote beurt geeft, er niet al te hard mee rijdt en roestplekjes tijdig behandelt, kan hij lang meegaan. Waarom zou het voor je lichaam anders zijn?

Mijn vader heeft bijna zijn hele leven gerookt. Een à anderhalf pakje sigaretten per dag. Eerst Northstate en later Caballero. Als kind nam hij me op zaterdag mee naar de kroeg, waar hij de hele dag ging klaverjassen. Dat was leuk. Ik kreeg flesjes Hero-cassis en bakjes pinda's. Het had ook een minder prettige kant. De ruimte was volledig dichtgepakt met sigarettenrook. Als een massief blauw blok hing het tussen muren, vloer en plafond. Het was er zo benauwd dat ik binnen vijf minuten met rode, betraande ogen even naar buiten moest om letterlijk op adem te komen. Na een paar keer op en af was je eraan gewend en dan ging het verder wel. Sigaretten en mijn vader waren onlosmakelijk met elkaar verbonden. Hij stond op de markt en de doeken van alle vier de kramen vertoonden aan de achterzijde allemaal een ellenlange rij ingebrande schroeiplekjes van de vergeten peuken die tot het einde waren opgebrand. Overal waar hij kwam, bij alles wat hij deed: sigaret. Het opstarten van zijn lichaam nam in de loop der jaren 's ochtends steeds meer tijd in beslag. Leek het hoesten eerst nog uit zijn mond en keel te komen, na verloop van tijd klonk het alsof hij op zoek was naar iets in het diepst van zijn longen en dat maar niet te pakken kreeg. De wekker zetten hoefde niet. Mijn vader was de wekker. Mijn vader zei altijd: 'Ik vind roken heerlijk, als ik tien jaar minder oud word is dat geen probleem, dat heb ik er wel voor over.' Op zijn 62e kreeg hij een vorm van agressieve longkanker en vanaf het begin waren de voortekenen zeer ongunstig. Statistisch gezien zou hij nog een maand of drie hebben. Bestraling was mogelijk, maar de kans dat het een positief effect zou hebben, was niet groot. Mensen in zijn omgeving, ik niet in het minst, schrokken hevig van dit nieuws. Was het echt zo? Hoe hopeloos was het precies? Wat waren de vooruitzichten? Ongeloof, verbijstering. Hij kreeg van allerlei kanten advies. Moermandieet, een gebedsgenezer en (om te beginnen natuurlijk) niet meer roken. Maar voor mijn vader was het vanaf het begin duidelijk dat het over en uit zou zijn. Zijn lichaam had hem het afgelopen jaar al verontrustende signalen gegeven. Voor hem was de diagnose 'longkanker' vooral een bevestiging van hoe hij zich voelde (en in dat opzicht eerder bevrijdend dan beangstigend). Voor zijn omgeving heeft hij nog aan een aantal dingen meegewerkt (hoewel hij altijd stiekem bleef roken, zoals we al snel ontdekten), maar de bestraling weigerde hij. Hij accepteerde de werkelijkheid zoals die zich aan hem voordeed (en die hij zijn hele leven al gezien had). Het was geen makkelijke tijd, maar drie maanden later lag hij thuis op zijn ziekbed met voldoende morfine om de pijn niet te voelen en voldoende energie om van iedereen afscheid te nemen. In een lange stoet kwamen familieleden, kennissen en relaties voorbij. Allemaal geschokt door de werkelijkheid van dat moment, maar voor mijn vader was het accepteren van de dood inmiddels een gepasseerd station. Als bij een omgekeerd kraambezoek kwam iedereen niet de komende, maar de vertrekkende mens begroeten. Mijn vader lag er als een vorst bij. Voor sommigen had hij een troostend woord, voor anderen nog wat geld (als een mecenas had hij zijn portemonnee bij zich op zijn ziekbed, ook mijn oudste zoon kreeg 100 gulden in zijn handen gedrukt). Als ze afscheid hadden genomen, kwamen de bezoekers huilend de huiskamer uit, in het besef dat dit de laatste keer was dat ze hem zouden zien. Toen na een paar dagen iedereen geweest was, kwam de dokter om actieve euthanasie te plegen. Vlak daarvoor heb ik afscheid van hem genomen in de volledige wetenschap dat hij zich had verzoend met de realiteit. Die dag was voor mij op een vreemde manier een van de meest trieste en gelukkige dagen tegelijk. Ik heb mijn vader toen, maar ook daarvoor, gekend als een man die de werkelijkheid onder ogen durfde te zien. En dat ook voorleefde. Het heeft mij geholpen met beide benen op de grond te staan. Letterlijk geaard te zijn.

Leven met dit lichaam betekent niet dat je je als een pruilend kind ontevreden van je lichaam af kunt wenden als het niet doet wat je wilt. Als een stuk speelgoed dat hapert. Jij en niemand anders bent verantwoordelijk voor het welzijn ervan. Roken, drinken, niet of nauwelijks bewegen zijn funest. Ja-en zeggen tegen je lichaam betekent de verantwoordelijkheid nemen voor een zorgvuldig onderhoud. Als jij niet voor je lichaam zorgt, wat mag je er dan van verwachten?

Als het lichaam ouder wordt gaan sommige functies achteruit. Je zult minder goed kunnen hardlopen, fietsen en hink-stapspringen. Het leven lijkt met het ouder worden één grote achteruitgang. Toch is dat bij nadere beschouwing niet zo. Als je net geboren bent kun je niet lopen en praten, zie je bijna niks en zijn je dagen gevuld met eten. Maar het lichaam groeit in een enorm tempo. Elke levensfase kent zijn beperkingen en mogelijkheden. Ook als we fysiek in de kracht van ons leven zijn, zijn er dingen die we niet meer of nog niet kunnen. Voor gymnastische oefeningen op olympisch niveau ben je als meisje van zeventien al te oud, maar om rijles te nemen nog te jong. Als we op een ja-maar-manier naar ons lichaam en dit leven kijken, zijn we nooit tevreden. We zijn of te jong, of te oud. Maar nooit op tijd. Als je met een ja-en-houding in het leven staat zul je je aandacht richten op de dingen die je wél kunt. Zo vertelt Geert, acteur en docent: 'Ik weet sinds kort dat ik artrose in mijn knie heb. Als ik goed train en oefen hoef ik er jaren niks van te merken, maar als ik niet voldoende oefen zal het snel achteruitgaan. Een aantal dingen kan ik niet meer: voetballen, heftig springen. Maar van voetballen hou ik niet en in mijn werk als acteur is het sowieso verstandig het wat rustiger aan te gaan doen. Misschien is het wel goed om dat vanaf nu te doen. Ik focus me op wat ik allemaal wel kan. Fietsen, wandelen. Wandelen in de bergen kan niet meer. Dat is wel jammer. Maar het zij zo. Het leven is een spel van goed en kwaad. Het hoort er gewoon bij. Dan is dat maar zo.'

We kunnen ontkennen dat we ouder worden, we kunnen ons als bejaarde in oranje hotpants duwen, het idealiseren door de immense voordelen van onuitputtelijke wijsheid te overdrijven of het misbruiken door als hulpeloze, eenzame oudere de hulp van anderen te claimen, maar hoe we ook omgaan met het ouder worden, we zullen het als een gegeven moeten *accepteren*.

*

Als we ons echter leren te focussen op wat ons lichaam wél kan, hebben we er niet alleen meer vrede mee, maar verrassend genoegd kunnen er vanaf dat moment ook mogelijkheden zichtbaar worden die eerst verborgen waren. Zo kunnen we van ons lichaam verwachten dat het 's ochtends kwiek uit bed springt, klaar om de nieuwe dag blij en energiek tegemoet te treden, maar uit uitgebreid onderzoek in Denemarken blijkt dat niet iedereen over eenzelfde bioritme beschikt. Zo'n 25 procent van de bevolking is typisch avondmens, terwijl hoogstens 15 procent als typisch ochtendmens gezien kan worden. De rest, iets meer dan de helft dus, maakt het niet zoveel uit. Toch is de samenleving volgens de B-Society, een Deense vereniging die zich inzet voor de belangen van de avondmens, voor 100 procent ingericht op, zoals zij dat noemen, de terreur van de ochtendmens. Scholen, crèches en bedrijven gaan er allemaal van uit dat mensen om acht, negen uur 's morgens fit aan de poort verschijnen. *Rise and shine* wordt geassocieerd met actief, gezond en vooral *normaal*. Het is de norm. Hoe het hoort. Terwijl avondmensen op dat moment juist in hun bed horen te liggen. Is hun andere bioritme dan minder effectief? Dat blijkt maar de vraag. Ochtendmensen zijn weliswaar gemiddeld genomen ingetogen, consciëntieus en minder verslavingsgevoelig, avondmensen daarentegen zijn gemiddeld intelligenter, creatiever en extraverter. Door te willen dat ze 's ochtends vroeg aan de gang gaan, verspillen we dus talent. En niet zomaar talent, maar juist *creatief* talent. Waar de huidige samenleving juist nu behoefte aan heeft. Zoals de industriële wereld behoefte had aan ochtendmensen. Door op een ja-en-manier te kijken – waar liggen juist de talenten en mogelijkheden van avondmensen – steunt het Deense ministerie voor Gezinszaken een serie initiatieven, zoals crèches en scholen die later beginnen en ook later sluiten. Initiatieven die op het moment dat dit geschreven wordt op grotere schaal navolging lijken te krijgen.* Het Deense initiatief roept een belangrijke vraag op: moeten we ons lichaam aanpassen aan de systemen die we bedenken, kiezen we als vertrekpunt hoe ons lichaam zou *moeten* functioneren, of passen we de systemen aan onze lichamen aan en kijken we naar hoe onze lichamen zouden *kunnen* functioneren?

---

* Overigens kleven er ook nadelen aan het avondmens zijn. Ze zijn door de bank genomen neurotischer, en verslavingsgevoeliger – ze drinken bijvoorbeeld meer koffie en alcohol – en doen het ook slechter op school. Tja. Blijkbaar heb elk voordeel ook ze nadeel. Bron: www.b-society.org.

Blinden kunnen (uiteraard) niet kijken en je zou je kunnen richten op hen ondersteunen in wat ze niet kunnen. Dat zou je de ja-maar-strategie kunnen noemen. De blik van functiebeperking, hulpstukken en aanpassing. Maar als je kijkt naar wat blinden mogelijk wél kunnen, worden opeens heel andere zaken zichtbaar. Wie niet kan zien, moet andere zintuigen beter leren ontwikkelen. Zo zijn de vingertoppen van blinden door het lezen van braille extra getraind. In de Duitse deelstaat Rijnland is op grond van die specialiteit het proefproject Discovering Hands gestart, waarbij blinde vrouwen worden ingezet om op de tast, als een levende scanner, bij andere vrouwen in een zeer vroegtijdig stadium borstkanker op te sporen. Artsen kunnen knobbeltjes vinden van minimaal 1 centimeter doorsnede, blinden die daartoe opgeleid zijn kunnen dankzij hun verhoogde sensibiliteit knobbeltjes voelen tot 3 millimeter. Meer dan drie keer zo klein. Een ongelooflijk belangrijke verbetering: bij de genezing van kanker is vroegtijdige opsporing immers van levensbelang. Letterlijk. De ellende van kanker is immers dat het vaak pas ontdekt wordt als het al te laat is. Kanker groeit namelijk exponentieel. Je zou kunnen zeggen dat een drie keer zo groot knobbeltje een dertig keer zo ver gevorderd stadium betekent. Een vroege ontdekking van kanker is dus van levensbelang. Jeanette Brittner (29) is als blinde dit werk gaan doen. Ze vertelt: ‘Vroeger wilde ik liever een ziende secretaresse zijn dan een blinde. Nu weet ik dat je beter een blinde tastonderzoeker kunt zijn dan een ziende. Van een handicap heb ik een gave gemaakt.’ Dankzij haar baan heeft Jeanette samen met haar man voor het eerst een huis kunnen kopen en voelt ze zich een nuttig deel van de samenleving.[23]

Op een vergelijkbare manier vertelde Thomas Edison, die vanaf zijn 12e volledig doof was, dat het hem behoedde voor ‘gebabbel’ en hielp in alle rust te werken aan zijn experimenten. En de psycholoog Milton Erickson – die door velen gezien wordt als de voorloper van nlp en een van de inspiratoren van de positieve psychologie – was gedurende een groot deel van zijn jeugd verlamd. In plaats van dit als een nadeel te zien, verklaarde hij dat dit hem een groot voordeel gaf in vergelijking met andere mensen: het gaf hem de gelegenheid om anderen te observeren en te leren over menselijk gedrag.

*

Luisteren naar het lichaam is een lastige opgave, maar soms maakt het ons hardhandig iets duidelijk, waar we psychologisch soms nog niet rijp voor zijn. Het lichaam kan op die momenten stevig aan de handrem trekken. Het bekendste lichamelijke verschijnsel is in dat opzicht een burn-out, een mengeling van extreme vermoeidheid en uitputting. Joop van den Ende, een van Nederlands succesvolste ondernemers, had zichzelf als zoon van arme Amsterdamse ouders geheel op eigen kracht omhooggewerkt. Hij is de Nederlandse versie van *The American Dream*. Maar ondanks dat kreeg hij op z'n 58e een burn-out. Hij zit op de achterbank van zijn BMW als de eerste onherroepelijke verschijnselen zich aandienen. 'Het voelde alsof de ogen uit mijn kop zouden knallen.' Hij gaat naar huis, kruipt in bed, twintig minuten later meldt de dokter zich, constateert een alarmerend hoge bloeddruk – dicht tegen een hersenbloeding aan – en velt de even simpele als onontkoombare diagnose burn-out. 'Ik kon niets meer. Knallende koppijn, zweten, rillerig, doodmoe. Net een kasplant.'

Een burn-out is misschien wel de heftigste menselijke ervaring als het gaat om het moment dat een *crisis* en een *kans* elkaar raken. In eerste instantie lijkt alles verloren. Alsof de wereld instort. Maar na verloop van tijd komen nieuwe inzichten aan de oppervlakte. En realiseren mensen zich met terugwerkende kracht dat ze al een tijdlang roofbouw op hun lichaam hadden gepleegd. Frank Schaper: 'In mijn visie is een burn-out de dramatische afsluiting van een levensfase [...]. Door zijn ingrijpende aard vormt een burn-out tevens de start van een nieuwe levensfase, waarin herstel van lichaam en geest prioriteit hebben maar waarin ook persoonlijke groei gerealiseerd kan worden. Het is een levensverlengende ingreep die iemand een tweede kans geeft. Vergelijkbaar met een niet-fatale hartaanval.' Dina Glouberman laat in haar boek *Burn-out* mensen aan het woord voor wie de burn-out eveneens een tweede kans betekende. 'De burn-out stelde me in staat oprechtheid en waarheid te vinden en vooruit te kijken.' 'Het was de ontwikkeling van een spiritueel pad, zodat je ziel kan gaan schijnen.' 'Ik was vroeger een auto die slechts twee versnellingen gebruikte, en ik versleet die versnellingen en kwam erachter dat ik nog een stel versnellingen heb die als nieuw zijn.' 'Ik leefde in een kleine capsule, nu leef ik in een grote wereld.'[24]

*

Het leven is niet oneindig. Het is qua tijd en fysieke mogelijkheden per definitie een beperkt project. We vertellen onszelf allerlei prachtige verhalen over de grootse dingen die we in dit leven gaan doen. Als we tien jaar zijn, willen we allemaal politieagent, midvoor van Manchester, prinses, fotomodel of popster worden. En soms gaat dat ook zo. Geweldig. Maar hoe geweldig, groots, geïnspireerd je ook bent, ons leven is per definitie begrensd in tijd en ruimte. Ook, of misschien wel juist, voor popsterren, politieagenten en de midvoor van Manchester. 'Leven' begint met dat te accepteren. Het is te beperkt om niet voluit te leven.

Een zenmonnik viel van een rots. Tijdens zijn val zag hij een prachtige bloem. Was hij bang dat hij neer zou storten? Nee, daar was hij niet mee bezig. Neerstorten hoorde bij 'straks'. Waarom zou hij zich daar dan 'nu' zorgen over maken? Hij genoot van de bloem.

**Ja-maar**
het leven is te kort

**Ja-en**
... om niet voluit te leven

# 4. Zeg ja tegen je intuïtie

*Als je geen intuïtie hebt, kan geen enkele methode je helpen.*
[ELIYAHU M. GOLDRATT]

Dit boek is een herziene uitgave van de eerste editie van 2005. Tot ik bij dit hoofdstuk was aanbeland, ging het schrijven eigenlijk vrij voorspoedig. Ik had een opzet gemaakt – begin, midden, einde – maar ik had een vreemd soort tegenzin om aan het werk te gaan. Ik snapte niet waarom. Was het de inhoud? Ik nog eens een keer kijken, de opbouw nog een keer doornemen. Nee, alles was op zich wel duidelijk. Aardige en leuke voorbeelden. Logische indeling. Ik snapte mijn gevoel van irritatie niet. Vroeger zou ik doorgezet hebben. Niet zeuren, flink zijn. Nu vertrouwde ik erop dat mijn tegenzin me iets duidelijk probeerde te maken. Ik besloot te stoppen met schrijven, die avond wat andere dingen te doen. De volgende dag stond ik op en wist ik waarom ik niet verder kon. Het was het onderwerp van het hoofdstuk. De titel was 'Zeg ja tegen emoties'. Dat was het verkeerde onderwerp! Emoties zijn net als gedachten. Ze zijn waardevol, belangrijk, bevatten zinvolle informatie, maar... ze zijn per definitie vluchtig. Ze komen en gaan. Op zichzelf niet zo heel boeiend. Net zomin als het schrijven van een hoofdstuk 'Zeg ja tegen je gedachten' zinvol zou kunnen zijn. Ook leuk. Maar niet echt spannend. Op hetzelfde moment wist ik waar ik het wél over wilde hebben, over datgene waar emoties ons namelijk *naartoe* kunnen leiden. Het is de titel die boven deze bladzijde staat. Intuïtie.

*

In een van zijn boeken beschrijft Oliver Sacks, een Britse neuroloog die bekend is van zijn boeken over de menselijke verhalen achter neurologische afwijkingen, het verhaal van een man wiens cognitieve vermogens volledig intact waren, maar die zware beschadigingen had opgelopen in dat deel van het brein waar emoties verwerkt worden. Als Sacks hem ontmoet, staat de man op het punt de tandarts te bezoeken. Hij overweegt hoe hij dat zal gaan doen. Met de tram, per fiets, lopend. Hij weegt in alle ernst de voor- en nadelen van de diverse transportsystemen tegen elkaar af. Lopend is weliswaar het goedkoopst, maar zou ook langer duren. De tram kost wat meer geld, gaat een stuk sneller, maar is weer niet zo snel als een taxi. En een taxi is het snelst en bovendien zeer comfortabel, maar tegelijkertijd ook verreweg het duurst. Het kost de man zo veel denk- en rekenwerk om alle voor- en nadelen tegen elkaar af te wegen, dat hij uiteindelijk de afspraak bij de tandarts mist. Helemaal niet meer gaat. Waarom liep de man vast in zijn afwegingen? Omdat het vraagstuk hoe je vanuit *rationele* overwegingen idealiter naar de tandarts zou kunnen gaan, simpelweg te complex was om in korte tijd te beantwoorden. En waarom kon de man niet tot een besluit komen, wat miste hij om een knoop door te hakken? De *intuïtie*, het 'emotioneel weten', dat het vraagstuk hoe naar de tandarts te gaan überhaupt niet van belang is. Oliver Sacks gebruikt dit verhaal om aan te tonen dat *elke beslissing* in essentie op gevoel genomen wordt. En niet met het verstand. Intuïtie is een essentieel en onlosmakelijk onderdeel van ons denken. Sterker nog, zonder intuïtie kunnen we niet *logisch* nadenken.

*

Wij denken – en zo wordt het ons ook van jongs af aan geleerd – dat we besluiten met ons *verstand* moeten nemen. Denk goed na, tel tot tien, bezint eer ge begint. Als we een verantwoorde beslissing willen nemen, is het enige wat we hoeven te doen een lijstje aanleggen met in de linkerkolom de voors en in de rechterkolom de tegens. Vervolgens wegen we ze tegen elkaar af en daarna nemen we een verstandige, weloverwogen beslissing. En bij simpele afwegingen als het kopen van een tandenborstel werkt dit model misschien wel, maar bij complexere beslissingen als het kopen van een huis, trouwen of het nemen van een kind schiet dit model schromelijk tekort. Ten eerste is het onmogelijk de verschillende variabelen met elkaar te vergelijken. Want stel, je beoordeelt je partner met positieve eigenschappen als 'bovengemiddeld aantrekkelijk', 'empathisch' en 'de hand goed op de knip houdend' in de linkerkolom en met negatieve eigenschappen als 'nonchalant', 'zet niet door' en 'verslavingsgevoelig' in de rechterkolom. Hoe streep je deze variabelen tegen elkaar weg? Het is als het vergelijken van appels met peren. Maar ook, misschien nog wel belangrijker, hoe schat je de *toekomst* in? Wat zijn de consequenties van een bepaalde keuze? Dat is per definitie koffiedik kijken. Hoe goed je ook nadenkt, inschatten wat er in de toekomst gaat gebeuren doe je per definitie op gevoel. Dat is per definitie glazenbolwerk. Hoe we ook over onszelf *denken* dat we besluiten nemen, in feite besluiten we bijna altijd op intuïtie. De neuroloog Yves von Cramon, directeur van het Max Planck Instituut in Leipzig, stelt zelfs: 'In onze zogenaamde doorzichtige wereld is de gedachte onuitroeibaar dat over alles een rationele beslissing genomen kan worden. De meeste menselijke beslissingen, misschien wel 90 procent, zijn terug te voeren op intuïtie.'[25]

In feite is het nemen van een besluit zonder je intuïtie te raadplegen onmogelijk. Als je alleen op je verstand zou kunnen vertrouwen, leidt dat tot de besluiteloosheid van de patiënt van Oliver Sacks. Een metafoor die deze besluiteloosheid van het verstand treffend samenvat is het beeld van Buridans ezel. Een ezel staat tussen twee balen hooi van exact dezelfde omvang. Omdat hij niet kan kiezen van welke stapel hij zal gaan eten, komt hij uiteindelijk om van de honger.*

* De vergelijking van Buridans ezel is ten onrechte toegeschreven aan de 14e eeuwse Franse filosoof Jean Buridan. In feite beschrijft Artistoteles in *De Caelo* een vergelijkbare paradox, waarin een man hongerig en dorstig is en niet kan kiezen tussen eten en drinken. De man komt om door besluiteloosheid. Ook de filosoof Spinoza betoogt dat een mens, geconfronteerd met twee exact gelijke opties, per definitie niet rationeel kán kiezen.

*

Dat we liever op ons verstand dan op ons gevoel vertrouwen kan echter nogal eens negatieve gevolgen hebben. Zo vertelt José: 'Ik werd verliefd op Joaquin op vakantie in Spanje. De eerste weken waren onstuimig. Een intense zomerliefde. Ook bij terugkomst in Nederland bleef ik naar hem verlangen. Het contact dat we via internet onderhielden, maakte mijn verlangen naar hem alleen maar groter. We schreven honderden mailtjes, mailden over toekomstplannen, kinderen krijgen, samen een eigen café beginnen. Dat jaar ontmoetten we elkaar twee keer. Beide keren kreeg ik duidelijke signalen dat er iets niet klopte. De eerste keer dat hij op Schiphol uit de gate kwam had ik, zodra ik hem zag, een vreemd gevoel in mijn maag. Een licht soort onbehagen. Weerzin, bijna. Ik weet nog dat ik me erover verbaasde. Dit was toch de man van mijn leven? Tijdens onze volgende ontmoeting, ik bezocht hem later dat jaar in Baskenland, Spanje, waar hij woonde, deed zich een vergelijkbare ervaring voor. Het vliegtuig naderde het vliegveld en ik betrapte mezelf er opnieuw op me ongemakkelijk en onrustig te voelen. Bijna misselijk. Achteraf kan ik zeggen dat ik eigenlijk al vanaf het begin wist dat we niet bij elkaar pasten. Maar de eerste weken waren zo geweldig geweest, ik had mezelf simpelweg ingeprent dat ik met deze man gelukkig móést worden. De mailwisselingen gingen voort en na anderhalf jaar besloot ik definitief naar Baskenland te verhuizen om met hem een café te beginnen. Ik pakte mijn koffers, mijn ouders brachten me naar het vliegveld en bijna de gehele reis was ik stil. Alle pogingen van mijn ouders om het gesprek gaande te houden beantwoordde ik met een korte knik of hum. Maar vanbinnen riep alles: nee, nee, ga niet, keer om! En toch zette ik door. Uiteindelijk heb ik het nog zes maanden met Joaquin uitgehouden. Binnen twee dagen hadden we al hooglopende ruzie over de aanschaf van de terrasstoelen en -tafels. De liefde was binnen een maand bekoeld. Na twee maanden sliep ik apart, om dat de rest van mijn verblijf te blijven doen. Met zijn familie kon ik niet overweg, mijn Spaans was een ramp en de paar klanten die kwamen – we hadden hevige concurrentie van een café verderop in de straat, waar het hele dorp al tientallen jaren naartoe ging – konden alleen maar zeuren over de tapas die ik geacht werd met grootse kook-, bak- en knutselkunst in voortdurende overvloed op de bar te toveren. Wat ik ook deed, het was nooit goed genoeg. Na tientallen nachtelijke praatsessies, honderden huilbuien en duizenden mailtjes met mijn zus in Nederland heb ik na zes maanden mijn koffers gepakt en ben teruggegaan naar Nederland.'

Net als José vinden we het vaak moeilijk op ons gevoel te vertrouwen. Logisch. Emoties zijn vluchtig en onberedeneerbaar. Ons verstand heeft behoefte aan zekerheden en houvast. Wat is het gevolg? We leren onze gevoelens te *wantrouwen* of – erger nog – te verdringen. Te doen alsof ze niet bestaan. Op zich is dat begrijpelijk. De natuur heeft ons begiftigd met de meest uiteenlopende, soms zeer gevaarlijke, emoties. Als een manager in een kantoorpand in Borculo-Oost zich op een vrijdagmiddag tijdens de personeelsborrel beledigd voelt door een grapje van een van zijn medewerkers, heeft hij misschien wel de *aandrang* om hem met een perforator de hersens in te slaan, maar die reactie is wat buitenproportioneel. Niet echt handig. We worden geacht onze gevoelens en impulsen te *beheersen*, en dat is een goede zaak. Aan dit reguleren en controleren van onze driften hebben we als mensheid onze handen de afgelopen duizenden jaren vol gehad. Allerlei initiatieven, van de Tien Geboden tot het Wetboek van Strafrecht, kunnen dan ook gezien worden als min of meer succesvolle pogingen deze driften te *reguleren*. Tot zover niets aan de hand. Maar... als gevolg van deze socialisatie hebben we een ambivalente verhouding ontwikkeld ten opzichte van onze emoties. We hebben de neiging emoties in te delen in twee categorieën. 'Goede emoties' (liefde, betrokkenheid, empathie) en 'slechte emoties' (agressie, haat, jaloezie). Vervolgens ontwikkelen we twee neigingen: slechte emoties verdringen en positieve emoties opzoeken. Maar beide strategieën hebben een averechts effect. Wat je verdringt komt later vaak weer terug. En dan in verhevigde vorm. En wat je probeert op te zoeken, lijkt zich steeds verder van je weg te bewegen. Het is als zoeken naar de heilige graal. Of de pot met goud aan het eind van de regenboog. De tragiek wil namelijk dat juist het tegenovergestelde gebeurt: hoe meer je je best doet je gelukkig te voelen, des te *ongelukkiger* voel je je. In een experiment werd proefpersonen gevraagd naar *Le Sacre du Printemps* van Strawinsky te luisteren. De eerste groep kreeg geen verdere instructies, mensen uit deze groep hoefden alleen te luisteren. Tegen de tweede groep werd gezegd dat ze zich door de muziek moesten laten opvrolijken en de derde groep werd slechts gevraagd te observeren hoe ze zich bij het luisteren voelden. Wat bleek? De blijdschap nam bij de eerste groep *het meest* toe.[26] Blijkbaar leidt onbevangen luisteren naar muziek tot meer plezier. En dat betekent, zo schrijft Suzanne C. Segerstrom in haar boek *Optimisme*, dat als je in een concertzaal zit te wachten tot Igor Strawinksy je opmontert, je er in feite voor zorgt dat de muziek je juist níét opmontert. Door voortdurend te proberen je gelukkig te voelen, *weerhou* je jezelf ervan gelukkiger te worden. Dat drank, roken en drugs zo verslavend zijn, heeft met dit prettige neveneffect te maken: negatieve gevoelens kunnen ermee vervangen worden door positieve. Als je drinkt voel je je goed. Drank maakt onzekere mensen moedig en gestreste mensen ontspannen.

Emoties verdringen of manipuleren is zinloos. De psycholoog Daniel Goleman wijst er in dit verband op dat mensen per definitie niet in staat zijn gevoelens te produceren. 'Gevoelens overkomen je.' We kunnen hoogstens proberen ze te begrijpen en enigszins in goede banen te leiden. Veel meer kunnen we met ons bewuste verstand niet doen. Toch is het *verdringen* van emoties precies datgene wat José heeft gedaan. Was haar besluit naar Spanje te vertrekken impulsief? Nee! Integendeel. Ze heeft er juist anderhalf jaar de tijd voor genomen. Haar verstand had ze heel goed gebruikt. Ze had alleen niet naar haar *gevoel* geluisterd. Het moment dat Joaquin de gate uit liep wist ze namelijk dat hij niet degene was met wie ze verder moest. In een *split second*. En dat is precies hoe intuïtie werkt. Uiterst snel. Wat we met het verstand in anderhalf jaar niet kunnen beredeneren, weten we gevoelsmatig vaak in een fractie van een seconde. We beschikken over een fantastisch intuïtief *weten*. De vraag is alleen: hoe kunnen we leren erop te vertrouwen? En hoe werkt de intuïtie precies?

*

Er is de afgelopen jaren veel onderzoek gedaan naar ons intuïtieve, onbewuste weten. Wetenschappelijk inzicht op dit gebied neemt dan ook in hoog tempo toe. Stond het 'onbewuste' in de tijd van Freud nog in een uiterst kwalijk daglicht – het was het souterrain van ons bewustzijn, een verzamelbak van verdrongen jeugdtrauma's en seksuele stoornissen – tegenwoordig wint het onderbewuste meer en meer aan populariteit. En hoe meer we erover te weten komen, des te verbazingwekkender is zijn potentieel. Het is een nog grotendeels onbekende denkkracht. Als het gaat om het in kaart brengen van de vermogens van het onbewuste, staan we aan het begin van een innerlijke ontdekkingsreis.

Van alle onderzoeken die ik de afgelopen tijd heb bestudeerd, vind ik het onderzoek van Pawel Lewicki aan de universiteit van Tulsa, Amerika, het meest indrukwekkend als het erom gaat de *kracht* van onze intuïtie in beeld te brengen. Jammer genoeg kost het wat woorden om precies te omschrijven hoe het onderzoek is opgezet. Het zit wat ingewikkeld in elkaar. Maar ik zal proberen het zo eenvoudig mogelijk uit te leggen. Neem even de tijd om het te begrijpen. Je geduld zal beloond worden.

Bij een van zijn onderzoeken laat Lewicki deelnemers voor een computerscherm zitten dat in vier vakken verdeeld is. Om de zoveel tijd verschijnen er allerlei getallen in beeld, verdeeld over de vier vakken. De deelnemers krijgen als taak om te zoeken waar één bepaald getal, bijvoorbeeld een zes, zich te midden van allerlei andere getallen bevindt. In drie van de vier vakken zit vervolgens geen zes, in het vierde vak zit wél een zes. De opdracht aan de deelnemers van het experiment is simpel. Ze moeten met de muis dat vak aanklikken. Daarna komt een nieuw scherm, opnieuw moet nu het vakje aangeklikt worden waarin de zes zich bevindt. Wat is het doel van het onderzoek? Het gaat alleen over de vraag hoe snel de deelnemer de zes vindt, de computer meet zijn reactiesnelheid. De deelnemers krijgen steeds zeven verschillende schermen – een *trial* genaamd – te zien, dan volgt er een korte pauze. Na die pauze volgt er een nieuwe trial en zo gaat het alsmaar door. Tot nu toe nog niets bijzonders. Voor de deelnemers lijkt de volgorde van de zessen willekeurig, en dat is ook bijna helemaal het geval, alle zessen belanden at random, bij toeval, in een van de vier vakken. Op één zes na: in elk *zevende* scherm van de trial komt de zes op een *voorspelbare* plek in beeld. Dus waar de zes op scherm 7, 14, 21 en 28 staat, beantwoordt aan een logische reeks. De onderzoekers hadden daar een simpele formule voor kunnen hanteren, dus bijvoorbeeld op scherm 7 staat de zes linksboven, op scherm 14 rechtsboven, op scherm 21 rechtsonder enzovoort (en dan nog zou het voor de deelnemer bijna onmogelijk zijn in de gaten te hebben waar er in de test enige voorspelbaarheid zou kunnen plaatsvinden), maar ze hanteerden daarentegen een uiterst ingewikkelde wiskundige formule. Zo ingewikkeld, dat zelfs een wiskundige pas na langdurige bestudering van de schermen en de serie getallen de formule kon kraken. Maar wat bleek? De reactiesnelheid van de deelnemers aan het experiment lag na verloop van tijd op elk scherm dat door zeven te delen was net iets hoger. Blijkbaar *'wisten'* ze waar de volgende zes moest komen. De conclusie kon dan ook niet anders luiden dan dat ons brein op onbewust niveau de meest complexe wiskundige patronen kan herkennen en voorspellen. Maar... als de onderzoekers de deelnemers na afloop vroegen of ze een patroon konden herkennen, hadden ze niet het flauwste idee. De uitkomst van de proef was dermate bizar en consistent dat de onderzoekers besloten een nieuwe test te doen onder hun eigen collega's. Deze deelnemers wisten allemaal waar het onderzoek om draaide, klikten braaf de zessen aan – voor hun gevoel zat er geen groot verschil in snelheid – ze konden op bewust niveau hoe dan ook geen patroon in de zessen ontdekken, en wat bleek? Ook bij hen versnelde na verloop van tijd de responstijd bij de schermen die door zeven te delen waren. Ook hun onbewuste had blijkbaar de wiskundige formule gekraakt. Toen ze de gegevens te zien kregen die aantoonden dat ze bij elk zevende scherm sneller reageerden, beschuldigden sommigen Lewicki er zelfs van de uitkomst van de test te hebben vervalst. De conclusie kan dan ook niet anders zijn dan dat we onbewust ingewikkelde informatiepatronen kunnen opsporen en gebruiken die we met ons bewuste denken niet of nauwelijks kunnen herkennen en begrijpen.[27] In verhouding tot ons onderbewuste is ons bewuste denken uiterst langzaam en beperkt. De Nijmeegse sociaal psycholoog Ap Dijksterhuis stelt zelfs dat ons onderbewustzijn 200.000 keer zoveel informatie kan verwerken als ons bewustzijn. Om het in perspectief te zien: als ons bewustzijn gelijk is aan de lengte van één meter, is ons onderbewustzijn gelijk aan de afstand Utrecht-Groningen.

Ook Malcolm Gladwell beschrijft in *Intuïtie, de kracht van denken zonder erbij na te denken*, tientallen onderzoeken die bovenstaande conclusie ondersteunen. Zo beschrijft hij in zijn openingsverhaal de voorgenomen aankoop van een Grieks beeld door het Getty Museum in Californië. Het museum overweegt voor bijna tien miljoen dollar een beeld te kopen. Het zou de eerste echt grote aankoop van het museum worden. Veertien maanden hadden deskundigen van het museum besteed aan het onderzoek naar de echtheid van het beeld. Vlak voordat de transactie afgerond zou worden bezocht Evelyn Harrison, expert op het gebied van de Griekse beeldhouwkunst, het museum. Haar eerste aanblik van het beeld leidde onmiddellijk tot de overtuiging dat het een vervalsing was. Op grond waarvan? Harrison kon dat zelf moeilijk onder woorden brengen. 'Het was in eerste instantie alleen een vaag gevoel, een intuïtief besef,' zo schrijft Gladwell, 'dat er iets mis was.' Als later ook andere experts het beeld bekijken, doen zich vergelijkbare intuïtieve ervaringen voor. Men ervaart het beeld als 'niet fris', anderen 'kregen het koud' of 'ervaarden een golf van intuïtieve afkeer'. Het beeld werd nogmaals onderzocht, de papieren van herkomst werden bestudeerd en na enige tijd kwam men tot de onomstotelijke vaststelling dat het beeld een vervalsing was. Gladwell schrijft daarover: 'In de eerste twee seconden waarin ze keken – in één oogopslag – vermochten ze meer te begrijpen van de essentie van het beeld dan het team van het Getty Museum na veertien maanden.'[28]

Intuïtie kan gepaard gaan met een emotie, maar vaak 'weten' we iets al of hebben we een bepaald inzicht al lang voordat ons gevoel, laat staan ons bewuste denken, het in de gaten heeft. Je zou kunnen zeggen: de intuïtie is razendsnel, emoties volgen als goede tweede in het peloton en het verstand komt met de bezemwagen. In een slakkentempo. Achteraan in de rij. Een voorbeeld om deze gedachtegang te verduidelijken: Antoine Bechara, assistent van de Damásio's,* liet proefpersonen plaatsnemen aan een tafel met vier stapels kaarten, twee stapels groene en twee stapels blauwe kaarten. Op de achterzijde van de kaarten stonden geldbedragen. Soms moesten de proefpersonen geld betalen, soms kregen ze geld. Maar welke kaarten winst of verlies opleverden wisten ze uiteraard niet. Hoe waren de kaarten verdeeld? De blauwe kaarten brachten veel geld op, maar konden ook grote verliezen opleveren. De groene kaarten gaven kleinere winsten, maar ook kleinere verliezen. In feite was het 't gunstigst om voortdurend groen te draaien. Om erachter te komen welke kleur de beste keus was, moesten de proefpersonen dus een tijdje kaarten draaien. De grote vraag was: wanneer zouden ze dat doorhebben? De gemiddelde proefpersoon bleek ongeveer vijftig kaarten nodig te hebben om te kunnen vertellen dat groen de beste optie was. Tegen die tijd wisten ze dat blauw weliswaar grotere winsten kon uitkeren, maar op de lange duur – door de eveneens grote verliezen – ongunstig uitpakte. Maar wat bleek? Het lichaam leerde veel sneller! Bechara liet sensoren op de handen van de proefpersonen bevestigen, en al na het draaien

* António Rosa Damásio en Hanna Damásio zijn getrouwd en hebben samen als neurowetenschappers vele gezamenlijke onderzoeken en publicaties op hun naam staan.

van tien kaarten nam het zweet op de handen toe en hadden de handen de neiging de blauwe stapels te vermijden. Kortom, het lichaam 'weet' en is in staat beslissingen te nemen lang voordat onze emoties, laat staan het verstand, door het onderbewuste 'geinformeerd' zijn.[29] Dit inzicht brengt John Bargh, psycholoog aan de Yale University, tot de uitspraak: 'Het onderbewuste heeft een directe link met de motorische besturing van het brein. De spieren bewegen zich automatisch naar goede dingen toe en trekken zich terug van slechte dingen.'[30]

De snelheid waarmee het *lichaam* kan reageren op de werkelijkheid wordt treffend beschreven in de observatie van Gladwell van een ervaren autocoureur die op hoge snelheid een bocht naar links nadert, terwijl om de hoek net een zwaar ongeluk heeft plaatsgevonden. Het ongeluk is een paar seconden geleden gebeurd en dus staan er nog geen mannen te vlaggen. En toch remt de coureur af. Waarom? Hij 'wist' dat er iets niet klopte. Dat er iets aan de hand was. Maar wat? Dat wist hij zelf niet. Hij remde instinctief. Op 'gevoel'. Pas later beseft hij waarom hij 'wist' dat er iets aan de hand was. 'Ik naderde een bocht. Normaal gesproken kijkt het publiek jouw kant op, ze willen zien hoe je de bocht nadert. Maar nu 'zag' ik dat bijna alle toeschouwers naar links keken, de bocht in. Ik wist blijkbaar dat daar iets gebeurd moest zijn. Waarom zou iedereen anders opeens die kant op kijken? Intuïtief remde ik. Naar bleek terecht.'

Kortom, in veel situaties *weten we zonder te weten*, en in essentie is dat de kortste en misschien ook wel duidelijkste definitie van intuïtie: weten zonder te weten. Je weet iets, zonder dat je weet hóé je het weet. Sterker nog, het lichaam weet en handelt volledig automatisch. Soms gaat dat gepaard met een emotionele ervaring, maar soms, zoals bij het aanklikken van de computerschermen of het kiezen van de goede kaarten, gaat het lichaam zelfstandig te werk. Zonder ook maar een enkele emotionele of intellectuele ervaring. Het lijkt alsof het lichaam in staat is tot intelligent handelen, onafhankelijk van ons verstand. Sterker nog, in verreweg de meeste gevallen handelt het intelligenter dan ons bewuste denken. Ap Dijksterhuis stelt dan ook kernachtig vast: 'Het is gewoon beter om met je intuïtie te denken.'

*

Een deel van onze intuïtie is aangeboren, instinctief gedrag. Zo zullen ouders van een mensenkind hun pasgeborene instinctief beschermen en verzorgen, terwijl een jong van een reptiel zich moet verstoppen om niet door zijn eigen ouders opgegeten te worden. En zo blijken pasgeboren meisjes vaker naar afbeeldingen van gezichten te kijken en jongetjes vaker naar afbeeldingen van dingen. Waarom? Omdat dit en vergelijkbaar gedrag met het erfelijk materiaal mee wordt overgeërfd. Het ligt ingesloten in onze genetische en hormonale codering. Het lichaam 'weet' hoe het moet ademen, verteren, ziektekiemen bestrijden en nog vele duizenden processen meer. We hoeven er niet bij na te denken hoe ons hart slaat. Het slaat. Dit zou je als instinctief weten kunnen omschrijven. Voortplantingsdrift en overlevingsdrang zijn daar ook voorbeelden van. Het kan ons meeslepen, tot moorden brengen of het oneigenlijk bedienen van perforators. Het weten waar ik het in dit hoofdstuk over wil hebben is echter vooral gekoppeld aan de *intuïtie.* De autocoureur 'wist' dat hij moest remmen, omdat hij duizenden keren een vergelijkbare situatie had meegemaakt. Hij remde op intuïtie, maar zijn intuïtie kon pas voor hem werken nadat hij dankzij duizenden eerdere vergelijkbare ervaringen 'wist' dat deze situatie afweek van het bekende patroon. Het was geen instinctieve, maar een *intuïtieve* reactie. Zonder verstand van auto's, wegen, publiek en rempedalen zou de coureur nooit tot deze reactie gekomen zijn. Ook de deskundigen die het beeld van het Getty Museum zagen, 'wisten' pas na jarenlang duizenden beelden gezien te hebben dat dit beeld een vervalsing moest zijn. Zo zullen we ook, nadat we duizend keren onze zoon of dochter op een bepaalde manier van school zagen komen, de duizend-en-een-ste keer aanvoelen dat er iets aan de hand is, omdat ons kind anders reageert. Maar wat er anders is kunnen we vaak niet precies onder woorden brengen. We voelen het aan. We 'weten' het. Kortom, intuïtief weten neemt toe met de ervaring. Het is een vorm van leren die altijd en voortdurend plaatsvindt. En ook als we niet bijzonder deskundig zijn op een bepaald vakgebied, is dit intuïtief weten ons voortdurend van dienst. In feite is ook autorijden een zeer intuïtieve, aangeleerde vaardigheid. Na enige jaren ervaring stappen we zonder nadenken in een auto. We rijden zonder na te hoeven denken weg, voeren na een tijdje een telefoongesprek en ondertussen neemt het onderbewuste volautomatisch het autorijden van ons over. We schakelen, doen richtingaanwijzers aan en uit, bedienen de ruitenwissers, halen andere auto's in en kijken in de achteruitkijkspiegel zonder erbij na te hoeven denken. En dan opeens, als een kind de straat oversteekt, staan we op de rem. Was dat een bewuste beslissing? Nee, natuurlijk niet. Onbewust trapten we op de rem. Ons onderbewuste herkende een overstekend kind als een afwijking van het patroon. Een gevaar. En tussen onze intuïtie en de voet die op het rempedaal trapte zat een rechtstreekse verbinding. Even later schrokken we, ging het hart kloppen en wisten we dat een kind overstak. Kortom, het onderbewuste vormt uit eerder meegemaakte situaties patronen, afwijkingen worden moeiteloos herkend en reacties vinden automatisch plaats. Dit soort leren heeft baat bij ervaring. Hoe meer we hebben autogereden, hoe sneller we in staat zijn een afwijking te herkennen. Alle handelingen die we gedachteloos kunnen verrichten, maken gebruiken van deze intuïtieve kennis. *Instinctief weten is aangeboren, intuïtief weten aangeleerd.*

*

Tot zover de kracht en effectiviteit van intuïtie. Maar wat is nu het belang van intuïtie in relatie tot ja-maar- en ja-en-denken en -handelen? In dat opzicht merkt de sociaal psycholoog Barry Schwartz op dat mensen het nog nooit zo moeilijk hebben gehad als tegenwoordig als het gaat om het maken van keuzes. Zoals we al eerder zagen bij de man die niet naar de tandarts kon: we hebben onze intuïtie vooral nodig als het gaat om beslissen. En als er iets is wat we in dit tijdsgewricht steeds vaker moeten doen, is het wel het nemen van beslissingen. Waar ga ik wonen, met wie, tot welke religie voel ik me aangetrokken, voel ik me überhaupt aangetrokken tot een religie, willen we kinderen en zo ja, hoeveel? Allemaal keuzes die het gevolg zijn van de toegenomen mogelijkheden van de moderne mens. Een goeie zaak, natuurlijk. Meer keuzevrijheid. Maar tegelijkertijd zijn al deze keuzes nogal belastend. Want wat als je de verkeerde keuze maakt? Of te vroeg of te laat kiest? Of helemaal niet kiest? Schwartz spreekt in dit verband zelfs van de 'tirannie van de keuze'. En in dit opzicht wordt ook de relatie met ja-maar en ja-en zichtbaar. Want waren het niet juist Marieke en Harrie die niet konden beslissen naar welk restaurant ze het best konden gaan? En waarom hadden ze moeite met kiezen? Omdat ze het op logische afwegingen, op hun verstand deden. Als ze op intuïtie hadden gekozen, hadden ze waarschijnlijk aangevoeld dat de keus voor een restaurant niet van levensbelang was. Of – andere mogelijkheid – als ze op intuïtie hadden beslist, hadden ze allerlei andere opties waargenomen. Als we bij het maken van beslissingen op ons verstand vertrouwen – en dat is precies wat ja-maar-mensen doen – maken we geen gebruik van de intuïtieve vermogens van ons onderbewuste. Sterker nog, als Buridans ezel staan we op het laatst tussen twee hooibalen in. Verlamd door keuzemogelijkheden die het verstand niet kan beredeneren.

In dit kader kan nog een ander onderscheid tussen ja-maar- en ja-en-handelen aangebracht worden. De feiten wijzen namelijk uit dat het langdurig nadenken over een keuze, het intensief afwegen van voors en tegens, *per definitie* tot minder tevredenheid leidt dan het maken van een meer intuïtieve, snellere keuze. Uit onderzoeken van Barry Schwartz blijkt dat mensen die langer over een beslissing nadenken gemiddeld ontevredener zijn over hun keuzes dan mensen die snel en intuïtief beslissen. De eerste groep vertoont alle kenmerken die eigen zijn aan ja-maar-gedrag: hoge verwachtingen, langdurig wikken en wegen en uiteindelijk ook nog eens ontevreden over het eindresultaat. Schwartz noemt deze groep de maximaliseerders. Deze mensen zijn pas tevreden als ze het allerbeste gekozen hebben. Ze hebben een bepaald idee, een bepaalde ideologie over wat het beste is, over hoe hun keuze zou moeten zijn, en ze gaan er dwangmatig naar op zoek om hun keus in overeenstemming te laten zijn met hun ideaal. 'Deze manier van leven,' zo betoogt Schwartz, 'trekt een zware wissel op je leven.' Als alles goed moet gaan, stellen we onszelf daarmee voortdurend bloot aan zelfkritiek, als een keus niet goed uitpakt, boren we onszelf de grond in ('zie je wel') en vragen we onszelf vertwijfeld af waarom we niet meer opties bekeken hebben. 'Had ik maar...' is de lijfspreuk van de maximaliseerder. Een houding die inhoudelijk gelijk is aan ja-maar.

Tegenover de maximaliseerders plaatst Schwartz de tevredenheidsstrevers. Deze groep neemt genoegen met wat goed genoeg is. Zodra iets voldoet aan hun normen zullen zij daartoe besluiten. Zij hebben niet de behoefte om het allerbeste te verkrijgen. 'Goed genoeg' is eerder hun norm. De econoom Herbert Simon introduceerde reeds in de jaren vijftig van de vorige eeuw deze gedachtegang in de vorm van het concept *satisficing*. Simon redeneerde: als je rekening houdt met de tijd die beslissingen nemen kost is satisficing meestal de beste strategie.
Onderzoeken van Schwartz en anderen tonen dan ook aan dat maximaliseerders minder gelukkig, minder optimistisch en sneller depressief zijn dan mensen die naar tevredenheid streven. Vreemd genoeg ben je dus met streven naar 'goed genoeg' op het eind *beter* af dan met streven naar het beste.

Dit inzicht is daarom zo belangrijk, omdat het keuzeprobleem de komende decennia alleen maar toe zal nemen. En dus ook de neiging om ja-maar-gedrag te vertonen. Naarmate de mens meer keuzes heeft, zal hij de neiging hebben niet alleen steeds langzamer, maar dus ook steeds slechter te beslissen. De Amerikaanse auteur Benjamin Kunkel heeft het in dit verband zelfs over *decidofobie*, de angst om beslissingen te nemen.[31]

*

Terug naar ja-en. Wat is het belang, nut of de noodzaak om op een ja-en-manier met intuïtie om te gaan? Naast het vermogen van onze intuïtie om goede, snelle en doeltreffende beslissingen te nemen, is er namelijk nog een andere reden waarom het van belang is onze intuïtie te gebruiken, en dat is de *creativiteit.* Creativiteit en intuïtie zijn als broer en zus. Het een kan niet zonder het ander. Henri Poincaré, een Franse wiskundige, merkte daarover op: 'Met logica kun je bewijzen aanvoeren, maar geen nieuwe inzichten opdoen. Daar heb je intuïtie voor nodig.' Het is ondoenlijk om tot nieuwe wetenschappelijke inzichten te komen op basis van logisch nadenken alleen. Als het gaat om het verkrijgen van nieuwe inzichten is onze intuïtie van doorslaggevende betekenis. Wetenschappelijke vernieuwingen lijken zich in eerste instantie zelfs aan de logica te onttrekken. Sir Neville Mott, winnaar van de Nobelprijs voor natuurkunde in 1977, benadrukt dat intuïtie zich juist niet in taal, in bewust denken, kán uitdrukken. 'Je ziet ineens, zo moet het in elkaar zitten. Dat is intuïtie. Bij mij ging het in elk geval wel zo bij het werk waarvoor ik de Nobelprijs heb gekregen. Het overbrengen van mijn ideeën op anderen heeft me daarna jaren gekost.' Ook Einstein zag de ontdekking eerst voor zich, zonder dat hij deze goed onder woorden kon brengen. 'Eerst is er het inzicht, daarna probeer je door intensief naar woorden te zoeken daar woorden aan te geven.' Voor alle grote wetenschappelijke ontdekkingen geldt dat intuïtie een doorslaggevende rol heeft gespeeld. Oneindig veel meer dan de logica. En alle wetenschappers die dit proces aan den lijve hebben ondervonden, benadrukken ook deze intuïtieve component van hun wetenschappelijke zoektocht. Bijna alle grote wetenschappelijke ontdekkingen gaan gepaard met zo'n intuïtief inzicht, vaak aangeduid als een aha-erlebnis, de ervaring 'het' plotseling te zien, meestal na jarenlange noeste arbeid aan één specifiek vraagstuk. Door ons onderbewuste met een complexe opdracht aan het werk te zetten ontstaat een situatie waarin het vraagstuk door ons onderbewustzijn – als het ware onder de oppervlakte – wordt uitgedokterd. Sluimerend, in stilte, terwijl wij met onze gedachten elders zijn, wat mijmeren of onder een boom zitten, doet het onderbewuste gestaag zijn complexe arbeid. En dan, zodra het antwoord of de oplossing gevonden is, maakt het onderbewuste zich kenbaar. Plop. Als een appel die uit een boom valt. Eureka. Een aha-moment. Opeens dient zich de oplossing aan. Helder. Simpel. Logisch.

Hóé de intuïtie zich kenbaar maakt, kan echter heel verschillend zijn. Dat kan een gevoel zijn. Een emotionele ingeving. Of een beeld. Zo zag Einstein toen hij de relativiteitstheorie ontdekte, zichzelf zich op een pijl door tijd en ruimte verplaatsen. Paul Berg, Nobelprijswinnaar voor scheikunde, zegt daarover: 'Er is nog een aspect dat volgens mij bij de intuïtie hoort, en dat is smaak. Smaak benadert het artistieke gevoel. Sommige mensen kunnen op een ondefinieerbare manier iets in elkaar zetten wat een bepaalde stijl heeft, een zekere klasse. Je voelt dat het goed in elkaar zit.'[32]

Hoe een inzicht zich ook aandient, of het nu via een beeld, een fysieke ervaring of het gevoel van schoonheid is, de ervaring *zelf* is voor de mensen die haar hebben meegemaakt vaak een moment van grote euforie. Voor sommige wetenschappers is het moment van inzicht zelfs het hoogtepunt van hun wetenschappelijke carrière. Zo schreef de Engelse biochemicus Francis Crick, wiens moleculair-biologisch onderzoek het begin vormde van een geheel nieuw biologisch wereldbeeld, in zijn autobiografie: 'Tenzij men het zelf heeft ervaren, is het niet gemakkelijk het dramatische gevoel over te brengen van de plotselinge klaarheid die de geest overstroomt als het juiste idee eindelijk op zijn plaats valt. Je ziet onmiddellijk hoeveel onbegrijpelijke feiten keurig worden verklaard door de nieuwe hypothese.'

*

Mooie verhalen, maar wat betekent dit voor ons, gewone mensen? Met onze inzichten zullen we immers geen Nobelprijzen hoeven te winnen. Gewoon op tijd de rekeningen betalen en de boodschappen in huis hebben is toch al mooi genoeg? Hoeveel intuïtie hebben we daarvoor nodig?

Wel, ook voor ons alledaagse leven hebben we onze intuïtie voortdurend nodig. Sterker nog, eigenlijk bestaan er geen alledaagse beslissingen die we zonder intuïtie kunnen nemen. En we doen het ook al voortdurend. Besluiten op intuïtie. Want hoe anders kunnen mensen tot het besluit komen – om maar eens wat te noemen – kinderen te nemen? Dat is toch moeilijk te definiëren als een verstandig besluit. Als je er goed over nadenkt, is het besluit tot het nemen van een kind voor ons bewuste denken een volkomen onmogelijke opgave. Ten eerste lijken allerlei rationele argumenten lijnrecht op een nee af te stevenen. Zijn er garanties op het gebied van wonen, werken, toekomstig inkomen? In een kinderleven kan er van alles misgaan: de geboorte zelf, het kind kan een chronische ziekte hebben, op zijn elfde onder een auto rennen, de school niet afmaken, verkering krijgen met een verkeerd iemand, aan de drugs gaan, zwemmerseczeem krijgen of penningmeester worden van de Ronnie Tober-fanclub… al deze toekomstige scenario's zijn niet te overzien, te voorspellen, laat staan te *berekenen*. Het krijgen van een kind is per definitie een intuïtieve beslissing. En toch nemen jaarlijks miljoenen mensen zo'n onmetelijk diepgaande beslissing. Hoe? Per definitie op gevoel. Intuïtief.

Hetzelfde geldt voor de aanschaf van een huis. Hoe kun je twee huizen met elkaar vergelijken? Als het een de ideale ligging heeft, maar net iets te klein is, en het andere huis heeft de perfecte grootte, maar het is net iets te ver weg, hoe besluit je dan? En toch hebben veel kopers bij een bezichtiging van een huis meteen een gevoel van ja of nee. Zonder aan die ervaring te twijfelen. Ze weten welk huis het beste is. Zonder te weten hóé ze dat weten.

Kortom, bij alle complexere afwegingen – vanaf het bepalen hoe we naar de tandarts gaan tot het nemen van een kind – hebben we geen enkel ander instrument tot onze beschikking dan onze intuïtie. We zullen het ermee moeten doen. En we doen het vaak ook perfect. De kunst is alleen er vaak *net wat meer* op te leren vertrouwen. Zoals gezegd, dit boek roept je niet op een ander mens te worden, dit boek hoopt vooral de aanzet te zijn tot een *accentverschuiving*. Zo zou het ook onzin zijn om niet meer het verstand te gebruiken. Om logische argumenten terzijde te schuiven omdat ze niet goed voelen.

Ik heb eens een film gezien waarin een man hevig twijfelde of hij wel of niet bij zijn vrouw moest blijven. De vraag verscheurde hem, dreef hem tot waanzin. Met zijn vrouw leven was een ramp, zonder zijn vrouw een catastrofe. Midden in de nacht, in badjas, de haren verwilderd, belde hij aan bij zijn buurman. Hij kende zijn buurman verder niet, maar op de deur zat een chic goudkleurig naambordje met de vermelding PSYCHIATER. En aangezien onze held hulp zocht, belde hij aan. De buurman deed open en ze spraken tot het licht werd. Uiteindelijk vroeg hij zijn buurman: 'Help me, zeg me wat ik moet doen, bij mijn vrouw blijven of weggaan?' 'Wel,' antwoordde de buurman, 'dat is niet mogelijk, het probleem is namelijk niet of je wel of niet bij je vrouw wilt blijven, dat weet je namelijk allang. Je wilt met haar verder leven. Maar dat is nu juist de *oorzaak* van het probleem. Dat je eigenlijk al besloten hebt. Het eigenlijke probleem is niet óf je met haar wilt leven, maar hóé je met haar wilt leven. En of dat lukt. Ik zou zeggen, als je je intuïtie volgt, als je naar haar terugkeert, zal het vraagstuk van het 'hoe' zich als vanzelf beantwoorden.' Onze hoofdpersoon was ontroerd en opgelucht. Dit was het antwoord dat paste bij hoe hij zich voelde. Het klopte. 'Bedankt,' antwoordde hij, 'wat bent u een goede psychiater.' 'Ik ben helemaal geen psychiater,' antwoordde de buurman. 'Maar dat staat toch op uw deur?' 'Ja, maar dat is van de vorige bewoner, ik ben loodgieter.' 'Hoe komt u dan aan deze wijsheid?' vroeg onze held. 'Nou, ik heb een keer een film gezien met een psychiater en een man die in de problemen zat en midden in de nacht bij hem kwam,' antwoordde de loodgieter, 'en die gaf dit antwoord.'*

*

Van alle vormen van intelligentie lijkt onze intuïtie verreweg superieur. Met onze logica kunnen we redeneren, technische problemen oplossen of een bankafschrift foutloos invullen, maar alleen door goed naar onze *gevoelens* te luisteren, een ontspannen houding aan te nemen en open te staan voor de – vaak lichte – signalen die we van ons onderbewuste krijgen, kunnen we complexere vraagstukken *intuïtief* oplossen. Daarbij is het vooral van belang om níét te weten. Zodra we de werkelijkheid te snel willen begrijpen of beheersen, zodra we met ons bewuste denken krampachtig en voortijdig verklaringen, analyses, oordelen of meningen formuleren, doen we ons intuïtief weten tekort. In die zin kun je ja zeggen tegen intuïtie dan ook beschouwen als een pleidooi voor het niet-weten.

Intuïtie dient zich meestal aan in de vorm van een *lichamelijke* sensatie. Vandaar dat intuïtie in dit boek volgt op het hoofdstuk 'Zeg ja tegen je leven'. De intuïtie leidt ons tegelijkertijd, zoals we in volgende hoofdstukken zullen zien, naar onze verlangens en doelen. Zonder de intuïtie missen alle volgende hoofdstukken elke grondslag. Hoe kun je ja-en zeggen tegen je verlangens als je geen gebruikmaakt van je intuïtie? Het is onmogelijk. Waar je naar verlangt heeft namelijk, zoals we verderop zullen zien, níéts met de logica te maken. Het kunnen en durven gebruiken van je intuïtie is dan ook de kern van een ja-en-levenshouding.

Tot slot. Om het in perspectief te plaatsen. We denken dat we met ons bewustzijn ons onderbewuste aansturen, maar het is eerder

---

* Overigens. Om het verhaal af te maken. Natuurlijk ging de man naar zijn vrouw terug. En natuurlijk gaf dat veel gedoe. Tragiek. Strijd. Humor. En natuurlijk bleven ze uiteindelijk bij elkaar. Het was een film…

zo dat de verhoudingen andersom liggen. Dat ons onderbewuste ons bewustzijn aanstuurt. We weten vaak allang zonder te weten. Ap Dijksterhuis stelt het nog scherper: ‘Het onbewustzijn schrijft, het bewustzijn herschrijft.’ Als dit waar is, past voor eenieder die zijn intuïtie beter wil leren gebruiken maar één houding. Die van respect en overgave.

# 5. Zeg ja tegen je vermogens

*Genialiteit is weinig meer dan het vermogen*
*op een andere manier te kijken.*
[WILLIAM JAMES]

Stel, er wordt in de krant een vijfdaagse cursus aangeboden. Boven de advertentie staat de kop 'Werken aan uw kwaliteiten'. De advertentie vermeldt verder de inspirerende pay-off 'aan welke kwaliteit u ook werkt, wij garanderen u een verbetering van 25 procent'. Laten we ervan uitgaan dat je gegrepen bent door de opmaak en inhoud van de advertentie en dat je helemaal gelooft dat dit instituut deze verwachting waar zal gaan maken. En stel dat je aan één kwaliteit mocht werken. Welke van de volgende kwaliteiten zou je dan kiezen?

Creatief
Nieuwsgierig
Moedig
Accuraat
Wijs
Behoedzaam
Rustig
Integer
Vitaal
Optimistisch
Empathisch
Flexibel
Initiatiefrijk

Gedisciplineerd
Autonoom
Hulpvaardig
Vergevingsgezind
Bescheiden
Harmonisch
Beheerst
Perfect
Dankbaar
Volgzaam
Humoristisch
Spiritueel
Kritisch

De laatste jaren zijn allerlei termen ontwikkeld om 'dat wat iemand kan' te benoemen. Om er een paar te noemen: vaardigheden, bekwaamheden, competenties, (kern)kwaliteiten, vermogens, talenten. Tussen al deze begrippen bestaan nuanceverschillen in inhoud en betekenis. Zo zou je kunnen zeggen dat talent vooral van toepassing is op een 'vaardigheid' (pianospelen, voetballen) en een kwaliteit vooral op een 'karaktereigenschap' (geduld, doorzettingsvermogen). En zo verwijst 'competentie' meer naar de bekwaamheid een bepaalde taak of functie naar behoren uit te voeren. Voor de strekking van dit hoofdstuk – en voor de eenvoud – zal ik in dit hoofdstuk echter spreken van 'vermogens'. Met deze term verwijs ik naar 'de verzameling van talenten en kwaliteiten, die we tot onze beschikking hebben'.

Waarom ik ze samenvoeg heeft een simpele reden. Beide gebieden hangen met elkaar samen. Je hebt beide nodig. Je kunt wel uitzonderlijk veel talent hebben om te voetballen, maar als je tot je 21e letterlijk geen bal hebt geraakt, wordt het nooit meer wat. En je kunt wel heel hard trainen om een goede basketballer te worden, maar als je maar 1 meter 38 bent is het een beetje vechten tegen de bierkaai. Kortom, als ik het vanaf hier heb over 'vermogens', dan verwijs ik naar de *combinatie* van talenten en kwaliteiten.

*

Laten we beginnen met een concreet voorbeeld. De 11-jarige Pablo. Een waargebeurd verhaaltje. Pablo is een aardige, wat teruggetrokken jongen die grotendeels in zijn eigen wereld leeft. Zijn ouders maken zich zorgen om hem en hebben hem een jaar geleden laten onderzoeken door een psychiater. Na grondig onderzoek produceert de psychiater een rapport waarin hij de volgende bevindingen doet: Pablo is in sociaal opzicht vreemd, naïef, onaangepast en emotioneel nogal 'los' van anderen, hij is egocentrisch en zeer gevoelig voor kritiek, maar ongevoelig voor de gevoelens van anderen, verder is hij grammaticaal vaardig, maar spreekt hij langdradig, letterlijk en pedant en vooral in monologen. Kortom, zo concludeert de psychiater, Pablo is een typisch AS-kind, een kind met het syndroom van Asperger. De moeder van Pablo, Gerda, maakt zich zorgen over de beperkingen van haar zoon. Hij speelt graag muziek (hij drumt) en om hem te helpen zijn sociale vaardigheden te ontwikkelen heeft Gerda besloten om Pablo in te schrijven voor een orkest. 'Kan hij ook leren in een groep te functioneren en zijn egocentrisme wat te compenseren.'

Klinkt verstandig, liefdevol en logisch, toch? Misschien zou jij hetzelfde doen als je de vader of moeder van Pablo was. Is daar iets mee mis? Ja, daar is van alles mee mis. Niet in het minst voor Pablo.

Gerda werkt met Pablo aan de ontwikkeling van zijn minder sterke kanten. Pablo heeft weliswaar een aantal kwaliteiten, zoals taalvaardigheid, maar zijn moeder heeft vooral oog voor de vaardigheden waar hij naar haar overtuiging *onvoldoende* over beschikt: sociale intelligentie, empathie, emotioneel contact met anderen leggen. Je zou haar aanpak als een ja-maar-benadering kunnen omschrijven: het uitgangspunt is een tekort, het doel het gemis te compenseren. Dit in tegenstelling tot een ja-en-houding, waarbij je vooral geïnteresseerd bent in wat goed gaat: je kijkt naar wat er wél is en probeert dat te versterken. Werken aan je zwakke punten heeft een aantal nadelen. Om te beginnen is het gewoon niet leuk. Wie wil er nou graag geconfronteerd worden met wat hij niet goed kan? Elke cursus is dan een soort straf. Bovendien, een tweede nadeel, is het effect vaak averechts.

*

Stel, iemand zegt van zichzelf: 'Mijn kwaliteit empathie is onderontwikkeld, mensen ervaren mij als een onaardige persoon.' Laten we deze fictieve persoon voor het gemak even Wim noemen. Als de buren van Wim langskomen met de vraag of ze een feest

mogen geven tot even na middernacht, zal Wim dan ook grootmoedig antwoorden: 'Geen probleem, ga je gang, ook als het wat langer duurt, prima.'
En de buren zeggen: 'Goh Wim, wat aardig.' En Wim zegt bescheiden: 'Och, ja...'

En dus duurt het feest tot vijf uur in de ochtend. Met een heleboel lawaai. De basbox dreunt door Wims doorzonwoning. En Wim ligt met een kussen op zijn hoofd zijn best te doen de slaap te vatten. Maar hij vindt het niet erg. Hij heeft een nobel doel: aardig overkomen. Dus als de buurman de volgende dag langskomt met de vraag of Wim last heeft gehad van de muziek, kun je al raden wat Wim zal zeggen: 'Nee joh, ben je gek, beetje lawaai, ik ben wel wat gewend, als je elkaar het licht in de ogen niet gunt, waar blijven we dan.' 'Zo is het,' zal de buurman antwoorden.
En de buren zeggen: 'Goh Wim, wat ben je toch aardig.' En Wim zegt bescheiden: 'Och, ja...'

Wim is blij, de buurman bevestigt hem in zijn ideaalbeeld. Maar wat Wim níét weet, is dat dit patroon structureel en dwangmatig is. Wim denkt dat hij zijn best doet 'gewoon aardig' te zijn, maar in feite heeft hij een gevangenis voor zichzelf gecreëerd. Want als de buurman de volgende dag wat geld wil lenen, kan Wim natuurlijk geen nee zeggen. Hij was toch aardig? Dus antwoordt Wim: 'Oké. Moet kunnen. Waar heb je anders buren voor? Hoeveel geld heb je nodig?' Maar op een gegeven moment, als de buurman de koelkast heeft leeggehaald, de bankrekening nagenoeg geplunderd is en de auto ongerepareerd is terugbezorgd (Wim probeerde nog wanhopig 'geeft niet' uit te brengen, maar het was al op het randje), komt er een moment, bijna altijd een onbenullig moment, waarop het systeem instort. Als op een dag de buurman nietsvermoedend langskomt voor een kopje suiker, kan het zomaar gebeuren dat onze Wim in razende woede ontsteekt. 'Ben je nou helemaal besodemieterd. Ik heb het helemaal gehad met jou. En maar vragen, en maar lenen, en zelf nergens voor zorgen!

Vind je dat normaal? Heb je dan geen enkel fatsoen? Je bekijkt het maar. Je krijgt helemaal niks meer van me. Ik wil mijn geld terug, de auto gerepareerd hebben en de koelkast aangevuld. En als je dit weekend weer een feest geeft, bel ik de politie wegens geluidsoverlast.' En zo gooit Wim ten einde raad de deur dicht, nog voordat de buurman iets kan uitbrengen. En het tragische is: wat de buurman nu denkt is niet zo belangrijk, maar wat Wim zelf denkt, dat is essentieel. Want het kan niet anders of Wim moet tot de conclusie komen: zie je wel, ik wist het al die tijd wel. Eigenlijk ben ik een *onaardige* persoon.

Als de diepste boodschap aan jezelf is 'ik ben onaardig', zul je uiteindelijk als een onaardige persoon eindigen. Alles wat je niet wilt zijn, word je (omdat je er al die tijd al van overtuigd was dat je het eigenlijk al was). Het lastige is alleen dat deze negatieve zelfbeelden onder de oppervlakte verscholen liggen. Niet alleen voor anderen, maar meestal vooral voor onszelf. Het is niet prettig om jezelf als onaardig te zien. Dus ga je, net als Wim, allerlei acties ondernemen om zo aardig mogelijk te zijn. Maar het tragische is: je zult je doel nooit halen! Want een taart kun je bakken. En een toneelstuk gaat in première. Het is tastbaar. Je kunt het zien. Op een dag is het af. Maar een zelfbeeld is nooit af. Was dat maar zo, dan was er niks aan de hand. Was het maar zo dat je op een dag om vijf uur je overall uit kon trekken, je handen kon wassen, jezelf vrolijk lachend in de spiegel aan kon kijken en kon feliciteren: 'Meisje, je hebt het 'm maar mooi geflikt, vanaf nu ben je de rest van je leven een aardige persoon.' Klaar. Volgende doel. Waar wil ik nu aan werken? Helaas, zo werkt dat niet bij een 'identiteit'. Die is nooit af. Het is namelijk geen materie. Een identiteit is iets waar jij in gelooft. Een verhaal dat je aan jezelf vertelt. Het zit tussen je oren. En zolang het vertrekpunt ligt bij 'ik ben onaardig' zul je jezelf echt niet van het tegendeel kunnen overtuigen. Je houdt jezelf niet voor de gek. Want wie anders dan iemand die zichzelf onaardig vindt, zal zijn best doen om zo aardig mogelijk over te komen?

Deze neiging ons negatieve zelfbeeld te vervangen door het tegenovergestelde kent een dubbele tragiek. In het geval van 'onaardig' dwingen we onszelf ongeacht de omstandigheden altijd aardig te zijn. Het is dwangmatig. We moeten wel. De eerste tragiek is dan ook dat ons handelen niet vrij is: we moeten aardig zijn van onszelf. Altijd en overal. We hebben geen keus. Maar het gevolg is een tweede tragiek, die misschien nog wel erger is: we staan onszelf namelijk de positieve kant van het tegendeel niet meer toe. Want de positieve kant van onaardig zijn is assertiviteit, het vermogen voor jezelf op te komen. Deze kwaliteit amputeren we uit ons leven. En omdat we niet assertief zijn, trekken we mensen aan die dat prettig vinden, mensen die graag en veelvuldig gebruikmaken van onze 'kwaliteit' van dienstbaarheid. En als we dan op een gegeven moment voor onszelf opkomen (omdat we wel moeten, zoals Wim hiervoor), doen we dat meestal zo heftig, zit er zo veel opgespaarde woede in, dat de ander het totaal niet kan plaatsen. En zo zal niet alleen de ander, maar vooral ook jijzelf tot de conclusie komen: zie je wel, ik bén ook een onaardige persoon.

*

Hoe komt het toch dat we zo gefixeerd zijn op het repareren van onze zwakke punten? Naar mijn idee zijn daar twee belangrijke redenen voor aan te wijzen. De eerste zou ik willen benoemen als het *zes-min-syndroom*. Ons onderwijssysteem (zo zit het nou eenmaal in elkaar) heeft de neiging om vooral te letten op wat (nog) niet goed is. Bij twee of meer onvoldoendes blijf je zitten. De aandacht van de meester en de juf zal daarom vooral gericht zijn op het binnenboord houden van de kinderen die dreigen te blijven zitten. Het zijn de vijven en vijfenhalven waar de aandacht naartoe gaat. Die moeten zes-minnen worden en dan is alles in orde. Dit meetinstrument produceert een cultuur waarbij voldoen aan een minimale norm veel belangrijker wordt geacht dan het voldoen aan een maximale norm. Van een 8 een 9 maken is mooi, maar het maakt verder niet uit. Je gaat toch wel over.

Waarom zou je je best doen? Kinderen worden getraind om de vijven in de gaten te houden en daar een 6- van te maken. Op die manier heeft het onderwijs per definitie geen oog voor talent maar voor middelmatigheid. Als iedereen de norm maar haalt. Gerda, de moeder van Pablo, past dezelfde manier van denken toe. Ook zij denkt: als Pablo nou maar op de belangrijkste sociale vaardigheden een 6- scoort, dan heb ik hem als moeder netjes afgeleverd.

Deze tendens is er niet alleen een van het onderwijs. Zo onderzochten Buckingham en Clinton de manier waarop managers naar hun ondergeschikten keken. Zij komen tot de conclusie dat managers vooral de neiging hebben te kijken naar de *defecten,* managers wereldwijd hebben meer aandacht voor zwakten en fouten dan voor talenten en successen. Ze stellen dan ook vast: 'De meeste organisaties behandelen de sterkten van medewerkers als iets vanzelfsprekends en concentreren zich op het minimaliseren van zwakten. Op delicate wijze herbenoemen ze deze als "vaardigheidskloven" of "gebieden voor verbetering" en sturen ze hun mensen naar trainingen zodat de zwakten kunnen worden gerepareerd. Maar dat is geen ontwikkeling. Dat is het beperken van de schade.'[33]

Marcus Buckingham richt zich op het bekrachtigen van kwaliteiten en talenten. Hij citeert twee onderzoeken van Gallup. Het eerste onderzoek, uit 2001, laat zien dat wanneer mensen een keuze mogen maken tussen het ontplooien van sterke punten of het verbeteren van hun zwakke punten (vergelijkbaar met de beginvraag van dit hoofdstuk), bijna twee derde van de Amerikanen, om precies te zijn 59 procent, kiest voor het versterken van zijn *zwakten.* In andere landen ligt dat cijfer zelfs nog hoger. In China en Japan is maar liefst 76 procent van mening dat het *beter* is aan je zwakke punten te werken. Ook Buckingham verwijst naar het schoolsysteem als de bron van deze manier van denken. 'Ik ben er zeker van,' zo schrijft hij, 'dat u hierover een eigen theorie hebt: dat wordt ons ook op school zo geleerd. We worden door onze zwakke punten aangetrokken, omdat ze de zwakste schakels vormen. Als ze falen, falen wij ook. Het is gemakkelijker om een zwak punt te verbeteren dan om een sterk punt uit te bouwen.'[34]

De tweede reden om je te richten op wat je níét kunt, heeft te maken met het risico je hoofd boven het maaiveld uit te steken. Succes hebben is *not done*. Een tien is voor God. Wie ergens echt goed in is, moet daar vooral bescheiden over doen. Stel dat een kind een compliment van een volwassene krijgt voor zijn creativiteit en het kind antwoordt: 'Dank u, ik herken wat u zegt, ik ben inderdaad creatief.' Niet de bedoeling, toch? We horen verbaasd en dankbaar te reageren. Maar is dat logisch? Als het zou gaan om *negatieve* kritiek, dan zou het juist een voorbeeld zijn van zelfinzicht. 'Jantje, je moet andere kinderen een beetje met rust laten.' 'Dank u, meester, ik zit andere kinderen inderdaad iets te veel op de lip.' Dit laatste is in onze ogen toch een voorbeeldig kind, of niet? Je hoort je bewust te zijn van je gebreken, niet van je kwaliteiten.

Johan Cruijff is 16 jaar en een jong talent bij Ajax. De toenmalige voorzitter ziet dat Johan zijn auto staat te bekijken. 'Jaja,' zegt de voorzitter, 'als jij nou heel goed je best blijft doen, heb jij later misschien ook zo'n auto.' 'En als jij heel goed je best blijft doen,' antwoordt Cruijff, 'mag jij misschien mijn chauffeur zijn.'

Als Cruijff als jongeman vriendelijker en voorkomender was geweest, zou hij mogelijk minder ergernis opgeroepen hebben. Maar hoe ver zou een bescheiden Cruijff het gebracht hebben? Opscheppen, opvallen of gewoon ergens heel erg goed in zijn is per definitie gevaarlijk. Je loopt het risico andere mensen af te stoten. Om die reden hebben we de neiging onze sterke kanten te verbergen en onze beperkingen te benadrukken. Helaas zal deze bescheidenheid ons niet ver brengen. Het is zoals Plato zei: 'Ik ken geen zekere weg naar het succes, alleen een naar de zekere mislukking: het iedereen naar de zin willen maken.'

*

Het is de uitdaging niet van je matige of slechte kanten uit te gaan, maar van je kwaliteiten en talenten. Probeer niet van een 5½ een 6- te maken. Dat zal nauwelijks iemand merken. Probeer eerder van een 8½ een 9+ te maken. Stijg boven jezelf uit! Zorg dat je fantastisch wordt in waar je goed in bent! Dat is een verschil dat én anderen én jijzelf zullen zien. Als je ergens in uitmunt ontstaat er iets bijzonders. Een 6- valt niet op. Dat is en blijft middelmatig. Werk daarom vooral aan waar je al goed in bent: versterk je goede kanten. En wat je zwakke kanten betreft: huur er mensen voor in of ga samenwerken met mensen die kunnen wat jij niet kunt. Daarom vormen de lamme en de blinde zo'n goed koppel. De lamme moet helemaal niet leren lopen. Schei toch uit. Hij moet zich concentreren op het *zien*. Daar heeft de blinde wat aan. En andersom idem dito. Als het duo lamme-blinde samen tot hogere prestaties wil komen, dan zullen ze juist gebruik moeten maken van elkaars kwaliteiten en talenten. Een goede voetbalcoach weet dat als geen ander. Je stelt iedereen op die plek op waar hij of zij het best tot zijn recht komt. Zo stel je een perfect team samen. Wat heeft het voor zin een robuuste, stevige back te leren linksbuiten te spelen? Zet hem in de achterhoede! Of een spits te leren keepen? Laat hem scoren!

Gelukkig is er de laatste jaren internationaal meer en meer aandacht voor het bekrachtigen van wat wel werkt. Zo introduceerde David Cooperrider in 1987 de term *appreciative inquiry* om aan te geven dat het beter is organisaties te vormen rond wat wel werkt dan te repareren wat niet werkt. En in 1996 schreef Peter Drucker *The Effective Executive*, waarin hij beweert: 'De effectieve manager maakt gebruik van sterke punten, zijn eigen sterke punten en die van zijn superieuren, collega's en ondergeschikten, en van de sterke punten van de situatie.' En Martin Seligman zei in 1999, nadat hij president van de American Psychological Association was geworden, in zijn toespraak: 'Het allerbelangrijkst wat we geleerd hebben, is dat de psychologie halfbakken is, letterlijk halfbakken. Het deel dat over mentale ziekten gaat, het repareren van schade, is gebakken. Maar het andere deel, dat over onze sterke punten gaat en waar we goed in zijn, is ongebakken.' Seligman ging zich toeleggen op wat hij noemde de *positieve psychologie.* De psychologie heeft zich vooral gericht op het onderzoeken van ziekten, angsten en depressies, zo stelt hij, maar daarmee weten we nog geenszins wat mensen gelukkig maakt. Ook Jim Collins benadrukt in zijn bestseller *Good to Great* het belang van bedrijven om zich – in zijn opvatting zelfs *excessief* – te richten op datgene waar een bedrijf goed in is. 'Great' ontstaat waar we ons uitgedaagd voelen 'good' te verbeteren, waar we van een 8½ een 9- maken.

Al deze stromingen, inzichten en overwegingen hebben een belangrijke gedachte met elkaar gemeen: vroeger dachten we 'als ik nou maar geen zwakten heb, dan ben ik goed', 'als ik nou maar niet ziek ben, dan ben ik gezond' of 'als ons bedrijf zijn zwakten opheft, wordt het beter'. Maar de afwezigheid van wat je níét wilt, betekent nog geen enkele garantie voor de aanwezigheid van wat je wél wilt. Je leert bar weinig over succes als je mislukkingen bestudeert. Toch is deze notie nog nauwelijks doorgedrongen tot het collectief bewustzijn en hebben we nog steeds de neiging ontevreden klanten te bestuderen om te leren over tevreden klanten, in POP-gesprekken de zwakke punten te benoemen om te leren hoe we onze kwaliteiten kunnen verbeteren, ziekten te onderzoeken om te leren over gezondheid en armoede te bestuderen om te leren over rijkdom.

*

Veertig jaar lang probeerde Elizabeth Layton via allerlei therapieën haar depressies te beteugelen, maar zonder resultaat. Op haar 68e, toen ze het werken aan haar zwaarmoedige kant inmiddels had opgegeven, schreef ze zich in voor een tekencursus. En met de simpele ontdekking van haar creatieve vaardigheden veranderde alles. Ze tekende dag in dag uit, en al snel werden haar werken lokaal en vervolgens landelijk tentoongesteld. Maar veel belangrijker nog: haar leven werd weer plezierig en zinvol. 'Ik weet niet waarom,' schrijft ze in een briefwisseling met een van haar bewonderaars, 'maar het tekenen heeft me volledig genezen van mijn veertig jaar durende depressie. Ik ben eenvoudigweg niet meer depressief.'[35]

Een aantal jaren geleden werkte ik met een managementteam van een middelbare school in het oosten van het land. In totaal zes mensen. De bedoeling van de sessie was dat ieder zijn of haar persoonlijke kwaliteiten in beeld zou krijgen. Een van de mt-leden was Peter, een jonge, wat schuchtere man van 24 jaar. Hij was de jongste van het team en als laatste aan de beurt. We waren aan het werk, ik liet hem een aantal dingen doen, maar het zag er niet overtuigend uit. Op een gegeven moment zag ik dat Peter veel sterker was dan hij hier liet zien. Peter zag er onecht slap uit. Het klopte niet. Dus ik gaf hem en de groep een serie handelingen die deze kracht mogelijk zichtbaar zou kunnen maken. 'Peter, je bent generaal in het leger, een deel van jouw functie is het directe bevel over een bataljon scherpschutters. Het is maandagochtend zes uur, je bent zojuist gebeld door iemand van de politie. Hiertegenover (ik wees uit het raam van de ruimte waarin we werkten naar een tegenovergelegen woonhuis), zit een man die een meisje gegijzeld heeft. Wie de man precies is, wat er precies aan de hand is, wat er gebeurd is, dat is allemaal onduidelijk; wat wel duidelijk is, is dat hij een wapen bij zich heeft en dat hij al een keer heeft geschoten toen agenten te dichtbij kwamen. Dat is alles wat we weten. Aan jou de opdracht je mannen in stelling te brengen, contact met hen te onderhouden via de walkietalkie, zeker te weten dat ze allemaal op scherp staan, zodat mocht er wat gebeuren, zij op jouw bevel onmiddellijk kunnen ingrijpen. Duidelijk, Peter?' Het was duidelijk. Daarna gaf ik de groep tegenovergestelde instructies. 'Het is maandagochtend zes uur, jullie worden zo dadelijk uit je bed gebeld door de generaal, dat gebeurt wel vaker, het is waarschijnlijk de zoveelste oefening, jullie zijn moe van het weekend en doen wel mee, maar om nou te zeggen jippie... nee.' Zo was de veer van het conflict opgedraaid en ik was benieuwd hoe Peter het ervan af zou brengen. De groep verliet de ruimte en zou op mijn signaal binnenkomen, vanaf dat moment was de groep het bataljon en was Peter de generaal. De groep ging naar buiten, ik riep 'Kom maar' en daar kwamen de dames en heren van het docententeam lacherig binnengesjokt. Als een gedemotiveerd bataljon scherpschutters. Zo niet Peter. 'Ga staan,' zei hij rustig, 'op een rij.' Er werd nog even wat lacherig tegengesputterd, maar Peter trok meteen de teugels aan. 'Ik heb geen tijd voor onzin, er is een probleem.' Peter had meteen de aandacht en hij gaf in een hoog tempo, maar in alle rust, een stroom aan opdrachten. 'Hiertegenover zit een scherpschutter, hij heeft een meisje gegijzeld, we weten niet wat er aan de hand is, jullie nemen posities in tegenover het huis, zorg dat je je walkietalkie bij de hand hebt. Zodra je op je post bent meld je je, en daar wacht je op verdere instructies, zorg dat je geweer op scherp staat. Zijn er vragen?' Nee, vragen waren er niet. 'Oké, jullie kunnen gaan, succes met de opdracht.' En de groep liep het lokaal uit in gedisciplineerde stilte. Ik riep 'stop' en het spel was beëindigd. De ruimte vulde zich met stilte. Zo hadden ze Peter nog nooit gezien. Op mijn vraag wat ze ervan vonden, antwoordden ze allemaal: 'Zeer overtuigend.' Ik vroeg Peter of hij deze kant van zichzelf kende. Zijn antwoord luidde: 'Niet in mijn werk, daarnaast wel.' Peter vertelde dat hij trainer was van een meidenvolleybalteam. En dat hij zich daar ook wel zo kon gedragen, als een soort generaal. Ik vroeg hoe dat ging. 'Nou, ik denk wel redelijk,' vertelde Peter, 'vorig jaar zijn we Nederlands kampioen geworden.' 'Hoe voelt het, zo te zijn?' vroeg ik Peter. 'Helemaal geweldig,' antwoordde hij.

Peter stond in zijn mt niet bekend als krachtig leider. En toch was dat precies wat hij in potentie in zich had: krachtdadig, kordaat en doortastend leiderschap. Peter had de beschikking over het staalblauwe zwaard van de krijger. Dus ik gaf het mt aan dat ze twee opties hadden: of ze zouden Peter taken en verantwoordelijkheden geven die zouden passen bij deze kernkwaliteit. In dat geval zouden ze hem gelukkig maken, en zou hij (enorm) veel voor de school kunnen betekenen. Of ze zouden dit gedrag als ongepast of ongewenst benoemen. In dat geval zouden ze Peter op den duur kwijtraken, hetzij doordat hij elders zijn geluk zou beproeven, hetzij doordat hij zo ongelukkig zou worden dat hij zou verpieteren binnen zijn functie.* Tot besluit vroeg ik Peter of hij een relatie had en hoe zijn partner tegenover deze eigenschap stond. 'Tja, dat is een gevoelig punt, dit is een kant van mij waar mijn vriendin wel moeite mee heeft,' antwoordde Peter. Het was maar de vraag of ze bij elkaar zouden blijven. Peter staat voor het duivelse dilemma waar we allemaal voor staan. Als we onze grootsheid accepteren, lopen we het risico dat we mensen kwijtraken. En als we ons aanpassen om mensen niet kwijt te raken, verliezen we onszelf.

*

Hoe zou je nou meer op een ja-en-manier naar jezelf kunnen kijken? Hoe pak je dat aan? Er zijn toch dingen die we níét kunnen? Opnieuw is het antwoord – net als bij de inleiding van dit boek – dat het niet gaat om een revolutionaire andere aanpak. Er is niks mis met het bestuderen van ziekten, leren schrijven als je dat niet goed kunt en je eigen onhebbelijkheden erkennen en er wat mee doen. Allemaal zinvol. Het gaat ook in dit geval om een *accentverschuiving*. Jij hebt de keuze om van moment tot moment te bepalen waar je aandacht aan schenkt. Omdat we echter dwangmatig de neiging hebben – en ook zo opgevoed zijn – om de zwakten te bestuderen, hier een aantal suggesties om die verplaatsing van aandacht te ondersteunen.

---

* In dit verband misschien wel aardig om te vermelden: een bore-out is een vervelingsziekte die wordt veroorzaakt door routinematig werk, of werk onder het niveau van een medewerker. De symptomen zouden vergelijkbaar zijn met die van een burn-out: vermoeidheid en depressiviteit. Volgens op Amerikaanse data gebaseerd onderzoek van de Zwitserse organisatieadviseurs Peter Werder en Philippe Rothlin loopt zo'n 15 procent van de werknemers met bore-outverschijnselen rond. Bron: Wikipedia.

Een eerste hulpmiddel is om wat je níét zou willen zijn te omarmen. Wim amputeerde de *positieve* kant van 'onaardig' door van zichzelf 'aardig' te moeten zijn. Wat is dan de positieve kant van onaardigheid, zou je je kunnen afvragen. Wel, simpel, assertiviteit. Wie altijd aardig móét zijn, kan dus moeilijk voor zichzelf opkomen. Wie flexibel moet zijn (wat op zichzelf een mooie tegenspraak is), kan moeilijk vasthouden aan een besluit, plan of doel. Wie zelfverzekerd moet zijn, kan moeilijk twijfelen, vragen stellen of het niet weten. Stel jezelf dus de vraag: welke eigenschappen zou jij absoluut níét willen hebben? En wat zou het je opleveren als je ze wél zou hebben? Zou je niet zwak mogen zijn? Sta dan zwak zijn helemaal toe in je leven. Wat zou het je kunnen opleveren? Dagje vrijaf nemen? Net even iets eerder gas terugnemen en daarmee een burn-out voorkomen? Met elke eigenschap die je jezelf níét toestaat, ontzeg je jezelf een bepaalde kwaliteit. Je amputeert een deel van je vermogens. Zeg daarom ja-en tegen álle eigenschappen. Je mag alles zijn wat je maar kunt bedenken. Hou het licht, maak er plezier mee, vergroot het uit. Wil je niet dom zijn? Dom zijn is geweldig. Door dingen niet te begrijpen die anderen wel begrijpen, kun je hen uitdagen het goed uit te leggen. Vaak komen ze erachter dat ze het zelf ook niet helemaal begrijpen. Door vragen te stellen bij de dingen die anderen gewoon vinden, kom je op nieuwe antwoorden. Dom zijn opent deuren naar nieuwe inzichten. Dom zijn is de basis van wijsheid. Zodra je het tegendeel volledig durft te omarmen, zul je merken dat weerstand plaatsmaakt voor ruimte. Ja-maar gaat over in ja-en. Verkramping, goede bedoelingen en 'moeten' gaan over in 'mogen'. Wie of wat je bent is geen onderwerp van discussie. Je bent.

Tweede overweging. De snelste manier om aan jezelf te werken is door niet meer aan jezelf te werken. En met aan jezelf werken bedoel ik dat je van jezelf dingen moet leren die eigenlijk niet bij je passen. Alsof je iemand anders moet worden. Je hoeft niet te veranderen, je hoeft alleen maar meer jezelf te worden. Als je bijvoorbeeld met een ja-maar-blik gaat kijken naar dyslexie, op taalkundig niveau is dat uitsluitend een handicap, het woord beschrijft namelijk wat je níét kunt, dan zul je al snel zien dat het veel moeite kost om basale vaardigheden op het gebied van lezen en schrijven op te krikken van een 5½ naar een 6-. Dyslexie draaglijk maken, laat staan genezen, is een tijdrovende en energieverslindende bezigheid. Maar de handicap dyslexie heeft als 'bijverschijnselen': een groter bewustzijn van de omgeving, een nieuwsgierigheid die groter is dan bij doorsneemensen, denken in beelden in plaats van in woorden, een uitermate intuïtieve en gevoelige aanleg, een levendige fantasie en het vermogen om gedachten als realiteit te ervaren. Enig idee wat Einstein, Jan des Bouvrie, Edison, Darwin, Walt Disney, Steven Spielberg, Richard Branson, Whoopi Goldberg, Keanu Reeves, Bill Cosby, Matisse, Rodin, Hans Christian Andersen, Agatha Christie en Jacques Vriens gemeen hebben? Zouden ze zonder dyslexie net zo succesvol zijn geweest? En voor diegenen die nog twijfelen aan deze blijmoedige opsomming: er is uitgebreid onderzoek gedaan naar de kwaliteiten van dyslectici. Zo blijken zich onder miljonairs in verhouding vier keer zoveel dyslectici te bevinden als onder de rest van de populatie. Als je dyslectisch bent is de kans om miljonair te worden dus vier keer zo groot.

Wat zou Gerda doen als ze op die manier naar Pablo zou kijken? Wat zou het effect zijn als ze vooral zou kijken naar waar hij wél goed in is: alleen zijn, redeneren en rationaliseren?

Wie op een ja-en-manier gaat kijken naar zijn eigen kwaliteiten en tekortkomingen, kan tot een verrassend nieuwe kijk op zichzelf komen. Een gebrek zou weleens een talent kunnen zijn. Zo is de Vlaamse cartoonist Kamagurka van mening dat hij erg *slecht* goed gelijkende portretten kan schilderen. Is dat een probleem? Nee, dat is de bedoeling! Kamagurka schildert in het wilde weg een portret, vervolgens mag het publiek zeggen op wie het lijkt. Kamagurka noemt zijn vondst meteen een stroming, namelijk het accidentisme. Hij zegt daarover: 'Eeuwenlang schilderen kunstenaars al portretten van iemand die model zit. En dan zeggen mensen: nou, dat lijkt. Of dat lijkt niet. Ik draai het om. Ik schilder een portret zonder dat iemand model zit. Vanuit mijn fantasie. Dat portret tonen we op tv, of op internet of in de krant. En dan mogen de mensen zeggen: dat portret lijkt echt op mij.' Kamagurka's schilderijen werden steeds getoond op de Vlaamse tv, in kranten en op internet, met de oproep: stuur de foto op van degene die u in dit schilderij herkent. In België is het accidentisme in korte tijd een succes geworden.

Tot slot. Een inspirerend verhaal over twee mensen die iets wat hun 'overkomt' tot iets goeds weten te maken is dat van Barry en Samahria Kaufman. Ze krijgen een zoontje Raun en zijn als jonge ouders blij en opgetogen met het kindje. Het eerste jaar lijkt alles voorspoedig te verlopen, maar daarna begint Raun zich meer en meer terug te trekken. Dat gaat zo ver dat het lijkt alsof hij doof en blind is. Raun staart uren voor zich uit en beweegt eindeloos heen en weer. Na ruim een jaar krijgt hij de diagnose 'autistisch'. Zijn ouders krijgen te horen dat Raun 'onbehandelbaar' is. De experts geven Barry en Samahria geen enkele hoop. Barry en Samahria weigeren het erbij te laten zitten. Barry schrijft daar later over: 'Bijna twintig jaar geleden plaatste het universum een uitdaging op mijn pad, die mijn leven radicaal veranderde. We kregen een zoon, die werd gediagnosticeerd als zwaar autistisch. Men gaf ons geen hoop. Als reactie keken mijn vrouw en ik niet alleen opnieuw naar de bedoeling en betekenis van ons leven, maar gaven we onszelf ook de opdracht contact te leggen met het meest liefdevolle, betrokken en aanvaardende deel van ons hart. Vóór alles wilden wij ons kind helpen. Een verbazingwekkend avontuur begon. In plaats van het gedrag van onze zoon, dat anderen als ongepast beschouwden, te ontmoedigen, stortten we ons vol overgave, met liefde en respect, in zijn bizarre, onvoorspelbare en fantastische wereld. Wat begon als een reis om onze zoon te vinden, eindigde in een tocht waarbij we onszelf vonden.' Raun blijkt – ook als hij ouder wordt – volledig 'genezen' te zijn. De diagnose 'autistisch' is niet meer van toepassing. Ook deskundigen zien in hem een volkomen normaal, evenwichtig kind. De inleiding van het boek *Son-Rise* is door Raun zelf geschreven. Hij schrijft: 'Vraag je je weleens af waarom de dingen gaan zoals ze gaan? Ik wel. Ik vraag me dikwijls af waarom een gebeurtenis in mijn leven plaatsvindt, en of er soms een diepere betekenis achter ligt. Ik realiseer me dat als je van een wat grotere afstand naar dit leven kijkt, je nooit zeker kunt weten of er een soort groter plan onder dit alles verscholen ligt. Ik geloof echter wel dat elke gebeurtenis ons een volledig nieuwe kans biedt ons leven en dat van anderen te veranderen. Of het nou gaat om een grote of kleine verandering. Zelfs als we niet weten of de kosmos iets met ons voorheeft, dan nog kunnen wij elke gebeurtenis betekenis geven door er wat mee te doen. Toen ik als autistisch was gediagnosticeerd (en ook als zwaar verstandelijk gehandicapt, ze zeiden dat ik een IQ onder de 30 had), was dat voor mijn ouders alle reden om mijn geboorte als een tragedie te ervaren. De hele wereld zag autisme als onbehandelbaar. Soms dringt het tot me door hoe groot de kans was dat ik vanaf dat moment de rest van mijn leven in mijn hoofd zou zijn opgesloten, zonder het vermogen met de wereld om me heen te communiceren. Mijn autisme zou in dat geval een gewone gebeurtenis geweest zijn, zoals in zoveel gezinnen voorkomt, zonder verdere betekenis. Mijn ouders zagen het als een kans om uit iets "verdrietigs" iets groots te scheppen.' Barry Kaufman besluit: 'Geluk is een houding. Niet een gebeurtenis.'[36]

Als we gaan kijken naar onze kwaliteiten, vermogens en talenten, als we gaan kijken naar ons *potentieel* in plaats van onze gebreken, doen we wat een rups in een cocon zal doen: door onze eigen barrières heen groeien en uitvliegen in alle schoonheid.

| **Ja-maar** | **Ja-en** |
| --- | --- |
| repareer je zwakte | versterk je talent |

# 6. Zeg ja tegen je verlangens

*Een autonoom verlangen is in beginsel*
*zuivere geest, een stem in onze ziel.*
[JAN DE DREU]

'Wat doe je het allerliefst op de hele wereld, Poeh?' 'Het allerliefste...' zei Poeh, en toen moest hij eerst eens even nadenken. Want al was honing eten iets vreselijk prettigs, er was toch één ogenblikje, vlak voor je begon, dat nog prettiger was, maar hij wist niet hoe dat heette.[37]

Stel, je bent in die staat van zijn dat je niets hoeft in te vullen na de woorden 'ik ben', en stel, je weet waar je goed in bent, waar je talenten liggen, je kunt je lichaam accepteren (en zo niet, en dat is niet ondenkbaar, dan kun je in elk geval dat feit accepteren), je kunt volledig 'zijn' met de werkelijkheid van het moment, kortom, je kunt ja zeggen tegen alle onderwerpen die hiervoor voorbij zijn gekomen, wat ga je dan doen? Waar heb je dan zin in? Kortom, waar *verlang* je naar?

Als je alle vorige hoofdstukken hebt gehad, is het meest logische volgende thema van dit boek het vraagstuk van het *verlangen.* Een lastig thema. Voor de moderne mens is het misschien wel het lastigste thema. Kijk, vroeger was er in dat opzicht geen dilemma. Mannen verdienden de kost, vrouwen verzorgden de kinderen. Je had niks te willen. Je deed zoals het bedoeld was. Vroeger (en voor de meeste mensen op deze aarde geldt dat nog steeds) was leven vooral een kwestie van overleven, zorgen dat je voldoende eten, drinken, kleding en schoeisel bij elkaar wist te sprokkelen. Die taak kan zo veel van onze tijd en energie in beslag nemen, dat de vraag 'waar *verlang* je naar?' als volkomen wereldvreemd voelt. Als een luxevraag. Toch is deze vraag voor meer en meer mensen uiterst actueel. Sterker nog, het is misschien wel dé vraag. Het is de positie waar meer en meer mensen aanbelanden. We hebben alles wat we willen, maar wat willen we nu nog meer? Of wat willen we nu *echt*? Het lijkt een fijne vraag. Hij brengt ons echter vooral in verwarring.

*

Verlangens zijn een wezenlijk bestanddeel van wie we zijn en wat we ervaren. Als kind wilden we ridder zijn of prinses en we konden ons intens verheugen op wat we 's avonds gingen eten. Verlangen was een van onze belangrijkste drijfveren en onze ouders stimuleerden ons om het verlangen een centrale plaats te geven. Wat wil je later worden? Waar heb je zin in? En zo gingen we in onze puberteit op zoek naar wie we waren en wat we wilden. Maar met het ouder worden gaat het weleens mis. We raken het spoor kwijt. Zo vertelt Hans: 'Op de middelbare school was ik de bevlogen eindredacteur van de schoolkrant. Mijn kwaliteiten lagen bij het schrijven en organiseren. Na de middelbare school ben ik eigenlijk vanzelf doorgerold naar de School voor de Journalistiek. Ik heb een baan gevonden bij een krant en dacht dat ik daar gelukkig was. Maar de laatste jaren is de drive er een beetje uit aan het raken. Ik moet me soms echt naar mijn werk slepen om een volgende deadline voor een volgend artikel te halen. Naast het schrijven lees ik sinds een paar jaar af en toe ook columns voor tijdens congressen en seminars, en dat vind ik eigenlijk wel heel erg leuk en spannend om te doen. Misschien verlang ik er stiekem wel naar in de schijnwerpers te staan. Als kind op de lagere school had ik dat ook al, en eigenlijk in de tijd van de schoolkrant ook, dat ik in het middelpunt van de belangstelling wilde staan. Dat verlangen is ongemerkt wat naar de achtergrond verdwenen.'
Zoals het Hans vergaat, zo vergaat het velen van ons. We hebben als kind dromen en verlangens, stappen de grotemensenwereld in, proberen onze dromen zo goed en zo kwaad mogelijk te behouden, maar onderweg lijkt het wel alsof ze uit onze handen

glippen. Als we ouder zijn, lijkt het wel steeds moeilijker te worden ze te benoemen. 'Wat wil je' of 'waar zou je zin in hebben' kan de lastigste vraag worden om te beantwoorden. Zo merkt ook Astrid als je juist niets meer hóéft. 'Na mijn ontslag kwam ik in een outplacementtraject. Ik had een loopbaancoach die op zoek ging naar wat ik leuk vond. Hij vroeg me: "Stel, je hebt de loterij gewonnen, je hoeft niet meer te werken, wat zou je dan gaan doen?" Ik had geen idee. Echt, geen enkel idee. Eigenlijk stond alles wat ik kon bedenken me tegen.'

De verwarring en de zoektocht zijn de ene kant van het verhaal van verlangen. Soms ben je het opeens kwijt. Of langere tijd kwijt. Maar soms heb je het ook helemaal te pakken. Of beter, heeft het verlangen *jou* te pakken. Soms totaal onverwachts. Sybren: 'Toen ik de havo had afgerond, ging ik serieus op zoek naar een beroepsopleiding, aangezien ik dacht niet slim genoeg te zijn voor het vwo. Ik zag drie mogelijkheden: fysiotherapie, sportacademie of kunstacademie. Voor fysiotherapie werd ik uitgeloot. Voor de sportacademie moest ik een toelatingsexamen doen, maar nadat ik dat had gehaald, werd ik alsnog uitgeloot. Voor de kunstacademie was ik gewoon te laf. Ik dacht: wat nu? Toch maar het vwo dan. Na het vwo wist ik niet wat ik wilde, maar wel dat ik uit militaire dienst wilde blijven. Dus dan maar studeren. Uit mijn drie keuzes, psychologie, natuurkunde en Nederlands, koos ik Nederlands. Ik werd redelijk fanatiek en kreeg zelfs een promotiebaan aangeboden. Echter, op een dag was ik op bezoek bij vrienden en door de openstaande deur van een nieuwe bewoonster zag ik een kamer met allerlei posters, schilderijtjes, collages en zo. Mijn vrienden vertelden dat hun nieuwe huisgenoot net was toegelaten tot de kunstacademie. Ik stond als aan de grond genageld. Het was een overweldigende fysieke ervaring. Ik kon aan niets anders meer denken; ik werd bevangen door een aanhoudende paniek dat ik misschien een belangrijke stap in mijn leven zou missen. Ik voelde me zo ellendig, dat ik meteen naar huis ben gegaan en de hele nacht wakker heb gelegen. De volgende ochtend ben ik vanaf zeven uur de kunstacademie gaan bellen. Na bijna een uur werd de telefoon eindelijk opgenomen. De week erop bleken de laatste toelatingsexamens gepland. Ik heb me aangemeld en een week later ben ik naar de selectie gegaan. Het was tijdens het EK '88. Nederland speelde die dag, het was doodstil op straat en zeer vervreemdend. Na de toelating stond ik nog geen minuut buiten of een overdonderend lawaai denderde door de straten. Nederland had gescoord. Ik ben aangenomen en heb mijn studie Nederlands nog net afgerond. Ik had mijn bestemming gevonden.'

Kortom, het is fijn om ergens intens naar te verlangen, maar het verlangen is helaas niet zo makkelijk te sturen. Net als onze emoties of gedachten zijn verlangens dingen die komen en gaan. Ze zijn spontaan. En lijken niet te gehoorzamen aan onze bewuste wil. We kunnen niet bedenken of beslissen waar we naar moeten verlangen. En toch verlangen we ernaar te verlangen. Want als we onze kwaliteiten en talenten koppelen aan ons verlangen, komt het soort energie vrij dat we kennen van mensen die helemaal opgaan in wat ze doen. Mensen die ook niet denken in termen van 'hard werken'; ze doen gewoon waar ze zin in hebben. En dat doen ze vervolgens zo gepassioneerd, dat het er voor anderen uitziet als hard werken. Maar dat is het niet. Als je iets leuk vindt, dan doe je dat toch het liefst zo veel en zo vaak mogelijk? Verlangen is de brandstof van ons geïnspireerd handelen. Of, zoals Antoine de Saint-Exupéry schreef in *Le Petit Prince*: 'Wanneer je een schip wilt bouwen, breng dan geen mensen bijeen om te tekenen en timmerhout te sjouwen, maar leer ze eerst te verlangen naar de eindeloze zee.' Zoals Sybren het zegt: als je weet waar je ten diepste naar verlangt, geeft dat je het gevoel je *bestemming* te hebben gevonden. De vraag is alleen: hoe ontdek je wat je verlangen is?

*

Als je aan Wim van het vorige hoofdstuk, de Wim die aardig gevonden wilde worden, vraagt waar hij naar *verlangt,* zal hij oprecht antwoorden: 'Ik wil aardig gevonden worden.' Wim is er werkelijk van overtuigd dat dit zijn verlangen is. Wat hij echter niet inziet is dat zijn handelen gestuurd wordt door de onderliggende angst niet aardig gevonden te worden. Zoals we al eerder zagen, een dergelijk verlangen is onvervulbaar. Het is als een vergiet met water willen vullen. Veel verlangens zijn terug te voeren tot deze structuur. We willen niet zozeer ergens naartoe als wel hiervandaan. Verlangen naar geld kan gevoed worden door een angst voor armoede. Een stiekeme relatie met een minnaar kan heel spannend zijn – en het verlangen kan er stevig door worden opgestuwd – maar hoe spannend zou het nog zijn zonder het contrast van het *gewone* leven? Het verlangen naar de ander wordt in elk geval deels gevoed door de wens de huidige werkelijkheid te ontvluchten. Een van de vreugden van een geheime relatie is dat het kleur geeft aan een verder grijs en moeizaam bestaan.

Een andere reden waarom we onze verlangens niet goed kennen – laat staan ernaar leven – heeft ermee te maken dat we leven in een wereld van zou-moeten-zijn. Er is nog zoveel wat in deze wereld zou moeten zijn, wie zijn wij dan om onze verlangens centraal te stellen? Honger moet de wereld uit. Einde aan de oorlog. Stop de vernietiging van de natuur. We denken dat deze houding van zou-moeten-zijn ons leven richting, zin en betekenis geeft. En dat als we niet zouden stilstaan bij wat er allemaal fout is op deze aarde, we geen bijdrage meer leveren aan een betere wereld. En dat we dan zelfvoldaan en tevreden achteroverhangen, alleen denkend aan ikke-ikke-ikke. Door ervan uit te gaan dat het leven zo zou werken, creëren we voor onszelf een pijnlijke, stressvolle realiteit. Vanaf het moment dat de wereld niet voldoet aan ons ideaalbeeld, zijn we immers gedwongen te *handelen.* Met zorg, schuldbewustzijn en angst als motivatoren. Het is echter een onvrije wereld. We hebben geen keus.
We *moeten* wel. Hoho, zullen sommige mensen nu misschien denken, ik wíl graag andere mensen helpen, daar zit geen moeten bij. Wel, ik geloof helemaal dat dat mogelijk is. Mensen zijn

in staat tot opofferingsgezindheid en hulpvaardigheid. Het is een mooie eigenschap. Die voor andere mensen cruciaal verschil kan uitmaken. Helaas is het zo dat wij onszelf nogal eens *vertellen* dat we Moeder Teresa zijn. En dan is het geen verlangen. Dan is het een verhaal. Moeder Teresa *spelen* houdt geen paard vol.

Een derde reden waarom wij nogal moeite hebben te leven naar onze verlangens is dat we geneigd zijn ze te beoordelen, in goed/fout-categorieën in te delen. Deze strategie is misschien nog wel de meest effectieve manier om een verlangen om zeep te helpen. Gevoed als we zijn door religie – bijna elke religie plaatst verlangen in hetzelfde woordveld als begeerte, aandrang, hunkering en lust, kortom, foute of op zijn minst dubieuze emoties – zullen we geneigd zijn zeer kritisch naar onze verlangens te kijken. Zo is voor velen het verlangen de medemens te helpen oké, terwijl het verlangen bewonderd te worden egocentrisch is. Tja. Dan houdt elk authentiek verlangen zo'n beetje op, natuurlijk.

Een andere reden waarom we onze verlangens niet goed kennen heeft te maken met het feit dat we ons als kind spiegelen aan onze ouders. Wat we aanzien voor onze eigen dromen, zijn in feite die van hen. We denken dat we tandarts willen worden, maar leven in feite de droom van onze ouders. En misschien willen we eigenlijk wel veel liever acteur, wereldreiziger of cartograaf worden. Of helemaal niks worden. Zo vertelt Margot: 'Ik heb altijd burgemeester willen worden. Dat idee heb ik zeker gehad tot ik rond de 30 was. In die tijd zijn ook mijn beide kinderen geboren. Het krijgen van kinderen heeft een enorme invloed op mijn ambities gehad. Langzaam kwam ik erachter dat burgemeester worden mijn manier was om door mijn vader geaccepteerd te worden als hoogwaardig en succesvol lid van de samenleving. Of beter, mijn vader voorbij te streven: hij had altijd gewerkt als gemeentesecretaris, en burgemeester was natuurlijk nog een treetje hoger. Er zitten zeker kanten aan het werk van burgemeester die ik écht heel leuk vind, maar een droom, nee, dat is het na de kinderen nooit meer geweest. Het woord "droom" of "roeping" past veel beter bij het moederschap. Dat heeft zo'n extra dimensie aan mijn leven gegeven, daar vallen alle ambities op het gebied van werk in elk geval bij in het niet.'

Een andere reden waarom we het verlangen niet in ons leven toelaten heeft te maken met de dingen waar we op dat moment mee bezig zijn. Er is altijd wel iets anders wat eerst gedaan moet worden. Geert, die als jongvolwassene een groot aantal jaren over de wereld gereisd heeft, kreeg van mensen vaak te horen hoezeer ze het bewonderden dat hij dat kon. Veel mensen verlangen er immers naar ooit een wereldreis te maken. Geert vertelt daarover: 'Je hoort mensen vaak zeggen: een wereldreis maken, dat lijkt me geweldig, maar ja, hoe pak je zoiets aan? Ze denken dat je dat heel goed moet voorbereiden en dus denken ze: nu even niet. Maar het komt natuurlijk nóóit goed uit. Er is altijd nog wel iets te doen of te regelen. Ik denk maar zo: hoe meer je meeneemt, des te meer ballast je met je meedraagt. Het is helemaal niet slim om het allemaal zo goed voor te bereiden. Je moet juist *zo min mogelijk* meenemen. Alle problemen lossen zich onderweg vanzelf wel op. In Nieuw-Zeeland stond ik in een bakkerij, ik wilde wat bestellen, maar realiseerde me opeens dat ik geen geld meer had. Net voordat ik me wilde omdraaien bood die mevrouw me een broodje aan: "Jij ziet eruit als iemand die wel wat eten kan gebruiken." Om een wereldreis te maken hoef je maar één ding te kunnen: de deur achter je dichtdoen en vertrekken.'

Mocht er dan toch nog enig gevoel van verlangen overblijven, dan is dat met één woord rücksichtslos om zeep te helpen: *waarom*. Waarom wil je acteur worden? Waarom wil je een kind? Waarom wil je voor jezelf beginnen? Als je probeert serieus antwoord op die vraag te geven, raak je al snel in de war. Waarom, ja, waarom? Eigenlijk weet je het niet zo goed. Je wilt het gewoon, dat is eigenlijk het enige wat je zeker weet. Maar waarom… Het lastige is, een verlangen heeft altijd te maken met een tocht naar het nieuwe en onbekende. Hoe kun je nou uitleggen *waarom* je iets mee wilt maken als je niet precies weet wat het je zal brengen? Ja, je hoopt op plezier, genoegen of geluk, maar waarom? Het lastige is dat 'waarom' vraagt naar een verstandelijke argumentatie, een rationele verantwoording. Terwijl een verlangen meer verwijst naar een opborrelend gevoel. Het is net als het verlangen naar de zee. Als je zou kunnen uitleggen hoe het is om op zee te zijn, is het avontuur eigenlijk voorbij. Vaak nemen we de meest essentiële beslissingen – zoals we in het hoofdstuk over intuïtie al zagen – niet vanuit rationele, maar vanuit intuïtieve overwegingen. Caroline vertelt daarover: 'Omdat ik nogal onregelmatig ongesteld was duurde het nog zeker een maand of twee voordat ik vermoedde dat ik misschien zwanger was. Nadat ik een test had gedaan, wist ik het zeker: ik was in verwachting. Of beter, onverwachting, want er was bijna geen slechter moment denkbaar om een kind te krijgen. Ik woonde net samen met Jos, hij had een zoontje van zes jaar. Ik zat in mijn eindexamenjaar, de relatie met Jos en zijn zoon liep, om het voorzichtig uit te drukken, niet van een leien dakje. Een foutere start voor een nieuw leven was eigenlijk niet denkbaar. Na een serie gesprekken met elkaar, onze vrienden en een aardige mevrouw van de Fiom moesten we onder ogen zien dat het niet verstandig was als er nu een kindje bij zou komen. Ondanks al het verdriet dat ik voelde, ik heb me suf gehuild die weken, besloten we tot een abortus. Vlak voordat ik naar de abortuskliniek zou gaan, stond mijn ex Bas plotseling op de stoep. Tijdens mijn relatie met hem, ik was toen 19, had ik een eerdere abortus laten verrichten. Ik had daar altijd vrij luchtig over gedaan, maar Bas was speciaal langsgekomen om mij eraan te herinneren hoe verdrietig ik toen was geweest. "Doe het niet," zei hij, "je krijgt er spijt van." Ik wist meteen: hij heeft gelijk. Mijn verstand zei nee, maar met mijn hele wezen voelde ik ja. Vanaf dat moment heb ik geen moment meer getwijfeld. We hebben het kindje, een jongetje, laten komen. Op de dag van de uitreiking van het einddiploma van de kunstacademie was hij net geboren en droeg ik hem vol trots op mijn buik. Mijn mooiste kunstwerk. Cas is nu 12 jaar, de afgelopen jaren zijn we met zijn vieren een hecht gezin geworden.'

*

Verlangens zijn er in alle soorten en maten, maar ze hebben één ding met elkaar gemeen: ze hebben betrekking op iets wat jij wilt. Ze zijn daarom per definitie nogal egocentrisch. Zeker als het gaat om seksuele verlangens (niet de minste van alle verlangens), is er sprake van een aandrang die er primair op gericht lijkt dat vooral jij je beter voelt. Veel mensen hebben daar in meer of mindere mate moeite mee. Veronderstel dat iedereen maar deed wat hij leuk vond? Ga er maar van uit dat als je je verlangen volgt, je regelmatig gefronste wenkbrauwen en twijfel op zult roepen. Je kunt proberen er een mooi verhaal van te maken, maar als je eerlijk bent, weet je dat je verlangen niet echt 'nuttig' is. Verlangens zijn per definitie egocentrisch. En dat maakt dat we ze nogal eens negeren. Monique: 'Als ik wat meer naar mezelf had geluisterd, had ik gewoon de kleinkunstacademie gedaan. Maar ja, ik dacht: op zo'n toneel staan? Gaat het er in het leven dan alleen maar om dat jij applaus krijgt? Toen dacht ik: nee, natuurlijk niet. Nu denk ik: misschien voor mij wel. Haha! Geef mij maar een staande ovatie.'

Een van de belangrijkste redenen om niet te luisteren naar onze verlangens is de verlammende vraag: wat als het mislukt? Als het goed is zullen we zeggen: jammer, pech gehad, volgende keer beter. Maar helaas hebben we nogal snel het gevoel dat als *het* mislukt, wijzelf *ook* mislukt zijn. En om dat gevoel van pijn te ontlopen hebben veel mensen een uiterst efficiënte strategie bedacht: ze stellen zich namelijk ten doel *zo min mogelijk* te verlangen. Bij voorkeur helemaal niets. Niet te veel te verwachten. De lat niet te hoog leggen, heet het dan. Of tevreden zijn met wat je hebt. Want als je niets wilt, kan er dus ook niets mislukken. Logisch toch?!

De angst voor mislukking is een drijfveer om niet naar je verlangens te luisteren, de angst voor *succes* kan dat echter ook zijn. Succes lijkt leuk, maar je zult maar de kleinkunstacademie afmaken, het Leids Cabaret Festival winnen en ineens een jaar volgeboekt zijn en voor allerlei televisiespelletjes gevraagd worden: je kennissenkring verandert, je wordt voortdurend gebeld, op straat word je nageroepen, wildvreemden willen handtekeningen (zogenaamd voor hun kinderen) en gaan flauwe imitaties van je ten beste geven als ze dronken in de kroeg naast je staan, als mensen je aanspreken weet je nooit of ze dat doen omdat ze je als persoon of als product waarderen, nee, succes geeft allemaal gedoe. Geef mij maar mislukking, dan blijft alles bij hetzelfde.

Een laatste reden waarom wij geneigd zijn censuur te plegen op onze verlangens is dat ze elkaar lijken uit te sluiten. Want hoe combineer je een bijna niet te onderdrukken verlangen naar andere mannen met het diepe en overtuigde verlangen een liefdevolle partner en moeder van twee kinderen te zijn? Of het verlangen naar een drukke, inspirerende baan met tijd en rust voor je kinderen? Als we niet oppassen en gehoor geven aan elk verlangen, zit onze agenda zo vol, dat we nergens meer van genieten. We hebben leuke, lieve kinderen, maar we zijn de hele tijd bezig ze te voeden en te verschonen. Onze baan is fantastisch, maar we hebben net niet de tijd om de dingen echt goed te doen. Onze partner is een schat, maar als we 's avonds naast hem in bed liggen zijn we uitgeput. Hoezo verlangens? Slapen!

*

Een eerste hulpmiddel om ja-en te zeggen tegen je verlangen is het inzicht dat iets verlangen iets anders is dan iets *doen*. Het is goed mogelijk een verlangen te koesteren en er tegelijkertijd niet naar te handelen. Zeker als het gaat om verlangens waar we een 'mening' over hebben. Iets denken, voelen, verlangen is allemaal in orde. Dat geldt voor emoties en ook voor verlangens. Maak daarom ruimte in jezelf om *alles* te mogen verlangen. En met alles bedoel ik alles. Als je al niet eens mag fantaseren over wat je zou willen meemaken, is het helemaal onmogelijk te weten waar je verlangens liggen. Het besef dat 'denken' niet automatisch hoeft te betekenen 'doen', geeft je in elk geval de mogelijkheid je verlangens te mogen erkennen.

Een andere manier om je verlangens te leren kennen is juist je irritatie serieus te nemen. Elke keer als je irritatie, wrevel, wrok of woede ervaart, verleg dan je aandacht van waar je je aan ergert (wat je niet wilt) naar wat je verlangt (wat je wel wilt). Erger je je aan een partner die vooral zijn eigen dingen doet? Blijkbaar verlang je naar zijn gezelschap. Of misschien wil je zelf ook wel dingen voor jezelf doen. Erger je je aan mensen die aandacht trekken? Mogelijk verlang je zelf naar meer aandacht. Erger je je aan moeders die opscheppen hoe goed ze het allemaal geregeld hebben? Misschien wil je zelf een goede moeder zijn en twijfel je eraan of je het wel bent. Op die manier je eigen verlangens leren kennen is niet alleen een kwestie van voelen en de tijd nemen, maar ook van goed nadenken en zorgvuldige zelfreflectie.

Voorts zal het ons helpen onze verlangens niet te veel te willen controleren of beredeneren. Louann Brizendine beschrijft in *The Female Brain* het verschil tussen jongens en meisjes als ze in de puberteit komen. Meisjes maken in de puberteit oxytocine en dopamine aan. Het eerste hormoon wordt ook wel het knuffelhormoon genoemd, het maakt dat we ons willen binden, willen liefhebben en contact maken. Dopamine stimuleert de pleziercentra van de hersenen. En waar *verlangen* meisjes naar op deze leeftijd? Keurig gestuurd door een pakketje hormonen gaan ze winkelen, roddelen, uren aan de telefoon hangen, kirren van plezier, geheimen uitwisselen, experimenteren met kleding en kapsels. Kortom, alles wat met communicatie en contact te maken heeft. Brizendine verklaart dit gedrag vanuit de psychologische noodzaak zich voor te bereiden op het moederschap. Door een hecht vriendenverband te bouwen heeft zij een hechte bescherming gecreëerd voor zichzelf en het kind. Waarom worden jongens aan de andere kant op die leeftijd juist vaak tobberig, verlegen en zwijgzaam? Omdat het testosteronniveau – naast een stevige behoefte aan masturberen – hen aanzet tot juist minder praten en socialiseren. In deze jaren verlangen meisjes naar de intimiteit van de groep, terwijl jongens juist verlangen naar autonomie.[38]

Gedurende ons gehele leven zullen onze verlangens voor een groot deel bepaald worden door onze fysiologische ontwikkelingen. Of we verlangen naar mensen, gevaar, autonomie, vakantie, rust, uitgaan, carrière maken, voor onze kinderen zorgen, het wordt allemaal voor een groot deel bepaald door onze leeftijd en ons geslacht. Zelfs al zouden we willen, we hebben over onze verlangens vaak niet zoveel controle. Ze zijn er gewoon. Het ligt in de aard van de natuur om dingen te *willen*. Een boom wíl groeien. Dit willen is een spontaan, natuurlijk proces. Een boom kan niet niet groeien. De natuur wil zich ontvouwen. De natuur wíl. Het leven is een en al verlangen, energie en groei. Dat is niet goed of fout. Het is gewoon zo. En wij zijn onderdeel van die natuur. Ook in ons liggen verlangens opgeslagen. Het verlangen kinderen te krijgen, er te zijn voor anderen, te genieten van het leven, iets na te laten aan de aarde… Ieder mens is anders. En dus heeft ieder mens andere verlangens. Maar ieder mens heeft verlangens. Het ligt in onze natuur voluit te leven. De meeste van die verlangens kunnen we niet controleren of regisseren. We hebben ze. Waarom of waartoe is eigenlijk niet zo belangrijk. Verlangens *ervaar* je vooral. Het wil níét zeggen dat je er slaafs gehoor aan geeft, maar wel dat je ze erkent en accepteert. Wat in elk geval niet werkt is ze te willen veranderen, onderdrukken of wegredeneren met ons verstand. Het kan als vrouw slim zijn tijdig te luisteren naar het vurige verlangen moeder te worden. Als je te lang wacht, kan het namelijk simpelweg te laat zijn.

De vraag 'wat wil je' wordt, zoals gezegd, voor meer en meer mensen de belangrijkste vraag. In zijn grootsheid kan hij nogal eens overrompelen. Tja, wat wil ik?! We zijn geneigd bij zo'n grote vraag ook te denken aan grote antwoorden. Daarmee maken we het ons echter nodeloos moeilijk. Je kunt klein beginnen. Zo zat ik op een dag in de auto op weg naar huis, ik had haast, reed langs een benzinestation vlak bij mijn huis en ik kreeg de aandrang om mijn auto door de wasstraat te halen. Mijn eerste gedachte was: onzin, niet nodig, geen tijd voor. Ik wilde eigenlijk al doorrijden. Maar mijn tweede gedachte was: doen! Ik betrapte me erop dat het me heerlijk leek met een schone auto naar huis te rijden. Ik heb rechts voorgesorteerd, heb een heerlijke tien minuten auto wassen beleefd, inclusief kopje cappuccino uit de automaat, en de rest van de avond was ik in een blijmoedige stemming omdat ik mezelf zoiets onzinnigs had toegestaan. De vraag 'waar verlang je naar' kan dus ook betrekking hebben op heel kleine dingen. Een opgeruimde kamer, een pas gestreken overhemd, iemand even spreken door de telefoon. Als je al niet kunt leven naar je kleine verlangens, hoe kun je dan verwachten ooit te gaan leven naar de grote?

Onder een verlangen zit vaak een ander verlangen verborgen. En daaronder nog een verlangen. Wat voor goud zoeken geldt, geldt ook voor verlangens: je komt pas bij de diepere laag als je de bovenste laag hebt afgegraven. Sta jezelf een verlangen dus per definitie helemaal toe, en kijk of daaronder misschien een nog sterker verlangen verborgen ligt. Vaak zijn die lagen van verlangens op een intrigerende manier aan elkaar gekoppeld. Zo was mijn slogan altijd: doe wat je het liefst wilt. En zo heb ik me jarenlang met hart en ziel ingezet om mensen uit achtergestelde groepen te helpen toneelstukken te maken over hun eigen leven. Het was mijn verlangen dat zij in staat zouden zijn te doen wat ze het liefst wilden. Maar op een dag kreeg ik een reading van een aardige mevrouw en ze vroeg me: 'Jouw vader, was dat iemand die wel deed wat hij het liefst wilde?' Ik antwoordde vol overtuiging:

'Ja, natuurlijk!' Ze vroeg: 'Wil je daar nog eens naar kijken, zou het tegendeel ook waar kunnen zijn?' Ik dacht een moment na over die vraag en opeens realiseerde ik me dat eigenlijk het tegendeel eerder waar was. Mijn vader was iemand met allerlei plannen en ideeën, maar de belangrijkste dingen in zijn leven waren niet gegaan zoals hij had gewild. Het huwelijk met mijn moeder was gestrand, de winkel die ze hadden moest verkocht worden, mijn vader raakte aan de drank en ons gezin viel uiteen. Dat alles gebeurde tussen mijn 14e en 16e. Ik had dat allemaal van dichtbij meegemaakt, ging mee naar de psycholoog op gesprek, had ellenlange gesprekken met mijn vader en mijn moeder om hun huwelijk te redden, maar niets hielp. Ik herinnerde me mijn vader als iemand die er altijd in geslaagd was te doen wat hij werkelijk wilde, maar de realiteit was anders. Hij had juist *helemaal niet* gedaan wat hij wilde. Nu ik daar opnieuw naar keek kon ik zien dat bij mij op die leeftijd de overtuiging was gegroeid dat als je niet oppast, je niet kunt doen wat je eigenlijk wilt. Daar kan een kind niet mee leven, natuurlijk. Maar in plaats van zelf in mijn eigen leven gewoon te gaan doen wat ik eigenlijk wilde, ging ik eerst allemaal andere mensen 'genezen'. Eigenlijk was ik nog steeds bezig mijn vader te helpen, maar dat had ik niet in de gaten. Na die sessie heb ik mezelf de ruimte gegeven om meteen te gaan doen wat ík het liefst wil. Zonder eerst anderen daar 'bewust van te maken'.

Onder het verlangen andere mensen te helpen te gaan doen wat ze eigenlijk willen, kan blijkbaar het verlangen liggen zelf te doen wat jij eigenlijk wilt. Soms is het mogelijk er door zelfonderzoek achter te komen wat je diep vanbinnen verlangt. Soms zit dat verlangen echter zo ingewikkeld verborgen, dat je er jaren voor nodig hebt om erachter te komen. De enige manier is echter om stap voor stap je verlangens 'af te pellen'. Vind je het heerlijk als mensen je bewonderen? Ga ervoor. Probeer het te ervaren. Mogelijk komt daarna een volgend verlangen. Alleen door het te onderzoeken zul je het uitvinden.

Zoals we eerder hebben gelezen, zijn veel verlangens in onze eigen ogen banaal, plat of egocentrisch. Onze mening maakt dat we onszelf een verlangen niet toestaan. Soms is daarom de beste strategie om dan maar egoïstisch, banaal, ijdel of hebberig te zijn. Of, naar de titel van een boek van Ute Ehrhardt: brave meisjes komen in de hemel, brutale overal. Wat er dan als enige nog overblijft om naar je verlangens te leven is *durf*. Om je verlangen te volgen, om iets nieuws te beginnen moeten we vaak iets ouds beeindigen. Vaak is het probleem niet zozeer dat we niet weten wat we verlangen, het probleem is juist dat we dat *heel goed* weten. We durven er alleen geen gehoor aan te geven. Ons verlangen leidt ons per definitie naar het onbekende en onzekere. Durf is vooral een kwestie van overgave en vertrouwen dat het goed zal komen.

Soms is het contrast tussen waar mensen naar verlangen en hun huidige werkelijkheid schrijnend groot. Tijdens mijn studietijd heb ik eens een paar weken gewerkt voor Veluco in Geldermalsen: trays met conservenblikjes op pallets stapelen, fysieke arbeid in een lawaaierige omgeving. In de pauze was iedereen zo blij dat het stil was, dat vijftig man in de kantine zwijgend brood en koffie wegwerkte. Op de weg terug naar de fabriekshal raakte ik met een man aan de praat. Ik schatte hem een jaar of 55, 60. Blauwe overall, rustige tred. Hij vroeg wat ik deed. Ik antwoordde: 'Docentopleiding drama, zeg maar een opleiding waar je leraar toneelspelen wordt.' Hij herhaalde de laatste woorden. 'Hmm, leraar toneelspelen.' Ik verwachtte een flauwe grap of een geringschattende frons. Hij vervolgde, half in zichzelf, half tegen mij: 'Als kind wilde ik altijd violist worden.'

*

Als we durven ons leven meer en meer te organiseren rond onze verlangens, zullen we het gevoel krijgen dat we onze bestemming volgen, datgene gaan doen wat bij ons past. Dat is ingewikkeld, we moeten het stapje voor stapje leren, maar één ding is zeker, door onze verlangens te onderdrukken zullen we voortdurend in strijd zijn met onszelf. Alleen door onze verlangens te accepteren en te erkennen geven we onszelf de keuzevrijheid ze te volgen of niet. 'Werk samen met je bestemming, ga er niet tegenin, lig niet dwars. Geef je bestemming de kans zichzelf te verwezenlijken,' zo zegt Sri Nisargadatta Maharaj. Waar onze verlangens ons brengen is een groots avontuur. Met een onbekende afloop. Wie zijn verlangen volgt, zal per definitie afwijken van de gebakende paden. Dat is spannend en onzeker. Maar ook inspirerend. In de woorden van Joan Littlewood: *'If we don't get lost, we'll never find a new route.'*

**Ja-maar**
verlangens leiden
van de weg af

**Ja-en**
verlangens
zijn de weg

# 7. Zeg ja tegen je doelen

*Wat we zien wordt grotendeels bepaald door waar we naar zoeken.*
[SIR JOHN LUBBOCK]

Op een dag kwam Alice bij een splitsing van de weg en zag een Cheshire-kat in een boom. 'Welke weg zal ik nemen?' vroeg ze. Zijn antwoord bestond uit een vraag. 'Waar wil je naartoe?' 'Ik weet het niet,' antwoordde Alice. 'Dan,' zei de kat, 'maakt het niet uit.'[39]

*

Zeg ja tegen je doelen. Daar gaat het in dit hoofdstuk over. Dat klinkt logisch. Maar wat is precies een doel? Om te beginnen: ik zal het niet hebben over doelen als 'aan het eind van de dag wil ik mijn kamer opgeruimd hebben', 'ik wil gelukkig worden' of 'de omzet van de afdeling Thermosokken groeit volgend jaar met 10 procent'. Dat is niet het soort doelen waar het hier over gaat. We stellen onszelf namelijk nogal eens doelen die verlammen in plaats van inspireren. Ik wil het hier dan ook hebben over doelen die *inspireren*. Waar je energie van krijgt. Waar je, als vanzelf, omdat je niet anders kunt, omdat je er helemaal zin in hebt, voor gaat. Waar je ja tegen zegt. Moet zeggen.

Maar ja, hoe vind je zo'n inspirerend doel? Da's nogal lastig. Wij denken namelijk dat we onze doelen 'bedenken' of 'stellen'. Helaas is dat een misvatting. Doelen ontstaan niet vanachter een bureau of tijdens een strategiebespreking. Tenminste, inspirerende doelen. Daarvoor moet je eerder langs het strand wandelen. Een beetje mijmeren. Of je herinneren waar je in je kindertijd plezier in had. En dat vergt soms tijd. En geduld. Een voorbeeld.

Gedurende de eerste twee jaar van mijn zelfstandig ondernemerschap was vooral één vraag van belang: zou er genoeg geld binnenkomen om – samen met het inkomen van mijn partner – het gezin te onderhouden? Zou de schoorsteen blijven roken? Nu, na twee jaar, was het antwoord op die vraag positief. Uiteraard gaf dat een voldaan gevoel. Dat was toch maar mooi gelukt. Aan de andere kant was ik ook minder tevreden. Aan het eind van dat tweede jaar was ik vooral moe. Heel erg moe. Om aan inkomsten te komen had ik bijna letterlijk alles gedaan. Ik had gewerkt als acteur, coach, trainer, dagvoorzitter, regisseur en tekstschrijver. Allemaal leuk, spannend, enerverend, en door overal ja op te zeggen was ik in aanraking gekomen met nieuwe, spannende werelden, maar de keerzijde begon voelbaar te worden. Waar ging dit allemaal naartoe? Zelfs het meest positieve scenario dat ik op dat moment kon bedenken boezemde me angst in. Stel, zo bedacht ik, dat ik op deze manier verder zou gaan en stel dat alles zou *lukken*? Welk scenario zou dat opleveren? Als ik mijn huidige werkelijkheid zou extrapoleren naar de toekomst, zou dat een doorsneetrainingsbedrijf opleveren met trainingen zoals iedereen die geeft: assertiviteit, communicatie, presenteren. Dat soort dingen. Ik zou mezelf na verloop van tijd – want zo gaat dat dan – natuurlijk terugtrekken uit het 'primaire' proces, ik zou een trainer aannemen die een deel van de uitvoering op zich zou nemen, die moest dan natuurlijk een collega hebben, dan zouden we samen overleggen, we zouden een mevrouw op de administratie hebben, kortom, als ik niet actief zou ingrijpen zou mijn bedrijfje, zelfs in het meest succesvolle scenario, iets worden waar ik geen schik aan zou beleven. Hier was ik niet voor geboren…

Tegelijkertijd voelde ik na twee jaar dat er wat aan zat te komen. Wat dat was? Geen idee. Het beeld dat ik had was dat van een tuinman die op een decemberdag zijn tuin bekijkt. De natuur lijkt volledig tot stilstand gekomen, maar onder de grond bereidt de natuur zich voor op de komende lente. Op zo'n moment kun je wel op de grond gaan stampen of bolletjes gaan opgraven om te kijken wat voor bloemen eraan zitten te komen, maar dat werkt natuurlijk niet. Ik had een vergelijkbaar gevoel ten opzichte van mijn eigen bedrijf.

Tweede kerstdag dat jaar sprak ik met mezelf af met ingang van 1 januari van het nieuwe jaar niet meer allerlei nieuwe producten of diensten te bedenken. Als klussen me weinig geld zouden opleveren en veel gedoe zou ik ermee stoppen (wat voor een beginnend ondernemer een van de moeilijkste dingen is om te doen – daar gaat je klant), ik zou geen energie meer investeren in acquisitie en niet meer achter allerlei *prospects* aan rennen. De tijd die daarmee zou vrijkomen zou ik besteden aan slechts één ding: bedenken welke stap ik met mijn bedrijf wilde zetten. Of beter, welke stap mijn bedrijf op het punt stond te maken. Het voelde aan als iets wat ik niet kon bedenken – de tuinman kan ook niet zien welke bolletjes waar zullen uitkomen – het idee zou zich aan me moeten *openbaren*. Het zou vanzelf duidelijk worden. En ik zou vooral opmerkzaam moeten zijn. Goed moeten kijken en luisteren naar alles wat voorbijkwam, in gesprekken met mensen, in de krant of op televisie. Ik wist niet waar en hoe, maar ergens zou zich dat idee wel aandienen. Eén ding wist ik wel: ik wilde werken op een manier die me *plezier* zou geven, ik wilde dat het iets was waar ik ook *goed* in was en waar de markt *behoefte* aan zou hebben. Dat leek me geweldig. Je werk als hobby. En waarom ook niet? In dit stadium was nog van alles mogelijk. Waarom op voorhand al concessies doen?

Maar ja, makkelijker gezegd dan gedaan. Het eerste wat ik op mijn eerste werkdag in januari deed was een Excel-overzichtje maken van uitgaven, financiële reserves en te verwachten inkomsten. Hoe lang zou ik het financieel uithouden? Het tweede wat er die werkdag gebeurde, was dat een van mijn weinige vaste klanten, een theatergroep, vroeg of ik een regie wilde doen. Ik wilde al ja zeggen, maar een stem in mijn hoofd zei onverbiddelijk: 'Berthold, niet doen, het verdient nauwelijks, allemaal gezeur over wie de postzegels en de printjes moet betalen, deze klussen gaan nergens naartoe, die geven je alleen maar stress en ellende, wees trouw aan je afspraak, zeg nee. Laat gaan.' Meteen daarna hoorde ik mezelf zeggen: 'Ik denk dat het beter is om het niet te doen, misschien moeten jullie even iemand anders zoeken.' Oeps. Dat floepte eruit. Mijn vaste klant was verbaasd. 'En een volgende keer?' 'Ik weet het niet,' antwoordde ik, 'maar als ik eerlijk ben denk ik dat wij niet meer bij elkaar passen.' De klant vond het jammer. Maar geen punt. Exit vaste klant.

Nu, als ik terugkijk, is de periode die toen aanbrak een van de moeilijkste perioden van mijn werkzame carrière geweest. Hoe kun je jezelf 'uitvinden'? Hoe vertaal je verlangens in doelen? Die vraag markeert de overgang van onze binnenwereld – wie we zijn, wat we kunnen en waar we naar verlangen – naar de buitenwereld, wat we gaan doen. Pas vanaf het moment dat we onze verlangens vertalen in *doelen* kunnen we richting geven aan ons handelen. Kunnen we op weg gaan. Die overgang van verlangen naar doel kan razendsnel gaan, maar soms heeft die overgang tijd nodig. Maanden, jaren soms. Zoals goede wijn ook tijd nodig heeft om te rijpen.

Achteraf kan ik op deze periode met een goed gevoel terugkijken, maar toen ik er middenin zat, gaf het me vooral onzekerheid, stress en onbehagen. Hoe lang zou dit duren? Wat als er niets uit zou komen? Was het geen hoogmoed? Kortom, het logische verstand, de ja-maars, dreigden de overhand te krijgen. Prachtig, zo'n angstvisioen van een trainingsbureau, maar waarschijnlijk zou ik dat niet eens kunnen. En was het niet veel leuker allerlei verschillende dingen te doen, gewoon níét te kiezen? Of misschien moest ik het leven gewoon wat meer op me af laten komen. Niet zo geforceerd zitten broeden op iets anders. En waarschijnlijk zou er helemaal niks komen. Was het niet allemaal fantasie? Luchtfietserij? Dagelijks werd ik geplaagd door letterlijk honderden ja-maars. En evenzoveel keren zei ik tegen mezelf: volhouden, wachten, gewoon niets doen. Vertrouw op je intuïtie. Het is tijd voor wat anders. Het komt wel.

Uiteindelijk vielen eind maart, begin april van dat jaar een aantal puzzelstukjes op zijn plaats. Wat ik voor me zag was een zaal met zo'n 150 mensen in theateropstelling, ik ervoor, met achter me een beurswandje met daarop JA-MAAR, naast me een acteur met een tafeltje, een laptop met muziekjes en een bosje rode lichtgevende kitschtulpen,* samen zouden we een soort training geven waarbij uitleg, oefeningen, spelletjes en sketches elkaar zouden afwisselen, de mensen waren natuurlijk diepgaand geboeid, er werd voortdurend gelachen, de inhoud was prachtig, na afloop volgde er uiteraard een staande ovatie, de acteur en ik zouden dan buigen, we zouden diepgaand het gevoel hebben iets voor deze mensen betekend te hebben. Dit hele beeld beviel me zeer. Met name natuurlijk de staande ovatie. Ik voelde, dacht en praatte nog eens wat met mensen links en rechts en toen wist ik: dit is 't.

*

Je staat met een leuke jongen in een café te praten. Aan alles merk je, we vinden elkaar meer dan leuk. Aan het eind van de avond neem je afscheid. 'Tot ziens!' Maar de volgende dag schrik je in paniek wakker. Waar woont hij? Hoe krijg ik hem te pakken? Wat is zijn mobiele nummer? Als je je verlangens niet in concrete *doelen* vertaalt, is het onmogelijk actie te ondernemen. Eerst moet je voor jezelf bepalen wat je precies wilt ('hem nog een keer zien, bij mij thuis, 's avonds om een uur of tien, gordijnen dicht, we

* Het leuke is, dit beeld is misschien wel de meest constante factor van Ja-maar®. De inhoud van de programma's is in de loop der jaren enorm veranderd, mensen zijn gekomen en gegaan, maar deze vorm is altijd gebleven. Het vat in één beeld de essentie van ons bedrijf samen: een trainingsbureau dat gebruikmaakt van theatrale middelen en werkt met acteurs en regisseurs.

hebben alle tijd'), daarna kun je actie gaan ondernemen. Hoe *preciezer* je voor je ziet wat je wilt, des te groter de kans dat het zal gebeuren. Andersom geldt hetzelfde. Als je vage doelen stelt, zal precies dat gebeuren: vage dingen. Zonder doel zijn alle richtingen in orde. Zo vertelde een goede vriendin: 'Ik heb een eenvoudig verlangen: het lijkt me heerlijk eens een keer een geweldig feest te geven voor al mijn vrienden en bekenden. Een werfkelder afhuren, lekkere muziek en iedereen uit zijn dak. Ik weet heel goed dat er niet veel nodig is om het te realiseren: een ruimte, wat geld, een uitnodiging en dat is het eigenlijk. Dat idee heb ik al meer dan tien jaar. Maar op de een of andere manier komt het er maar nooit van.'

Een verlangen hebben is niet genoeg om ons in beweging te brengen. Wie verlangt naar de zee gaat nog niet automatisch op pad. Want om ook daadwerkelijk naar de zee te gaan is het nodig het verlangen te vertalen in acties. Waar ga ik precies heen? Welke zee? Ga ik naar het noorden, oosten, zuiden of westen? En als ik ga, is langs de kust staan dan genoeg, of wil ik daadwerkelijk de zee op? En hoe dan, met een schip, een bootje of op een matrasje? En hoe ver ga ik de zee op? En wanneer kom ik weer terug? En hoe dan? Tussen een verlangen en acties zit een tussenstap: een helder beeld en het besluit dat beeld op een bepaald *moment in de tijd* verwezenlijkt te hebben. Zo vertelde een van de daklozen met wie ik gewerkt heb: 'Ik ben zo iemand die altijd duizend ideeën en plannen heeft, maar er eigenlijk nooit een echt afmaakt. Het ligt niet aan mijn energie of enthousiasme, dat is het niet. Maar wat is het wel? Soms denk ik dat het aan mijn karakter ligt. Misschien ben ik gewoon een lui iemand. Of heb ik geen doorzettingsvermogen. Maar andere momenten denk ik dat het meer te maken heeft met hoe ik de dingen organiseer. Misschien wil ik te veel tegelijk. En is het dus meer een kwestie van plannen of prioriteiten stellen. Maar op andere momenten twijfel ik ook daaraan. Misschien maakt het me allemaal gewoon niet zoveel uit. En doet het er eigenlijk niet zoveel toe of ik al mijn ideeën realiseer of niet. Want ik ben eigenlijk best tevreden over het leven dat ik leid. Dus misschien is het een kwestie van motivatie. Als ik meer zou willen zou het me misschien wel lukken de dingen af te maken. Misschien ben ik meer een dromer dan een doener. Ik weet het gewoon niet.'

Als we praten over een 'doel' lijkt het alsof we elkaar begrijpen. Maar wat is precies een doel? Zoals gezegd, in ons taalgebruik gaan we ervan uit dat je een doel 'stelt'. We zeggen: 'Je moet wel goed *bedenken* wat je wilt.' We denken dat we doelen kunnen maken. Alsof je achter een leeg vel papier kunt zitten en ze dan op kunt schrijven. Maar het tegendeel is waar. Het is niet zo dat wij doelen maken: doelen maken ons. Ze zijn er. Opeens, zomaar. Soms duurt dat lang, zoals in het voorbeeld van een 'nieuw eigen bedrijf' uitvinden. Soms gaat dat ook heel snel. Job Jansen, die als acteur voor Ja-maar heeft gewerkt, vertelt: 'Ik studeerde aan de Hogeschool van Rotterdam, maar was niet blij met de opleiding maatschappelijk werk en dienstverlening die ik op dat moment volgde. Ik was aan het rondkijken en had eigenlijk geen idee wat ik dan wél wilde. Het was een moeilijke periode van twijfel en onzekerheid. In de krant las ik toevallig een advertentie voor de opleiding humanistiek. De slogan van de opleiding luidde: 'De mooiste studie is de mens.' Ik wist meteen: ik hoef niet verder te zoeken, dit is wat ik wil. Ik werd helemaal rustig van het idee me in te laten schrijven. Terwijl ik op dat moment nog geen idee had wat de opleiding inhield. Ik bezocht een open dag en liep vanaf het moment van binnenkomst vertrouwd rond. Ik voelde me er helemaal thuis. Anderen zagen dat blijkbaar ook. Iemand zei tegen mij: 'Het lijkt wel alsof je hier al jaren studeert.' Ik heb me aangemeld en zit nu in mijn laatste jaar. Alle verwachtingen die ik had zijn uitgekomen. Ik heb geen moment spijt gehad van mijn keuze.'

Job heeft zijn doel niet bedacht, hij heeft in de krant zijn doel *herkend*. De opleiding was er al, het enige wat hij hoefde te doen was er ja tegen zeggen. En er vervolgens naar handelen. Zijn verhaal is een mooi voorbeeld van hoe een verlangen als vanzelf *overgaat* in een doel. Voordat hij zijn doel vond wist hij al dat hij iets anders wilde. Hij was niet echt blij met de opleiding die hij eerst volgde en was al aan het rondkijken naar iets anders. Wat hij daarmee in feite deed was zijn verlangen *accepteren*, zonder te weten hoe hij dat verlangen vorm zou moeten geven. Zo'n periode van twijfel en onzekerheid gaat bijna altijd vooraf aan de overgang van verlangen naar doel.

Zoals we bij verlangens al gezien hebben, elke levensfase kent zijn doelen: kinderen krijgen, uitgaan met vrienden, een geliefde vinden, studeren, een onderneming beginnen, de wereld verkennen... Gedurende je gehele leven zullen zich doelen aandienen die je helpen je verlangens vorm te geven. Soms lijkt het alsof we invloed hebben op onze doelen, maar in veel gevallen is het precies andersom. Onze doelen beïnvloeden ons. Ze overvallen ons. Ze zijn er, opeens, onaangekondigd. Als we ernaar luisteren, als we de durf hebben er ja tegen te zeggen en de controle los te laten, zullen die doelen ons leven gaan vormgeven. Alsof we op de rug van een wild paard plaatsnemen. Doelen die zich op dit vlak bevinden geven ons het gevoel onze *bestemming* te hebben gevonden. We kunnen enigszins sturen en richting geven, maar het paard heeft zijn eigen wil en dynamiek. Een leven dat past bij wat je wilt, begint met het *loslaten* van de controle over wat je wílt. Vanaf dan kan het leven zich aan jou openbaren. Met en door jou.

In dit hoofdstuk gaan we onderzoeken hoe we onze doelen, onze bestemming, terug kunnen vinden. Of beter, hoe we ons zo kunnen openstellen dat onze doelen *ons* kunnen vinden. Voordat we dat gaan doen is het goed een aantal misverstanden die er heersen rond het begrip 'doel' uit de weg te ruimen. Doelen lijken namelijk eenvoudige dingen, maar in de praktijk valt dat nogal tegen. Daarom eerst de vraag: wat is dat eigenlijk voor ding, een doel?

*

Laten we voor de verandering eens beginnen met wat doelen níét zijn. Helaas leven er op het gebied van 'doelen formuleren' zoveel misverstanden, dat ik er niet onderuit kom die misverstanden op te ruimen. Om te beginnen: een doel is geen probleem. Dat lijkt een open deur, maar dat is het niet. Veel mensen denken namelijk bij het woord 'doel' vooral aan wat ze níét willen. 'Mijn doel is dit jaar niet weer een regenachtige vakantie in Nederland.' Leuk. Maar waar ga je dan wel naartoe? Als je weet wat je níét wilt, geeft dat je in de meeste gevallen namelijk nog geen enkel beeld van wat je dan wél wilt.[*] 'Ik wil geen partner die de hele dag op de bank zit.' Oké. Logisch. Je wilt een actieve partner. Maar hoe ziet dat eruit? Dat-ie de hele dag boetseert op z'n atelier? Met je door de bossen van Drenthe fietst? Overuren maakt in zijn wietplantage? Je een intense rugmassage geeft? Wat wil je dan wel?! 'Mijn partner moet geen bartype zijn.' Mag-ie dan wel naar de hoeren? Of kratten drank in huis halen? Of de hele dag lekker op de bank zitten?[**]

Toch praten we vaak in problemen. En dat is begrijpelijk. Problemen zijn voor veel mensen fijne dingen: ze zijn concreet, je kunt ze zien, je hebt het idee dat je weet wat je moet doen en je kunt onmiddellijk beginnen.[***] Lekke band? Repareren! Lek-

---

[*] Leven vanuit het doel dat iets er níét is, is op zichzelf paradoxaal. Het kan dan ook leiden tot geinige situaties. Zo vertelt Paul Watzlawick de grap van een man die om de tien seconden in zijn handen klapte. Iemand vroeg hem ernaar. 'Waarom doe je dat?' 'Om de olifanten te verjagen.' 'Maar ik zie helemaal geen olifanten.' 'Zie je wel dat het werkt!'

[**] Zo stelt de Vlaamse schrijver Herman Brusselmans: 'Een drankprobleem is het probleem dat er geen drank in huis is.'

[***] 'Problemen' lijken op het eerste gezicht concreet, maar bij nadere beschouwing blijkt het veel gecompliceerder. Neem bijvoorbeeld geldgebrek. Dat kan een serieus probleem zijn. Heb je dat probleem als je 10 euro in je portemonnee hebt? Dat hangt er maar van af. Als je een ijsje wilt kopen, nee. Dan heb je geld genoeg. Maar als je een huis wilt kopen, tja, dan is het natuurlijk veel te weinig. Het geld in de portemon-

kende kraan? Nieuw leertje plaatsen! Problemen zijn misschien niet fijn om te *ervaren*, maar het oplossen ervan geeft je wel een zinvolle dagbesteding. Je hebt namelijk wat te doen. Als je het gedaan hebt, kun je je voldaan voelen. Je hebt een probleem opgelost. Maar een probleem is geen doel. Een probleem is iets wat je wilt laten verdwijnen. Een doel is iets wat je wilt laten verschijnen. Doelen en problemen zijn per definitie niet hetzelfde. Tegen een doel zeg je ja. Tegen een probleem zeg je nee.[40]

De Amerikaan Robert Fritz ontwikkelde een theorie rond het creatieproces. Hij beschrijft dat wij twee redenen hebben om te handelen: we willen iets laten ontstaan, een creatie, of iets laten verdwijnen, een probleem. Hij beschrijft dat iets laten verdwijnen een totaal andere strategie vereist dan iets laten ontstaan. Als je in het leven alleen maar weet wat je niet wilt, loop je het risico in vicieuze cirkels te belanden. Als we niet oppassen, leven we van probleem naar probleem. Probleem: ik ben te dik. Oplossing: ik ga lijnen. Probleem: ik heb honger. Oplossing: ik ga eten. We kennen dit verschijnsel allemaal als het jojo-effect. In de politiek kennen we het als het verschijnsel van het probleem rondpompen,* in de economie als de varkenscyclus en in de biologie als het Lotka-Volterra-jager-prooimodel, waarbij konijnen en vossen in aantal voortdurend tegen elkaar in schommelen. Wie zich bij zijn acties alleen laat leiden door problemen, belandt bijna als vanzelf in dit

---

nee betekent *op zichzelf* helemaal niks. Het is papier. Metaal. Het krijgt pas *betekenis* nadat jij jezelf een doel hebt gesteld. Als je iets als probleem ervaart, verdiep je dan ook nooit in het probleem zelf, maar kijk naar je onderliggende verlangen. Wat is het dat je *wilt*, waardoor je deze situatie als een probleem ervaart. Je verlangen is de bron. Het probleem is het gevolg.

* Politici vinden problemen overigens fantastisch. Waarover praten ze? Begrotingstekort, zure regen, armoede, smelten van de poolkappen, terrorisme, wachtlijsten, slecht presterende scholen, de gebrekkige integratie... Ook kranten berichten voor meer dan 90% over gevaren en problemen. Het wekt de suggestie alsof degene die de problemen kan *benoemen* ze ook kan oplossen. En dus denken ze dat we de neiging om te stemmen op degene die het hardst problemen kan roepen. Volgens Seligman is het overigens een ineffectieve strategie: van alle presidentskandidaten in Amerika is in 85% van de gevallen de meest *optimistische* gekozen.

soort vervelende, zichzelf almaar repeterende situaties. Het maakt je moedeloos. Wat je ook doet, het lijkt wel alsof dezelfde problemen almaar terugkomen. Je staat met je auto in de modder, je wilt eruit wegrijden, maar hoe meer gas je geeft, des te dieper zak je in de modder weg. Je eigen 'oplossing' maakt het probleem alleen maar groter. Als je het gevoel hebt dat een oud probleem zich opnieuw aandient, is de kans groot dat je je in een, zo betoogt Fritz, 'structureel conflict' bevindt. Er is sprake van een *structureel* conflict, omdat je twee dingen wilt die elkaar per definitie uitsluiten. Het conflict is op zichzelf *onoplosbaar*. Het is een patstelling. Dergelijke structuren kunnen ons leven, zonder dat we het in de gaten hebben, op allerlei gebieden gaan beheersen.

Probleem: ik maak geen carrière met een parttimebaan. Oplossing: ik ga meer uren werken. Nieuw probleem: ik heb te weinig tijd voor de kinderen. Oplossing: ik ga minder uren werken. Het is om gek van te worden: elke oplossing creëert een nieuw probleem. Het geeft je het gevoel van het kastje naar de muur te worden gestuurd. Omdat dit soort bewegingen vaak plaatsvindt over langere perioden (soms in cycli van wel vijf tot tien jaar) is het moeilijk er zicht op te krijgen.

Zo kan het gebeuren dat je op je 40e of 50e het idee hebt ondanks heel veel inspanningen geen meter te zijn opgeschoten. En in zekere zin klopt dat ook. Zo vertelt Harrie: 'Ik heb relaties altijd een crime gevonden. In totaal heb ik de afgelopen twintig jaar vijf keer samengewoond, en alle vijf de keren ging het mis. Elke situatie is natuurlijk weer anders, maar ik zie wel een patroon. Een deel van de ellende begint bij het feit dat ik in essentie nogal solitair ben. Ik ben kunstschilder, als ik niet oppas werk ik bij nacht en ontij. Maar ik vind dat als je in een relatie stapt, je op zijn minst een aantal dingen samen moet doen: eten, uitgaan, vrienden bezoeken, dat soort op zich normale dingen. Aan het begin van een relatie hoef ik daar ook geen moeite voor te doen, als je verliefd bent gaat dat vanzelf, maar na verloop van tijd komt de klad erin. Ik ga mijn relatie verwaarlozen, stort me helemaal op mijn werk en als ik dat dan in de gaten krijg, is het eigenlijk al te laat. Een breuk is het gevolg. In het begin ben ik dan ergens ook heel erg opgelucht, ik kan dan tenminste weer lekker werken zonder dat iemand om zes uur roept dat het eten klaar is. Dus ergens laat ik het er ook wel bewust op aankomen, denk ik. Maar als ik dan een jaar of zo op mezelf woon, dan begin ik toch weer te verlangen naar een vaste relatie. Maar nu, na vijf keer samenwonen, denk ik dat ik gewoon moet erkennen dat ik zo'n workaholic ben, dat een relatie daar gewoonweg niet bij past.'

Het probleem van Harrie begint bij zijn negatieve zelfbeeld: hij noemt zichzelf solitair en een workaholic. Maar zolang hij vindt dat hij moet veranderen zal hij niet luisteren naar het *verlangen* wat daaronder verscholen ligt: Harrie doet niets liever dan hard werken en daarbij veel op zichzelf zijn. Waarom zou dat een probleem moeten zijn? Als Harrie dit verlangen erkent, is de kans groot dat hij 'vanzelf' een partner vindt die juist houdt van een man die grotendeels zijn eigen weg gaat. Harrie gaat ervan uit dat vrouwen houden van op de bank zitten en de gezamenlijke kennissenkring opzoeken. En zolang Harrie daarvan uitgaat, zal hij vriendinnen aantrekken voor wie dat ook geldt. Pas als hij zijn verlangen accepteert, zal hij een partner kunnen vinden die bij dat verlangen past. Kortom, het is de uitdaging onze problemen te vertalen in verlangens en onze verlangens vervolgens in doelen. Als we blijven hangen in wat we niet willen, zullen we in vicieuze cirkels blijven rondtollen.

Het verwarren van een doel met een *middel* is eveneens een veelgemaakte fout. Middelen zijn altijd als-dan-constructies. Het zijn tussenstappen op weg naar een einddoel. Maar als we niet goed kijken, verwarren we de tussenstap met ons einddoel. Marjorie, een jonge *Afro-American* vrouw die deelnam aan de Not Your Mama's Bustour in Chicago, was aan het overwegen een computeropleiding te gaan doen. Toen ik haar vroeg of ze *zin* had in de opleiding, trok ze een vies gezicht. Ze moest er niet aan denken. 'Waarom doe je het dan?' vroeg ik. 'Dan nemen mijn kansen op de arbeidsmarkt toe,' redeneerde ze. 'Wat zou je dan gaan doen op de arbeidsmarkt?' vroeg ik haar. Daar had ze geen idee van. Toen ik haar vroeg wat ze op dit moment leuk vond, begon ze te stralen. 'Schrijven,' antwoordde ze. 'Maar ja, schrijven levert niet echt zekerheid op.' Voor Marjorie was een computeropleiding een middel, een ticket naar financiële veiligheid. Maar de opleiding zelf vond ze niet leuk. Schrijven ging haar vanzelf af. Maar ja, van schrijven '*one cannot pay the rent*'. Zou Marjorie de opleiding begonnen zijn? Of afgemaakt hebben? Ik weet het niet, we zijn elkaar uit het oog verloren. Maar zelfs als ze de opleiding zou hebben afgerond en zelfs als ze al werk zou hebben gevonden, zou het waarschijnlijk werk zijn dat niet past bij haar verlangens. Bovendien, is haar aanname juist dat je met schrijven de huur niet kunt betalen? Zou kunnen. Schrijver zijn is een beroep met veel onzekerheden. In Engeland woont een vrouw die jaren heeft moeten leuren voordat een uitgever bereid was haar aan de keukentafel geproduceerde schrijfsels uit te geven. Uiteindelijk is het haar, terwijl ze zelf de hoop bijna had opgegeven, toch nog gelukt. Misschien eens vragen *how she pays the rent*. Als mevrouw J.K. Rowling tenminste de tijd heeft om die vraag te beantwoorden.

Marjories opleiding was geen doel, het was een middel. En zo belanden veel mensen in situaties waarin ze het idee hebben heel hard te werken, alleen hebben ze geen idee in welke richting precies. Niet echt effectief. En niet verstandig. 'Ik heb een verschrikkelijke hekel aan iemand die beweegt, maar niet weet waarnaartoe,' zei Johan Cruijff al.

Het moge duidelijk zijn dat een probleem en een middel geen doel zijn. Ook een verzuchting, een wens of een angstbeeld is geen doel. Evenmin als een verlangen, een droom of een visioen een doel is. Maar wat is een doel dan wel?

Om te beginnen, een doel dat bij jou past komt voort uit je verlangen. Het borrelt op en krijgt langzaam vorm. 'Verlangen naar de zee' is een vaag gevoel, om daar een doel van te maken is het nodig het gevoel in een beeld om te zetten. Je moet voor je zien hoe het eruitziet als je verlangen bewaarheid is geworden. Hoe het eruitziet als jij 'bij of op de zee' bent. Je moet van je verlangen als het ware een film maken. Je moet in beelden kunnen beleven hoe het eruitziet, jij en de zee. Is het wandelen langs het strand? Wat voor strand? Tropisch, de wilde zee, een rustige baai? Of is het op een bootje op het midden van de oceaan? Of zoals Thor Heijerdahl met een vlot naar de overkant van de oceaan roeien? Wat voor weer zie je voor je? Regen? Zon? Storm? Pas als je in *beelden* voor je kunt zien hoe het verlangen naar de zee vorm krijgt, kun je spreken van een doel. Nu kun je ook op pad gaan. Je weet nu of je naar de Noordzee moet gaan om je doel te realiseren of naar de Golf van Mexico. En nu weet je ook in welk jaargetijde en met welk vervoermiddel. Pas als je in beelden kunt beschrijven wat je wilt, ben je in staat op weg te gaan. Het aardige is, het beeld dat ik had van een Ja-maar Show was helder als glas. Maar de inhoud van het programma, laat staan de vraag hoe ik daar zou komen, was voor mij op dat moment totaal onduidelijk. Maar die vragen zijn ook niet van belang. Het begint ermee dat jij weet wat je wilt en dat voor je ziet. Hoe je daar komt is de volgende stap. Eerst het doel, daarna het middel. Eerst het *wat*, pas daarna het *hoe*.

Het laatste wat nodig is om daadwerkelijk van een doel te spreken is een deadline. Of, zoals Peter Darbo het formuleerde, 'een doel is een droom met een deadline'. Pas als je besluit wannéér je iets verwezenlijkt wilt hebben, kun je echt van een doel spreken. Zolang je die deadline niet stelt is er eerder sprake van een droom. Je denkt dan in termen van 'ooit', 'later' of 'als ik groot ben'. Samengevat: een doel is een aantrekkelijk beeld van een toekomstige werkelijkheid met een heldere deadline. 'Aantrekkelijk' omdat volgens de definitie van dit boek een doel voortkomt uit je verlangen: je wordt er als het ware naartoe getrokken. Een doel heeft verder geen nut, zin of betekenis (anders zou het een middel zijn). Een doel is ook niet bedoeld om iets op te lossen (anders zou de aanleiding een probleem zijn). Iets is voor jou een doel omdat het je *aantrekt*. Verder niks. In die zin geldt voor een doel hetzelfde als voor een verlangen: als je het moet verantwoorden is het geen doel meer. Waarom is het je doel een camping te beginnen? Omdat het me tof lijkt een camping te hebben! Waarom lijkt dat je tof? Gewoon, daarom! Kijk, dat is nou een doel. Pas als je niet meer kunt zeggen waaróm je iets doet is er sprake van een doel. Anders is het een middel.

Nou lijkt dat op zich allemaal duidelijk en eenduidig. Maar ik wil je nog één keer lastigvallen met goed nadenken: zelfs als iets een doel lijkt, als het *klinkt* als een doel, hoeft het dat nog niet te zijn. Het is namelijk van essentieel belang wat het betekent als iemand een doel níét haalt. Stel, iemand stelt zichzelf ten doel een eigen onderneming te beginnen. Dat kan op zich een echt doel zijn. Hij heeft er zin in, hij ziet voor zich hoe de onderneming eruitziet (gebouw, diensten en producten, folders, logo, dat soort dingen) en hij heeft ook een duidelijke deadline: de eerste januari volgend jaar gaat de onderneming van start. Klinkt allemaal als een doel. Maar… stel, je vraagt: 'Welke betekenis heeft het voor je als het je niet lukt?' En de persoon antwoordt: 'Dan vind ik dat wel een afgang.' In dat geval is de onderneming niet meer een doel op zich. Blijkbaar is de onderneming een middel om zichzelf te bewijzen. Om de onderliggende angst een betekenisloos leven te leiden niet in de ogen te hoeven zien. Zolang dit *probleem* als motief op de achtergrond een rol speelt, is iemand niet werkelijk vrij om zijn doel te bereiken. Het zal voelen als gasgeven en remmen tegelijkertijd. Een ja-en-constructie betekent dat je ja-en zegt tegen je doel en aan het slagen of succes verder *geen betekenis* hecht. Als het lukt: tof, mooi, fijn, hoera. Als het niet lukt: jammer, pech, volgende keer beter. En dat is het dan. Niet meer en niet minder. Een doel is altijd een doel op zich. Zonder verdere verantwoording.

*

We weten nu wat een doel is en dat het – als het goed is – voortkomt uit verlangen, maar toch zal het lastig blijven een doel te stellen. Een doel dat ons werkelijk helpt. Dat ons ook helpt te bereiken wat we willen. Hoe komt het dat we vaak goedgemutst op weg gaan, maar onderweg hopeloos verdwalen? En wat zouden we kunnen doen om koers te houden?

Een eerste antwoord op deze vragen heeft te maken met het feit dat de weg naar het doel nogal glibberig is. Het is als op de tast lopen in een donkere tunnel. Je weet waar je heen wilt, maar hoe kom je er? Je kunt niet anders dan op gevoel en intuïtie voortschuifelen. Werken aan problemen is veel verleidelijker. Een probleem ís er gewoon. Je kunt het vastpakken, benoemen, meten, er een analyse op loslaten, problemen zijn er al in het hier en nu. Vandaar dat problemen vaak een veel grotere aantrekkingskracht hebben dan doelen. Een doel aanpakken is veel lastiger. Het is de kunst te vertrouwen op het beeld dat je ooit had. Blijven lopen, zoeken, tasten terwijl je niet weet hoe je er zult komen, ook als je onderweg lastiggevallen zult worden door twijfel en kritische vragen (waarom moest je dit nou zo nodig…). Je enige baken en houvast is het beeld van wat je wilt. *Keep the faith.*

Een andere reden om niet op weg te gaan is – zoals we hiervoor al gezien hebben – de angst dat het doel niet bereikt zal worden. Leuk, aan *Idols* meedoen, maar wat als je meteen wordt weggestuurd? En zoals we bij verlangen al zagen: wat als het wel lukt? Komt je hele leven overhoop te liggen! *Succes creëert instabiliteit.* Mislukking creëert stabiliteit. Je hebt niet veel, maar weet wel waar je aan toe bent. We gaan wel op weg, maar stappen bij de eerste bushalte al uit om weer om te keren. De prijs van doelen niet behalen is per definitie teleurstelling. Het is onmogelijk iets heel graag te willen en tegelijkertijd te leven alsof het niet uitmaakt of het lukt of niet. De enige manier om je tegen teleurstelling in te dekken is niets te willen, je aan niets en niemand te binden, *geen* kinderen te nemen. Zodra je een doel stelt, loop je het risico op – soms intense – teleurstelling. Ja zeggen tegen doelen stellen betekent per definitie ja zeggen tegen het risico teleurgesteld te worden. Als je gaat buitenspelen loop je af en toe blauwe knieën op.

Een van de meest onderschatte redenen waarom het zo moeilijk is ja-en tegen een doel te zeggen heeft te maken met het feit dat we al allerlei doelen hébben. Bestaande doelen zitten nieuwe doelen in de weg. Het is de kunst om soms nee te durven zeggen tegen kansen en mogelijkheden. Toen ik nog niet zo lang voor mezelf werkte, had ik een gesprek met een trainingsbureau en het klikte tussen ons. We deden een paar klussen samen en op een dag vroeg de directeur van dat bureau of ik op gesprek wilde komen. Tot mijn verbazing boden ze me een baan aan met alles erop en eraan: een leaseauto, mobiele telefoon, dertiende maand, alles was pico bello. Ik was in de war en vroeg een paar dagen bedenktijd. Ik vertelde het aan mijn partner, maar ik merkte dat ik het niet wilde. Hoe verleidelijk de kans ook was – zeker gezien de financiële zekerheden die het ons zou bieden – ik raakte er niet opgewonden van. Alleen, ik kon niet goed uitleggen waarom. Ik heb intuïtief nee gezegd, maar pas jaren later begreep ik waarom: ik wist dat het mijn eigen doelen zou *blokkeren*. Veel van de dingen die we doen, zijn het gevolg van doelen die we onszelf *in het verleden* ooit gesteld hebben. Het krijgen van kinderen is daar een van de duidelijkste voorbeelden van. Als het doel 'geslaagd' is, heeft dat als consequentie dat je gedurende een groot aantal jaren veel tijd en energie moet reserveren voor de opvoeding. Het doel is – in de meeste gevallen – namelijk niet bereikt als het kind geboren is, maar als het *zelfstandig* is. Het doel 'kind krijgen' is zo'n groots doel, zal zo veel beslag leggen op je tijd, dat andere doelen per definitie in het gedrang komen.

Om je doelen werkelijk te bereiken is het dus van belang zorgvuldig af te wegen wat je meest essentiële doelen zijn. Een rangorde te maken. Waar komt het voor jou echt op aan? En dus ook zorgvuldig nieuwe doelen als het ware in te roosteren. Als je heel veel wilt, van alles een *beetje*, zul je precies dat krijgen: van alles een beetje. David Beckham is niet *ook* popzanger. En Nelson Mandela was niet *ook* eigenaar van een bloeiende advocatenpraktijk. Het ontbreekt ons in het leven simpelweg aan *tijd* om alles te willen. Hoe scherper je focus, des te groter de kans dat je je doel zult behalen. Kijk dus eerst – voor je jezelf door dit hoofdstuk laat inspireren tot 'nieuwe doelen' – goed naar je huidige werkelijkheid. Welke doelen heb je in het verleden *op de rit gezet* en zijn nog doende verwezenlijkt te worden? Sommige van die doelen zul je waarschijnlijk van harte opnieuw omarmen, andere zitten je misschien alleen maar in de weg. Zo vertelde mijn vriend Patrick, die bij een omroep een goede baan had, dat hij in de war raakte van het aanbod van een nieuwe baan. 'Ik werkte als researcher bij de omroep en werkte van het ene parttimecontract naar het andere. Het waren steeds leuke programma's waar ik aan mee kon werken. Op een gegeven moment kreeg ik een contract aangeboden bij een actualiteitenprogramma waar ik eigenlijk al tien jaar wilde werken. Maar het betekende financieel een stap terug. Zonder verder nadenken liet ik het aanbod lopen. Tot een collega toevallig via via hoorde dat ik die baan aangeboden had gekregen. Hij vroeg me waarom ik die kans liet lopen. Ik antwoordde: "Logisch, het verdient veel minder." Toen hij doorvroeg wat daar nou zo erg aan was begon ik te twijfelen. Voor het geld zou ik het niet hoeven doen, en met trots of eer had het ook niet te maken. Integendeel. Ik zou juist heel trots zijn voor dat programma te mogen werken. Ik kwam erachter dat ik gewoon een beeld had van een carrière als een *stijgende lijn*. Carrière maken betekent dat je er qua inkomsten altijd op vooruit gaat. Het kwam gewoon niet in me op dat die lijn een knik naar beneden zou kunnen maken.'

'Steeds wat meer verdienen' was voor Patrick een vanzelfsprekend doel. Maar het belemmerde hem om belangrijker doelen te verwezenlijken. En zo glippen met het ouder worden allerlei 'doelen' ongemerkt ons leven binnen. Vaak zonder kloppen. En vaak via de achterdeur. En soms krijgen die doelen de vorm van een belemmerende overtuiging. Voordat je dus ja zegt tegen nieuwe doelen, is het goed de harde schijf eens goed te scannen op bestaande doelen. Net zoals je om de zoveel tijd de kelder of zolder eens reorganiseert, is het goed je lopende doelen nog eens tegen het licht te houden. Weggooien is ook mooi. Schept ruimte.

*

In ieders leven zullen zich op gezette tijden breekpunten voordoen. Het zijn de momenten waarop we ons afvragen of wat we doen nog wel overeenstemt met wat we echt willen. Vaak gaat daar een belangrijke gebeurtenis aan vooraf, zoals het overlijden van een ouder of partner, het verlies van werk of het vertrek uit huis van de jongste zoon of dochter. De oorzaak kan ook een burn-out zijn of een drastische achteruitgang van de gezondheid. Allemaal zullen we een aantal keren in ons leven de balans moeten opmaken. Is het niet vrijwillig, dan is het wel gedwongen. En vaak vraagt zo'n moment dan om een grondige herziening van het idee dat je over het leven had. Zulke breekpunten kunnen pijnlijk en confronterend zijn, omdat ze je beroven van de dingen die je leven zin en structuur geven. Maar zoals een feniks die uit zijn as herrijst, is elk einde de overgang naar een nieuw begin. Breekpunten zijn moeilijk en problematisch, maar de twijfel en richtingloosheid die het gevolg zijn van zo'n periode vormen de voedingsbodem van nieuwe doelen. Durf erop te vertrouwen dat die zich vanzelf weer zullen aandienen. Het enige wat je nodig hebt, is het vertrouwen dat een volgend verlangen zich zal openbaren. En daarmee een volgend doel. Soms weet je gewoon even niet wat je wilt. Of langere tijd. Het is een vanzelfsprekend onderdeel van het leven. Je daartegen verzetten of wanhopig op zoek gaan naar een nieuw doel zal niet werken. Soms is het gewoon winter. En is het een kwestie van wachten tot ergens nieuwe bolletjes opkomen.

*

Nog een paar laatste gedachten. Wat voor het toelaten van verlangens geldt, geldt ook voor doelen. Begin klein. Laat je eens overvallen door 'rare ideeën'. Zin om iemand gedag te zeggen? Bel op, zeg gedag. En als de ander vraagt 'En verder?' antwoord je 'Verder niks, ik wilde je gewoon gedag zeggen, nou dag, dus', en hang je weer op. Zonder een 'zinvol' gesprek te hoeven voeren. Jij bepaalt wat je leuk vindt. Niemand anders. Zin om de auto door de wasstraat te halen, terwijl het eigenlijk helemaal geen 'prioriteit' heeft? Doe het! Doe het nu! Zin om een duif te kleien? Klei een duif. Kan jou wat schelen. Ga een duif kleien. Zin om je baard eraf te scheren? Doen. Zin om je baard te laten staan? Laat staan. Zin om een voorbijganger te begroeten? Begroet hem! Maar... zorg wel dat je afstemt op de 'lichte energie'. Zorg dat het dingen zijn waar je zin in hebt, die je met lichtheid en plezier vervullen. Vertrouw erop dat deze 'rare ideeën' je enige houvast zijn in dit leven. Alles komt en gaat – school, werken, geld verdienen zijn de dingen die je niet hoeft te 'bedenken'. Als je niet oppast, slibt je leven daar vanzelf mee dicht. En hoe ouder we worden, des te meer onze agenda gevuld is met verantwoordelijkheden en zinnige activiteiten. Het is de kunst je leven kleur en eigenheid te geven. Dat zal alleen gebeuren als je durft af te stemmen op je innerlijke stem en durft te luisteren naar je eigen twinkeling.

Napoleon had als kind een droom: keizer van Frankrijk worden. Natuurlijk nam niemand hem serieus. Frankrijk had helemaal geen keizer, Frankrijk had een koning.
Er zijn in de loop van de geschiedenis duizenden mensen geweest die grootse doelen hadden. De meesten pleegden onmiddellijk censuur. Belachelijk, absurd, idealistisch. Een enkeling probeerde zijn doel te halen. En weer enkelen daarvan slaagden. Er zijn grote voorbeelden als Nelson Mandela, Martin Luther King, John F. Kennedy, Mahatma Gandhi en Moeder Teresa, maar in je directe omgeving liggen de voorbeelden ook voor het oprapen. Sporters,

kunstenaars, ondernemers, mensen die een pensioenfonds starten voor verslaafden, een echtpaar dat twaalf kinderen adopteert, stellen die op latere leeftijd een camping in Frankrijk beginnen, jonge mensen die in het buitenland gaan studeren of oude mensen die opnieuw trouwen. Als je om je heen kijkt zie je op veel plekken mensen die zichzelf 'het grotere doel' durven stellen. En misschien, als je met andere ogen naar jezelf kijkt, zul je waarnemen dat ook jij grootse doelen hebt gesteld en zelfs al hebt bereikt. Maar dat doet er allemaal niet toe. Het gaat er niet om hoe groot jouw doel is. Het gaat erom of je ja durft te zeggen tegen je grootste doel.

Gaat dit alles over gelukkig worden? Nee, dat is niet het thema van dit boek. En al helemaal niet van dit hoofdstuk. Dit is geen geluksboek en ik ben geen geluksgoeroe. Ik geloof ook niet dat wij ten diepste streven naar geluk. Zaken als vrijheid, liefde of rechtvaardigheid zijn soms van een hogere orde dan geluk. Dit boek gaat over leven vanuit acceptatie en overgave. Ja zeggen tegen alles wat er is. Inclusief je innerlijke verlangens. Het aardige is, als je zo leeft is de kans op geluk als *bijproduct* een stuk groter. Zodra je alle krachten in en om je heen accepteert – dus ook de kracht om op weg te gaan, doelen te stellen – geeft dat een gevoel van innerlijke vrede en harmonie, een diepe gelukservaring. Wat je doet valt samen met wie je bent. Maar zodra je er rechtstreeks naar streeft is het net zoiets als een vogeltje in een kooitje zetten om te genieten van zijn vermogen om te vliegen. Zodra je ernaar streeft is het weg. Aan de andere kant: als je ergens diepgaand naar verlangt, er in vrijheid voor kunt kiezen en het kunt vertalen in een inspirerend doel, is de kans groot dat het doel zich ook zal verwezenlijken. Met en door jou. In de woorden van Paulo Coelho: 'Als je iets wilt, spant de hele wereld samen om je daarbij te helpen.'

| | |
|---|---|
| **Ja-maar** | **Ja-en** |
| wat wil ik niet? | wat wil ik? |

# 8. Zeg ja tegen anderen

*Mensen verzetten zich niet tegen verandering;*
*mensen verzetten zich als iemand probeert hen te veranderen.*
[RICHARD BECKHARD]

Caroline: 'Aan het eind van een dag, zomaar een normale dag, zaten we in de auto op weg naar huis. De radio stond aan, de zon scheen laag door de bomen, ik zat wat voor me uit te staren. Opeens vraagt Dick zomaar uit het niets: "Wil je met me trouwen?" Door de manier waarop hij het vroeg wist ik meteen dat hij het meende. Hoewel trouwen bij ons geen onderwerp was – we woonden al jaren samen, ons samenzijn was een vanzelfsprekendheid, daar hoefden we ons in het openbaar niet over uit spreken, het leek me een overbodige handeling die niets zou toevoegen – kwam er één groot ja in me naar boven. Ik werd helemaal ja.'

*

Ja zeggen tegen anderen is makkelijker gezegd dan gedaan. Als iedereen nou aardig, invoelend, inspirerend, gezellig en hulpvaardig zou zijn, dan was het geen probleem. Helaas komen we nogal eens mensen tegen die we als onaardig, kil, gedemotiveerd en egoïstisch ervaren. En wat dan? Moeten we dat gedrag dan tolereren? Moet ik ja-en zeggen tegen een automobilist die me bijna van mijn fiets rijdt? Hoe accepteer ik een partner die me van de ene op de andere dag verlaat? Jezelf accepteren is al zo'n onmogelijk project. En daar is er maar eentje van. Van die anderen zijn er meer dan vier miljard. Ik kan ze al niet eens allemaal kennen. Moet ik tegen al die mensen ja-en zeggen? En geldt dat ook voor George Bush, Tony Blair, Mart Smeets, Anton Geesink en Mieke Telkamp? En waarheen leidt die weg?

Zonder andere mensen leven gaat niet. En dat willen we ook niet: uit allerlei onderzoek blijkt dat het hebben van stabiele relaties met familie en vrienden ons beschermt. Uit een Australisch onderzoek, gepubliceerd in het tijdschrift *Journal of Epidemiology and Community Health*, blijkt dat mensen met een uitgebreide vriendenkring meer kans maken op een langer leven dan mensen die alleen op familie steunen. Het onderzoek laat verder zien dat vrienden een positieve invloed hebben op ons leefgedrag: mensen met vrienden roken en drinken minder, en zoeken sneller hulp bij medische klachten. Ook andere onderzoeken bewijzen dat we met een vaste relatie ouder worden en gezonder en gelukkiger leven. Andere mensen maken een belangrijk deel uit van onze verlangens, emoties en doelen. *Happy single* klinkt leuk, maar als singles doen we het gemiddeld genomen gewoon wat minder. *Happy together* stemt meer overeen met onze aard.

Dit hoofdstuk 'Zeg ja tegen anderen' komt niet voor niets na de hoofdstukken over jezelf. Het is bijna onmogelijk anderen te accepteren als je je niet bewust bent van de vraag of je jezelf accepteert.

Het lastige is alleen dat niet alleen wij onze wensen en verwachtingen hebben van anderen, ook anderen hebben op hun beurt wensen en verwachtingen ten opzichte van ons. En al die verwachtingen veranderen ook nog eens voortdurend. Het gevolg is dat we onderweg nogal eens de draad kwijtraken. Wie wilde nou precies wat van wie en waarom? En doe ik iets voor jou omdat ik dat echt voor jou wil doen of omdat ik daardoor verwacht dat jij op jouw beurt ook weer iets doet voor mij? Kan ik geven zonder nemen? En hoe lang en hoe vaak? Niets is mooier, fijner en liefdevoller dan ja zeggen tegen de ander. En niets is ook ingewikkelder, vermoeiender en gekmakender. Een relatie met onszelf aangaan is al een ramp, laat staan een relatie met een ander. De kerngedachte van dit boek is dat we ja als grondhouding kiezen. De houding van acceptatie en overgave. Dat klinkt mooi, maar hoe passen we die gedachte toe op andere mensen? Betekent het dat we alles maar moeten accepteren? Overal begripvol ja en amen op moeten zeggen?

*

Een aantal jaren geleden heb ik eens met een vrouw gewerkt die een zeer moeizame relatie met haar man had. Al snel werd duidelijk dat hij er steeds jonge vriendinnen op na hield. Hij deed dat niet in het geheim, integendeel, hij was er zeer open over. Hij zag het als een onderdeel van zichzelf. En hij had haar gevraagd: 'Kun je me niet accepteren zoals ik ben?' Die vraag bracht haar in verwarring. Hij was eerlijk, hij verborg niets, waarom zou zij hem willen veranderen? Waarom kon ze hem niet *accepteren* zoals hij was? Ik vroeg haar wat voor effect zijn gedrag op haar had. Ze vertelde dat het haar ongelukkig maakte: ze hadden een gezin met drie kinderen, het was haar verlangen als gezin vaker bij elkaar te zijn. Dat hij op belangrijke dagen afwezig was, deed haar veel verdriet. Ik vertelde haar dat als ze hem accepteerde zoals hij was, dat niet per definitie hoefde te betekenen dat ze in zijn gedrag zou *berusten*. Integendeel. Als ze hem volledig zou accepteren zoals hij werkelijk was, zou dat juist de reden kunnen zijn om de relatie met hem te beëindigen.

'Accepteren' is ontleend aan het Franse *accepter* of – nog verder in de tijd terug – het Latijnse *acceptare*, wat zoveel betekent als ontvangen, aannemen of aanvaarden. Accepteren zoals ik het in dit boek gebruik moet ook in die betekenis gezien worden. Als je iets of iemand accepteert, betekent het dat je iets of iemand aanneemt of aanvaardt als *waarheid*. Niets meer en niets minder. Je erkent dat iemand is wat hij is of dat iets is wat het is. In ons taalgebruik wordt de term 'accepteren' echter nogal eens verward met 'berusten'. Als iemand me vraagt of ik iets accepteer, wordt er meestal mee bedoeld of ik het *tolereer* en of ik er dus in *berust*. In dit boek gebruik ik de term 'accepteren' echter eerder als 'waarnemen', of nog iets preciezer, 'voor-waar-nemen'.

Als ik *accepteer* dat mijn kind verslaafd is aan internetspelletjes, dan bedoel ik daarmee dat ik het als *feit* accepteer. Het is zo. Dat is het ja dat het hart van dit boek vormt. Wat ik daar vervolgens mee dóé, is aan mij. Ik kan het verdringen, bagatelliseren of goedpraten. Dan zou je mijn reactie als een ja-maar-reactie kunnen definiëren. Ik doe alsof de dingen anders zijn dan ze zijn. Ik kan het feit ook accepteren en er iets mee *doen*. Bijvoorbeeld stoppen zijn levenswijze te financieren. In het laatste geval zou je mijn reactie als een ja-en-reactie kunnen definiëren.

In essentie is het voorgaande een herhaling van de eerste hoofdstukken, maar waarom het zo belangrijk is om het bij dit hoofdstuk nogmaals te benoemen is omdat wij als het gaat om de omgang met andere mensen voortdurend de neiging hebben *ik* en *de ander* met elkaar te verwarren. De ander waarnemen, zonder onze eigen wensen, verlangens, ideeën en behoeften op de ander te projecteren – in feite de ander waar te nemen zoals hij of zij is – is een van de moeilijkste opgaven. Vooral omdat de ander in onze waarneming niet alleen en op zichzelf *bestaat*. Zodra wij ons in iemands aanwezigheid bevinden heeft ons gedrag invloed op de ander. Die dynamiek ontneemt ons vaak het zicht op wie de ander is.

*

Accepteren is niet berusten, accepteren is ook niet helpen. 'Helpen' klinkt misschien minder erg dan 'berusten'. En er zijn ook allerlei fraaie termen voor bedacht als motiveren, troosten, enthousiasmeren, adviseren, aanspreken of confronteren. Uiteraard allemaal met de toevoeging het-is-voor-je-eigen-bestwil. Welke vorm 'helpen' ook aanneemt en welke fraaie bewoordingen we er ook voor gebruiken, het doel is iets bij, voor of aan de ander te veranderen. Nu is mensen helpen op zichzelf een schone zaak, sterker nog, ik ben ervan overtuigd dat het feit dat wij mensen elkaar kunnen en willen helpen een van onze nobelste karaktereigenschappen is (kijk maar naar hoe ouders voor hun kinderen door het vuur kunnen gaan), maar in de praktijk wil iemand helpen nogal eens leiden tot een patroon waarbij de 'helper' blijft helpen en de 'geholpene' geholpen blijft worden. En zo'n patroon is ook iets *anders* dan accepteren.

Niets is ingewikkelder dan een intensieve relatie tussen twee mensen. In deze snelkookpan van emotionele verbondenheid is het moeilijk de 'ik' en de 'jij' helder uiteen te houden. Voor je het weet ontstaat een wirwar van zich opstapelende irritaties, gebrekkige analyses en goedbedoelde adviezen. De ander accepteren is een van de moeilijkste dingen die er zijn. Zo makkelijk als het klinkt, zo moeilijk is het in praktijk te brengen. Wij zitten zo vol met programma's om andere mensen te 'helpen', dat we van alles in de relatie met anderen versleutelen voordat we het in de gaten hebben. En anderen maken het ons natuurlijk ook niet gemakkelijk. Ook zij zitten vol met programma's om te helpen en geholpen te worden. 'Ja, maar jullie zijn toch mijn ouders?' 'Ja, maar je laat het me toch niet alleen opknappen?' We zijn zeer behendig in het manipuleren van anderen. Zowel om te 'helpen' als 'geholpen' te worden. Maar als mensen elkaar 'helpen' zonder een basis van acceptatie, is er geen sprake van ondersteuning uit vrije wil, maar van afhankelijkheid. En binnen de kortste keren ontwikkelt zich een patroon van helper en geholpene. Optimist en pessimist. Slachtoffer en redder. Leider en volger. Zwijger en prater. Kortom, een structureel patroon. Patronen die om meerdere redenen moeilijk te doorbreken zijn. Een voorbeeld.

'Hoe ga je om met een gedemotiveerde medewerker?' Dat is een vraag die tijdens de trainingen die we geven nogal eens voorbijkomt. Mensen hopen dan antwoorden te krijgen die je in de categorie 'enthousiasmeren en motiveren' zou kunnen plaatsen. Een medewerker is gedemotiveerd, hoe kunnen we die uitdagen alsnog gepassioneerd aan het werk te gaan? In voortgangsgesprekken halen leidinggevenden dan ook alles uit de kast om een niet zo goed functionerende medewerker uitdagende vragen te stellen, te bekrachtigen in zijn of haar kwaliteiten, hem of haar uit te dagen een inspirerende toekomst te visualiseren, kortom, alles wat in de opleiding en handboeken geleerd wordt (open vragen stellen, hummen, knikken, samenvatten), wordt in het gesprek ingebracht teneinde de ander te *motiveren*. Nou wil ik al deze pogingen niet belachelijk maken – al is de verleiding groot – en in sommige gevallen kunnen deze strategieën prima werken, maar als dit de basisverhouding is tussen de medewerker en zijn leidinggevende, dan is de kans groot dat hoe meer de leidinggevende zijn best doet, des te meer de medewerker achterover gaat hangen. Hoe geïnspireerder en blijmoediger jij doet, des te chagrijniger de medewerker. Op zich heel logisch. Je zult maar een chagrijnige medewerker zijn – om wat voor reden dan ook – en dan plotseling zo'n vrolijke Frits van een leidinggevende op je nek krijgen. Daar word je toch nog veel chagrijniger van?! Kortom, hoe meer suggesties je doet, des te meer twijfel je oproept. Hoe harder je gaat trekken, des te meer gaat de ander hangen. Tot je op het laatst het gevoel hebt aan een dood paard te trekken.* Maar ja, hoe dan? De meest effectieve manier om dit patroon te doorbreken is te stoppen met blijmoedig verdergaan, even je mond te houden, achterover te gaan zitten en even te kijken wat er dan gebeurt. In eerste instantie zal de ander verbaasd zijn. Het zal het effect op de ander hebben dat hij of zij even wakker schrikt. Als jij opeens het patroon van 'jij helpt' en de ander 'wordt geholpen' doorbreekt, is het alsof de kaarten opnieuw geschud zijn. Vanaf het moment dat jij volledig accepteert dat de ander niet meer gemotiveerd is, zonder er meteen wat aan te hoeven *veranderen*, is er een nieuwe situatie ontstaan. Jullie kunnen beiden vanaf hier nieuwe conclusies trekken. Voor de ander dat er nu echt iets moet

* Als je uit een ontmoeting – een vergadering, gesprek met je partner of teamoverleg – komt en je bent aan het eind vermoeider dan je aan het begin was, is de kans groot dat jij de hele tijd hebt lopen trekken (voorstellen doen, boel aan de praat houden, je best doen), terwijl de ander achteroverhing. En dit achteroverhangen bedoel ik in dit geval *letterlijk*. In negen van de tien gevallen zit de helper of redder *voorover* terwijl de reddeloze of het slachtoffer *achterover* zit.

gebeuren, jij mogelijk dat je de werkrelatie met deze medewerker beëindigt. Of – als je nog in de intenties van de ander gelooft – dat je accepteert dat de ander tijdelijk niet zo lekker in zijn vel zit. Allerlei opties zijn denkbaar, alleen komen ze in het laatste geval voort vanuit *acceptatie*. Alle pogingen tot enthousiasmeren komen voort vanuit de wens de werkelijkheid te *veranderen*. Hoe goedbedoeld ook, in essentie is het een ja-maar-strategie.

*

De ander accepteren betekent in de grond de ander waarnemen zoals hij of zij is. Zonder de behoefte iets met de ander te doen. Accepteren is niet berusten, noch helpen. Accepteren is gewoon goed kijken en luisteren. Echt kijken en echt luisteren. En verder niets. En vreemd genoeg doen we anderen vaak geen groter plezier dan door alleen waar te nemen. Zodra we ons met de ander gaan bemoeien, hoe nobel onze bedoelingen ook zijn, belanden we in een ja-maar-strategie.

Het is een wat afgekloven tekst – in bijna elk zelfhulpboek, esoterische site of praatgroep kom je hem wel tegen – maar gezien de heldere manier waarop hij het verschil benoemt tussen *accepteren* en *bemoeien,* neem ik 'm hier alsnog met alle liefde op. Een heel oude wijn in een heel oude zak. Maar wel een mooie wijn. De tekst is van Ralph Roughton.

'Als ik je vraag naar me te luisteren en je begint me adviezen te geven, dan doe je niet wat ik vraag. Als ik je vraag naar me te luisteren en je begint me te vertellen waarom ik het anders zou moeten voelen, dan trap je op mijn gevoelens. Als ik je vraag naar me te luisteren en je gaat iets doen om mijn probleem op te lossen, dan snap je me niet, hoe gek dat ook klinkt. Luister! Het enige wat ik van je vraag, is dat je luistert, niet dat je praat of iets doet. Hoor me, dat is alles... Ik kan wel voor mezelf zorgen, want ik ben niet hulpeloos. Misschien ontmoedigd of vertwijfeld, maar niet hulpeloos. Als jij iets doet wat ik zelf moet doen, versterk je mijn angst en mijn onzekerheid. Maar als je accepteert dat ik voel wat ik voel, hoe onbegrijpelijk ook, dan hoef ik je niet te overtuigen. Pas dan kan ik zelf begrijpen hoe het komt dat ik me onbegrepen voel. En als ik dat begrijp, dan weet ik ook het antwoord en heb ik je advies niet nodig.'

Vanaf het moment dat je de ander gaat waarnemen zoals hij of zij werkelijk is, ga je anders kijken. Je kijkt niet meer naar wat er niet aanwezig is, wat er *ontbreekt* aan de ander en waar jij je verantwoordelijk voor voelt. Je gaat zien wat er wél aanwezig is. Net zoals je op een positieve manier naar je eigen kwaliteiten kunt kijken, kun je ook op die manier naar anderen kijken. Om dat te kunnen moeten we ons echter bewust worden van de patronen waar we *zelf* in zitten. En dat is ingewikkeld. Vaak komt onze subtiele manipulatie, die we zelf niet eens in de gaten hebben (we doen iets met de beste bedoelingen van de wereld), voort uit onze eigen angsten, problemen of tekortkomingen. Een voorbeeld.

Winfred: 'Ik dacht altijd dat liefde iets was wat ik kon "verdienen" bij mijn partner. Ik dacht dat zij van mij hield omdat ik de juiste dingen deed. Dat ging dan niet alleen om de gewone dingen als koffie inschenken, om beurten koken, de boodschappen doen, maar ook om "mooie" dingen als luisteren, tijd voor haar nemen en me begripvol tonen. Ik dacht altijd: hoe meer ik mijn best doe, hoe meer ze van me zal houden. Nu weet ik dat dat een illusie is. Hoe je het ook wendt of keert, zolang je met je gedrag de liefde van de ander moet verdienen, ben je bezig de gevoelens van de ander te bepalen, in feite macht over de ander te verkrijgen. Ik heb zo een paar jaar geprobeerd haar liefde te winnen, tot ik moest erkennen dat het niet werkte. We zijn een tijdje uit elkaar geweest, ik heb helemaal niks gedaan en dacht, nou, dan zal het wel over en uit zijn. Maar wat bleek? Zij wilde graag met mij verder. Gewoon, omdat ze van me hield. Sterker nog, hoe meer ik gewoon de dingen deed die ik graag wilde doen, des te meer was ik de man van wie zij hield. Ik begrijp nu dat liefde niet iets is wat je moet verdienen. Als het goed is, is het er gewoon. Je kunt het hoogstens verspelen door wat je doet. Wat is er nou aantrekkelijk aan een man die buitenproportioneel zijn best voor je doet?'

Een van de nadelen van andere mensen accepteren zoals ze zijn is dat we onze macht over de ander kwijtraken. Als we stoppen met hen te manipuleren, chanteren, forceren of – in een mildere vorm – tegoeden op te bouwen door van alles 'voor de ander te doen', hebben we eigenlijk geen enkel ander geldig argument om een beroep te doen op de ander.

*

Ja-maar-gedrag ten opzichte van anderen heeft één heel groot voordeel: je kunt voor van alles en nog wat dat niet goed gaat in jouw leven de ander de schuld geven. Als hij nou maar puntje-puntje-puntje, dan zou jij puntje-puntje-puntje... Jolanda: 'Martin zal toch echt moeten beginnen zijn drankprobleem aan te pakken. Zolang hij dat niet doet, zie ik weinig toekomst voor dit gezin. Maar Martin is zwak, dus dat lukt toch niet. Maar wel van mij verwachten dat ik de boel aan de praat hou. Op een gegeven moment is de rek er gewoon uit.'

Klagen over anderen is iets wat we gemakkelijk doen. De mensen die zich het dichtst bij ons bevinden krijgen de meeste ellende over zich heen: onze ouders, baas, partner, kinderen. We klagen, roddelen, zeuren en mopperen er wat op los. Als de ander nou maar... Dit gedrag heeft een heerlijk en nuttig bijeffect: het maakt ons tot onschuldige slachtoffers van een verschrikkelijke werkelijkheid. Handelen heeft geen zin. De schuld ligt toch bij de ander. Dus waarom zouden we?

Het is niet moeilijk steun te vinden om te mogen klagen. Je bent niet de enige die de behoefte heeft de schuld af te schuiven op anderen. Je bent met velen. De vraag is wat je ermee opschiet. Zo vertelt voormalig buurtwerkster Karin: 'Met die klaagcultuur heb ik het helemaal gehad. Ik heb tien jaar in een buurthuis in Utrecht gewerkt, nou, na een paar jaar heb je alle verhalen wel gehoord. Dit deugt niet, dat deugt niet, mijn man snapt me niet, de buren denken alleen aan zichzelf, de buitenlanders hebben de buurt veranderd, de gemeente denkt niet aan ons, politici zijn zakkenvullers, of je nou door de hond of de kat gebeten wordt... het was een soort gif dat mensen voortdurend over elkaar en zichzelf uitstorten. En dat vaak ook nog eens onder het mom van zelfhulpgroep. Ik kon er op een gegeven moment niet meer tegen. Ik heb ontslag genomen en ben teruggegaan naar mijn oorspronkelijke beroep: lerares in het primair onderwijs. Nu heb ik mijn eigen klasje en kan ik mijn eigen positieve sfeer creëren. Heerlijk. De eerste dag in mijn nieuwe baan voelde ik me als herboren.'

Anderen proberen te veranderen is zo ongeveer de slechtste strategie om een gelijkwaardige relatie aan te gaan. We bereiken per definitie het tegenovergestelde. Niemand wil graag door een ander veranderd worden. Het is zoals Anthony Robert het omschreef: 'Als je een vijand wilt hebben, probeer dan iemand te veranderen.'

De ander accepteren zoals hij of zij is heeft nog één, meer beangstigende consequentie: wat je ziet kan weleens heel erg tegenvallen. Amy heeft jarenlang geprobeerd haar huwelijk te redden. Tot ze moest erkennen dat het haar niet lukte. 'We waren net vier jaar getrouwd. Hij had me op dat moment al twee keer eerder een klap gegeven, maar hij had beide keren enorm berouw getoond. Huilen, huilen. Het speet hem zo. Maar de derde keer was het echt flink raak. Het was bij het avondeten gebeurd, ik bleef achter met een keuken in gruzelementen, hij ging de stad in met een vriend. Die avond zit ik *Oprah* te kijken en ik zie een vrouw die na meer dan twintig jaar vernedering, mishandeling en ellende eindelijk bij haar man was weggegaan. Twintig jaar hopen tegen beter weten in. Ik wist: dit is ook mijn toekomst. Hij zal niet veranderen, dat is een niet te winnen strijd. Het was niet eens een verrassing dit te denken: diep vanbinnen wist ik het al sinds ons trouwen. Nu durfde ik het pas onder ogen te zien. Ik dacht, ik wacht geen zestien jaar. De volgende dag heb ik mijn koffers gepakt en ben ik vertrokken.'

Mensen accepteren zoals ze zijn kan ertoe leiden dat je niet met ze verder wilt. En hoe logisch dat soms ook lijkt, vaak zijn we zo aan anderen verknocht dat loslaten, hoezeer we ook doordrongen zijn van het feit dat het voor ons zielenheil beter is, vaak een van de moeilijkste dingen is om te doen. Soms moet je erkennen dat je je niet meer wilt en kunt verbinden met het temperament, de gewoonten of fundamentele onhebbelijkheden van je partner.

Ook als we géén afscheid nemen van de ander, kan de ander accepteren zeer pijnlijk zijn. Het kan betekenen dat we onze illusies over wie de ander zou *kunnen* zijn moeten opgeven. Zo vertelt Christien: 'Ik ben christelijk opgevoed, getrouwd met een lieve man, we hebben twee kinderen. We leken een gewoon gezin. Maar met het opgroeien van de kinderen begon ik me steeds meer af te vragen of er iets met hem aan de hand was. Hij voelde dingen met de kinderen niet goed aan en het leek wel of hij niet echt een band met ze had. We zijn door de dokter doorverwezen naar een onderzoeksinstituut, daar kwamen ze tot de conclusie dat hij een aan autisme verwante contactstoornis had. Opeens vielen alle puzzelstukjes op hun plek. Het was een opluchting en tegelijk een last. De weken daarna heb ik echt getwijfeld of ik wel met hem verder wilde. Ik besefte dat ik een aantal dingen helemaal alleen op zou moeten knappen: het contact met de kinderen, vriendschappen, de relatie met onze ouders. Ik moest accepteren dat hij al die dingen nooit echt zou kunnen. In sociaal en emotioneel opzicht voel ik me vaak alleen en eenzaam. Ik had de verwachting dat mijn man ook mijn maatje zou zijn. Maar ook dat bleek helaas niet zo te kunnen zijn.'
De angst mensen kwijt te raken is een van de belangrijkste redenen waarom we anderen niet goed waarnemen. Het is de angst

die rechtstreeks voortkomt uit de fundamentele angst sociaal buitengesloten te worden, alleen over te blijven.

*

Een laatste – en misschien wel de interessantste – reden waarom we het moeilijk vinden mensen te accepteren, heeft niet met de ander, maar met onszelf te maken. Andere mensen kunnen ons nogal eens confronteren met onze eigen tekortkomingen. En dat is niet altijd even prettig. Ik zal twee voorbeelden geven. Eerst alleen het probleem. Daarna antwoord op de vraag hoe we met het probleem om zouden kunnen gaan.

Eerste voorbeeld. Na afloop van een bijeenkomst kwam een vrouw naar me toe. Ze vertelde dat ze graag op een prettige en gelijkwaardige manier met haar vader wilde omgaan, maar dat leek onmogelijk. Door hoe hij zich gedroeg. 'Elke keer als ik hem spreek begint hij te klagen. Hij heeft last van zijn gebit, het personeel van het verpleeghuis is onaardig, de kinderen komen zo weinig. Ik probeer hem dan op te beuren, hem erop te wijzen dat het allemaal wel meevalt, maar wat ik ook zeg, het lijkt er alleen maar erger op te worden. Hoe moet ik daar nou mee omgaan?' Ik vroeg de vrouw van wie de vader telkens klaagde: 'Wat is er erg aan klagen?' Waarop ze antwoordde: 'Dat vind ik gezeur.' 'Wat is er erg aan gezeur?' volhardde ik. 'Ja, dat vind ik niet fijn, dat klagerige gedoe.' 'Wat vindt je vader volgens jou van klagen?' 'Ja, ik denk dat hij dat wel lekker vindt, zich zo wentelen in zijn eigen slachtofferschap.' 'Hoe zou je het zelf vinden om te mogen klagen?' Ze zweeg even. 'Ik weet het niet,' antwoordde ze, 'dat zit denk ik niet in mijn natuur. Ik zou het in elk geval heel zwak vinden van mezelf. Ik bedoel, er zijn genoeg mensen die het erger hebben. Soms moet je gewoon even je tanden op elkaar zetten.' Ze keek me boos en beslist aan. Ik begreep haar toch wel?!

Tja. Lastig.
Tweede voorbeeld.

Tijdens een bijeenkomst vertelde een man dat hij om de zoveel tijd probeerde met zijn zoon in gesprek te komen, maar dat dat steeds niet lukte. Zijn zoon was naar een AOC gegaan, een agrarisch opleidingscentrum, maar in zijn eerste jaar werd hij nogal gepest. Omdat het op school niet meer ging, besloten ze in overleg met hun zoon om hem van deze school af te halen en het op een ander AOC opnieuw te proberen. Op zich was dat al een ramp, er zijn maar een paar AOC's in Nederland, het betekende dat hun zoon elke dag een heel eind met de bus en de trein moest reizen. De eerste tijd leek het wel te gaan, maar het duurde niet lang of vader had het idee dat zijn zoon op deze nieuwe school óók gepest werd. Vader probeerde met zijn zoon aan de praat te komen, maar het leek hoe dan ook niet te werken. 'Hij reageert niet. Hoe meer ik praat, des te meer zwijgt hij. Hij lijkt wel een oester,' verzuchtte de vader, 'hoe krijg ik hem nou aan de praat?' Ik antwoordde: 'Ik snap dat je graag met hem in gesprek wilt komen, maar wat is er erg aan dat hij er niet over wil of kan praten?' 'Ja, nogal wiedes,' antwoordde de vader, 'dan loopt hij er alleen mee rond.' 'En wat is daar erg aan?' vroeg ik door. 'Dat zou toch een heel slechte zaak zijn! Dan heb je toch als vader het gevoel dat je gefaald hebt contact met je zoon te leggen,' antwoordde hij. Ook hij keek me geïrriteerd aan. Deed ik nou alsof ik het niet begreep of begreep ik het echt niet?!

Hmm. Inderdaad.
Niet prettig.

Als we ons ergeren aan het gedrag van anderen, hebben we nogal snel de neiging om het gedrag van de ander als 'fout' te bestempelen. Klagen mag niet. Zwijgen mag niet. We gaan er zo vanzelfsprekend van uit dat 'praten' en 'sterk zijn en niet klagen' *normale* gedragingen zijn in het leven, dat we er in de verste verte niet bij stilstaan dat het ook anders zou kunnen. Dat hoe de ander zich gedraagt niet meteen slecht of verkeerd hoeft te zijn. Laat staan dat we in de gaten hebben dat we onze ideeën over hoe het hoort *onszelf* weleens in de weg kunnen zitten. Kom nou, de ander doet toch raar?

Aan het eind van het gesprek met de vrouw die zich over haar vader beklaagde adviseerde ik haar: 'De volgende keer als je vader belt, ga je hem niet veranderen, ga het gezeur niet verzachten, doe er hoe dan ook *niets* mee. Luister ernaar en… klaag vervolgens *zelf*. Over iets waar jij op dat moment last van hebt. Maar het moet geen truc zijn, je moet het menen, het moet iets zijn waar je écht mee zit, wat je echt zwaar valt.' Ze dacht na, knikte en beloofde dat ze dit zou doen. Een aantal weken later belde ze me op. Ze vertelde: 'Mijn vader belde me op een middag op, eerst was het gesprek nog leuk, maar na een tijdje begon hij weer te klagen. Mijn neiging was om te zeggen "Pa, het valt toch wel mee", maar gelukkig kon ik me nog net inhouden. Ik herinnerde me je woorden en vroeg me af: waar zou ik over kunnen klagen? En ik antwoordde: "Hier is het vandaag ook allemaal gedoe. De oudste is zijn jas op school vergeten, de middelste heeft op zijn kamer een enorme troep gemaakt, dadelijk komt Gerard thuis en we zouden vanavond met zijn tweeën uitgaan, maar ik heb er eigenlijk helemaal geen zin meer in." Terwijl ik me beklaagde, dacht ik: wat bizar, ik méén eigenlijk wat ik zeg, eigenlijk is het allemaal ontzettend vervelend. Dat was op zich al een heel vreemde gewaarwording, om mezelf zo te horen praten. Het voelde alsof ik de waarheid "loog". Ik was natuurlijk benieuwd hoe mijn vader zou reageren. Hij was eraan gewend dat ik me groot hield. Ik was immers "zijn grote meid". Maar hij reageerde helemaal niet. Het was even stil, toen hoorde ik hem zeggen: "Maar kind, zo erg is het toch allemaal niet, je laat je toch niet je avondje uit door de neus boren." Ik wist niet wat ik hoorde! Voor het eerst in al die jaren. Daar waar ik mijn vader altijd moest opbeuren, beurde hij mij nu op. En dat binnen een minuut. En zonder slag of stoot! Opeens ging het niet meer over hem maar over mij.'

Zoals we al eerder gezien hebben, vormen andere mensen vaak intrigerende spiegels van onze eigen binnenwereld. Wat ons aan anderen het meest ergert, staan we onszelf vaak niet toe. Emoties die een ander bij ons losmaakt, zeggen vaak van alles over ónze onderliggende verlangens. Als we het moeilijk vinden ja-en tegen de ander te zeggen, betekent dit vaak dat we het moeilijk vinden ja-en tegen onszelf te zeggen. Of beter: tegen ons onvervulde verlangen. Erger je je aan drukke kinderen? Stop met hen te bekritiseren. Begin op te komen voor je verlangen naar rust. Erger je je aan mensen die zich er met een jantje-van-leiden vanaf maken? Misschien werk je veel te hard. Zo stond ook de vader van de zwijgende zoon open voor de mogelijkheid dat het gedrag van zijn zoon weleens met zijn eigen gedrag te maken zou kunnen hebben, dat het misschien wel meer over *hemzelf* vertelde dan over zijn zoon. 'Maar dan nog,' zo vroeg hij zich af, 'alles leuk en aardig, maar hoe krijg ik hem dan aan het praten?' Ik antwoordde dat dat nou juist het probleem was. Zolang zijn zoon het idee had dat hij van zijn vader móést praten, zou dat natuurlijk het laatste zijn wat hij zou doen. Hoe meer de vader sprak, des te meer zou de zoon zwijgen. En omgekeerd gold hetzelfde: hoe gemakkelijker het voor de vader zou zijn om te zwijgen, des te gemakkelijker zou het voor de zoon zijn om te praten. En dus nam de man zich voor om samen met zijn zoon te zwijgen. Hij stelde zijn zoon voor om op een zaterdag in de volkstuin te gaan werken. En zo geschiedde. Vader en zoon gingen op die bewuste zaterdag aan het werk. In het begin was de vader natuurlijk nog gespannen. Zou zijn zoon gaan praten? O, nee, daar moest hij zich nou juist geen zorgen over maken. Ze moesten juist 'ontspannen' zwijgen. Zo speelde zich in het hoofd van de vader een interne dialoog af. 'En,' zo vertelde hij me later, 'op het moment dat ik het hele probleem van zwijgen en praten *vergeten* was – ik was lekker aan het werk, de zon scheen, ik was een grote struik aan het snoeien, ik ging helemaal in mijn werk op en was zelfs mijn zoon en zijn "probleem" vergeten – op precies dat moment begon mijn zoon te praten. Het was net alsof er een dam was doorgebroken. Hij bleef praten. Alles kwam eruit.'

*

Hoe meer het ons lukt onze overtuigingen over hoe een relatie *zou moeten zijn* los te durven laten, des te beter zal het ons lukken de ander waar te nemen zoals hij of zij is. En beiden vanuit wederzijds *verlangen* van moment tot moment verbinding met elkaar te maken. Ook hiervoor geldt dat het vroeger op een bepaalde manier makkelijk was. Voor van alles en nog wat golden (ongeschreven) regels. Nog maar één generatie geleden leefden wij met ijzeren regels over wat er van je verwacht werd. Zo gingen mijn ouders elke zondagochtend naar oma om daar tussen de middag groentesoep te eten. De hele familie zat in een kring, mannen in de voorkamer, vrouwen in de achterkamer, en zo ging dat. *Nicht im Frage* dat je eens een zondag zou overslaan. De generatie voor ons heeft die familiedwang af weten te leggen. Toch leven veel mensen nog onder het juk van wederzijdse verplichtingen. Hoe het hoort.

Een overgang van een ja-maar- naar een ja-en-manier van kijken is al mogelijk als je bereid bent los te laten wat allemaal zou moeten en te definiëren hoe jij de relatie met je ouders, vrienden en bekenden zou *willen* zien. Een van de makkelijkste manieren om dat te doen is door je aandacht te verleggen van je overtuigingen naar je *verlangens*. Wat verwacht je in het leven van een partner, van kinderen, je ouders en vrienden? Vaak hebben we daar heel irrationele beelden bij, die niet echt kloppen met wat we diep vanbinnen willen. Antoinette: 'Ik heb altijd gedacht, ik wil dat mijn man mijn beste vriendin is. Nu vind ik dat een dom idee. Daar heb ik mijn beste vriendin al voor.' Hoeveel vrienden wil je? En wat versta je precies onder een vriend? Hoe vaak wil je die ander zien, wat zie je jullie samen doen? En passen die activiteiten dan wel in de rest van je weekinvulling? Juist als je moeite hebt om mensen te accepteren zoals ze zijn, kan de vraag waar *jij naar verlangt* een nieuwe brug betekenen.

Hoe vaak wil jij je ouders, je kinderen, broers of zussen zien? Durf je te denken vanuit wat je wilt of denk je vanuit wat er van je verwacht wordt? Doelen definiëren over hoe we met anderen willen omgaan is een complex proces: het gaat niet alleen om wat jij wilt, het gaat natuurlijk ook om wat de ander wil. Als het goed is heb jij dezelfde verwachtingen als de ander. Het lastige is alleen dat zowel jij als de ander in de loop der tijden verandert, en dus zal de overeenkomst die jullie hebben ook veranderen. Een van de moeilijkste kanten van een relatie is dat jij de ander niet *bent.*

Ja zeggen tegen andere mensen is net zoiets als ja zeggen tegen je lichaam. Je zegt in feite ja tegen een complex, onvoorspelbaar en moeilijk beheersbaar proces. We worden soms geconfronteerd met gedrag van anderen waar we erg moeilijk ja tegen kunnen zeggen. Andere mensen kunnen ons dingen 'aandoen' die we niet hadden voorzien. Ze kunnen ons vertrouwen beschamen, dingen achter onze rug om doen en zich niet aan beloften houden. Ja-en zeggen tegen een relatie is ja-en zeggen tegen het risico dat je pijnlijke en verdrietige dingen zult meemaken. Als je die pijn wilt vermijden, is de beste strategie om dan maar geen relatie aan te gaan – wat nogal wat mensen doen. Maar welke optie is dat?

Ruben: 'Mijn partner en ik waren in verwachting van ons derde kind. Het was een ongelukje, maar we twijfelden geen moment of we het wilden houden of niet. Na drie maanden vertelde mijn partner echter dat het kind misschien van een ander was. Ik was verbijsterd. Waarom had ze dat niet eerder gezegd? Toen ze aangaf dat ze bang was dat ik dan misschien het kindje niet had willen houden, was ik nog meer verbijsterd: blijkbaar vond ze het belangrijker het kind te houden dan open kaart te spelen met mij. Maar hoe boos, teleurgesteld en verward ik ook was, ik moest een keus maken. Een keus tussen twee kwaden. Moest ik nee zeggen tegen mijn partner, maar dan alles waar ik van hield kwijtraken? Of moest ik ja zeggen tegen een nieuw kindje, maar daarmee accepteren dat ik samenleefde met een partner die de waarheid had achtergehouden? Wat de doorslag gaf, was dat ik zag hoe hard en oprecht zij ervoor wilde werken om het tussen ons goed te laten komen. In die tijd kwamen we dichter bij elkaar dan ooit. Uiteindelijk heb ik ja gezegd tegen het kindje en dus ja tegen ons gezin. Ik heb nooit spijt gehad van mijn beslissing. Natuurlijk was het leuker geweest als het kindje mijn genen had gehad, maar hoe ouder ze wordt, hoe minder belangrijk het wordt. Ik denk vaak: blijkbaar heeft dit zo moeten gebeuren. Waarom of waartoe weet ik ook niet, maar ik heb er vrede mee. Als ik nee had gezegd was ik alles waar ik van hield kwijtgeraakt. Door ja te zeggen heb ik een wereld gewonnen.'

*

Tot hier is het in dit hoofdstuk vooral gegaan over het accepteren, over ja zeggen. De volgende vraag die ik met je wil behandelen is wat er kan gebeuren als je op een ja-en-manier met mensen omgaat. Deels hebben we dat al gezien – bij de klagende vader en de zwijgende zoon – maar er zijn meer voordelen verbonden aan het accepteren en meebewegen met de ander. Als we op een ja-en-manier gaan waarnemen, kijken we niet meer naar mensen vanuit het idee hoe ze zouden *moeten* zijn, maar hoe ze zouden *kunnen* zijn. We verleggen onze aandacht van hun beperkingen en tekortkomingen naar hun kwaliteiten en mogelijkheden. Zo was er een basisschool in Noord-Holland die op sterven na dood was. Dertig leerlingen, drie leraren en een nieuwe, enthousiaste directeur. De nieuwe directeur voert kennismakingsgesprekken met zijn personeel. Hij stelt de gebruikelijke vragen, maar gaat ook op zoek naar wat hij noemt 'verborgen schatten'. Wat zijn de verborgen kwaliteiten en verlangens van zijn mensen? Een van de leraren is een man op leeftijd, die een vriendelijke, maar verder niet echt geïnteresseerde indruk maakt. Hij behoort tot het soort mensen dat denkt in termen van hoe-lang-moet-ik-nog? Halverwege het gesprek vraagt de directeur terloops wat de leraar als kind eigenlijk had willen worden. De man antwoordt dat hij altijd drukker had willen worden. Maar ja... Tijdens de voorbereidingen van de kerstmarkt dat jaar stapt de directeur op de leraar af en vraagt hem of hij het niet een leuk idee zou vinden om samen met de kinderen kerstkaartjes te maken en ze tijdens de kerstmarkt te verkopen. De leraar reageert verrast, zegt ja en maakt samen met de kinderen (natuurlijk) zulke mooie kaartjes, dat ze aan het eind van de kerstmarkt allemaal verkocht zijn. Van het een komt het ander. De leraar ontwerpt en kopieert de schoolkrant. Er komt op initiatief van de directeur een eenvoudige drukpers, het eind van het verhaal is dat de leraar een serie schoolkrantjes voor scholen in de omgeving drukt, zich als bedrijf inschrijft bij de Kamer van Koophandel en een contract sluit met scholen wat betreft levering, kosten en oplagen. Uiteindelijk genereert zijn bedrijfje zo veel winst, dat hij in goed overleg met de directeur op bijna zestigjarige leeftijd de stap maakt naar zelfstandig ondernemerschap. Zijn droom als kind is uitgekomen: hij is drukker. De directeur laat hem zonder problemen vertrekken. Sterker nog, in dankbaarheid.

Ja zeggen tegen mensen betekent anderen in essentie loslaten, accepteren zoals ze zijn, samenwerken zolang er sprake is van gelijke doelen, maar dus ook de samenwerking *beëindigen* zodra die doelen uiteenlopen. Loslaten is het belangrijkste kenmerk van accepteren. Het tegendeel van *controleren.* Je kunt het nog scherper formuleren: alleen tussen twee elementen die van elkaar gescheiden zijn kan een relatie ontstaan. Als ze niet gescheiden zijn, zijn ze met elkaar verweven in één kluwen. En een ding kan met zichzelf geen relatie hebben. Conclusie: om een relatie met elkaar te hebben moet je dus eerst gescheiden zijn.

*

Tot besluit, omdat het zo leuk is, een aantal voorbeelden van hoe je op een ogenschijnlijk paradoxale ja-en-manier bestaande patronen in één keer kunt ontregelen. Het lijkt wel alsof mensen overal op voorbereid zijn, behalve uiterst serieus genomen worden. Zo was er op een vmbo een juffrouw die een Marokkaanse jongen een onvoldoende had gegeven. Woedend kwam de jongen op de juf af. 'Hoe kan dat, juf? Ik heb een vijf, maar ik ben een jongen, en al die meisjes hebben een voldoende!?' De juffrouw was even perplex. Ze kon het niet geloven, maar de jongen meende werkelijk wat hij zei. Hij voelde zich als man onheus bejegend. Gelukkig herstelde de juffrouw zich onmiddellijk. 'Ik vond het ook al raar. Van een man had ik wel een hoger cijfer verwacht.'

Ook het volledig accepteren van de waarden, normen en overtuigingen van anderen kan soms een heel eenvoudige manier zijn om een situatie te laten kantelen. Zo dreigde er in Afghanistan een tekort aan vroedvrouwen, omdat de Taliban vrouwen niet naar school wilde laten gaan. Leren was voor mannen. Willem van der Put, directeur Health Net International, koos voor een uiterst praktische oplossing. In plaats van een ideologisch gevecht aan te gaan, noemde hij de opleiding eenvoudigweg geen 'school' meer. Daarmee was het probleem voor de provinciale Taliban-leiders uit de wereld.[41]

De psychotherapeut Milton Erickson maakte het tot zijn levenswerk volledig in de wereld van andere mensen te stappen. Zijn aanpak is per definitie uiterst persoonlijk, gebaseerd op totale acceptatie van de wereld van de ander en van een ongekende ongeremdheid. Zo werd hij eens gevraagd om te praten met een patiënt in een psychiatrische inrichting die zei dat hij Jezus Christus was. Met deze man was geen land te bezeilen als men niet erkende dat hij Jezus was. Erickson ging met de man praten. Hij zag dat er in de psychiatrische inrichting een verbouwing gaande was en zei: 'Ik ben Milton Erickson. Ik begrijp dat u een timmermanszoon bent?' De man antwoordde bevestigend. 'In onze inrichting wordt, zoals u ongetwijfeld al wel hebt gezien, veel getimmerd. Men kan wel wat hulp gebruiken. Is dat niet wat voor u?' De man reageerde positief en ging helpen met timmeren. In de loop der tijd verminderden zijn klachten en na enige tijd kon hij het ziekenhuis zelfs verlaten om te gaan werken in de bouw. Het item of hij al dan niet Jezus was, verschoof als vanzelf naar de achtergrond. Hij was timmerman.

# 9. Zeg ja tegen elke gebeurtenis

*It's not the strongest of the species that survive,*
*nor the most intelligent, but the one most responsive to change.*
[CHARLES DARWIN]

Er was eens een schoenenfabrikant die overwoog om zijn afzetmarkt te vergroten met Afrika. Hij stuurde een van zijn beste verkopers op pad. Na twee weken kreeg hij een telegram: 'Niet investeren, stop, ze lopen hier allemaal op blote voeten.' De directeur was niet overtuigd. Hij wilde een second opinion en stuurde een tweede medewerker naar Afrika. Opnieuw kreeg hij na twee weken een fax. 'Meteen investeren, stop, ze lopen hier allemaal op blote voeten.'

*

Wanneer is iets een kans? En wanneer een ongeluk? Als ik zoek bij Google op 'dit ongeluk is het beste wat me ooit is overkomen' is dit de eerste hit die ik krijg: 'Bij ons was de zwangerschap een ongelukje, toch schrikken veel mensen als we dat zeggen en ze vertellen er dan bij dat we dat vooral niet aan het kind moeten laten weten. Het was niet ongewenst en nu moeten we nog twee maanden en we genieten er allebei enorm van – is verrassing misschien een beter woord dan ongelukje? Ik weet het niet.' Dingen gebeuren. Of we ze als crisis of kans ervaren, hangt af van wat we ermee doen. Hoe beter je weet wat je wilt en hoe meer je openstaat voor 'toevallige' gebeurtenissen, des te groter de kans dat een 'ongeluk' zich ontwikkelt tot 'verrassing'. Je zou ook kunnen zeggen: een ongeluk is een gebeurtenis waarvan je nog niet alle voordelen hebt ondervonden.

Tijdens een opdracht die ik als trainer verrichtte overkwam me iets bijzonder ongewensts. Aan de voorbereiding lag het niet. Die was tiptop in orde. De avond daarvoor had ik mijn papieren en kleren klaargelegd, ik was op tijd naar bed gegaan en ruim op tijd vertrokken: ik moest om negen uur ergens in de Achterhoek beginnen, ik was om iets na zeven uur in de auto gestapt, de zon scheen en mijn dag kon niet stuk. Maar halverwege de reis merkte ik opeens iets vreemds aan mijn broek. Ik voelde dat de naad in het kruis had losgelaten van iets onder de gulp tot halverwege de bilnaad. Mijn hele broek lag open! Een lichte paniek maakte zich van me meester. Het was inmiddels te laat om terug naar huis te rijden en de winkels zouden voor negen uur niet open zijn. Ik bedacht een aantal ja-maar-strategie-en, zoals de hele dag zo lopen en zitten dat niemand de scheur zou zien, maar ze stemden me alleen maar triester. Na nog enige tijd in de stress te hebben verkeerd, besefte ik dat één ding zeker was: ik zou er niets aan kunnen doen. Er zat niets anders op dan met een gescheurde broek de training te geven. Omdat bij het lopen niets te zien was en (zolang ik mijn benen over elkaar hield) bij het zitten ook niet, begon ik de training zonder dat iemand iets in de gaten had. Ik begon met een opdracht. 'Ik geef jullie drie situaties, de vraag is wat de overeenkomst tussen deze drie situaties is.' Zo gaf ik twee voorbeelden, het derde voorbeeld luidde: 'Veronderstel dat je als trainer vlak voor aanvang van de training merkt dat er een scheur in je broek zit zoals deze (ik liet de scheur zien), wat zou je dan doen?' De cursisten zagen mijn broek, schoten in de lach en gingen vervolgens aan het werk om de vraag te beantwoorden. Na afloop van de opdracht vertelde ik dat ik die ochtend in de auto pas had gemerkt dat mijn broek gescheurd was. De cursisten wilden me niet geloven. Ze waren ervan overtuigd dat ik hun een mooi verhaal op de mouw speldde. Ze waren ervan overtuigd dat ik altijd met deze broek begon om duidelijk te maken wat ik bedoelde...

Flexibel omgaan met gebeurtenissen is iets wat we allemaal graag willen. En zo mooi als in het vorige voorbeeld lukt het jammer genoeg vaak niet. Het leven is minder bestuurbaar en maakbaar dan we zouden willen. Vaak ervaren we bijvoorbeeld de weersomstandigheden als zeer ongewenst. Als je op de camping zit regent het twee weken aan één stuk door, zo gauw je thuis bent schijnt de zon, blijft het weken droog en moet je de tuin sproeien. Irritant. Of, zoals John Lennon het zei: '*Life is what happens to you while you're busy making other plans.*'

*

Ja-en zeggen tegen een gebeurtenis lijkt op ja-en zeggen tegen de werkelijkheid. Er is echter een belangrijk verschil. De werkelijkheid is een verzameling van feiten in het hier en nu. De werkelijkheid is als het ware een foto. Bij een gebeurtenis gaat het niet alleen om de werkelijkheid in het hier en nu, maar ook om verbanden met feiten in het verleden, elders en in de toekomst. Een gebeurtenis is als het ware een film met een begin en een einde. Dit aspect van de tijd is een belangrijk kenmerk: gebeurtenissen beginnen, ze duren een bepaalde tijd, en daarna eindigen ze.

Op een dag kom je thuis en je kelder blijkt onder water gelopen te zijn. De werkelijkheid van dat moment beschrijven is niet zo moeilijk: er staat water in de kelder. Als gebeurtenis is de overstroming echter veel moeilijker te beschrijven. Een overstroming is een ingewikkeld samenspel van duizenden factoren die allemaal met elkaar in verbinding staan: het weer, de manier waarop het water beheerd wordt, de ligging van je huis, de hoogte van dijken… Als je jezelf ten doel stelt een volgende overstroming te voorkomen, zul je al deze factoren moeten bestuderen in hun onderlinge samenhang. Om op een goede manier met gebeurtenissen om te gaan moeten we én de werkelijkheid zelf waarnemen én de dynamiek die in de werkelijkheid besloten ligt. Water is water. Maar het heeft ook de neiging van hoog naar laag te stromen. Het probleem is alleen dat die dynamiek vaak voor onze directe waarneming verborgen ligt. Water kun je nog wel zien stromen, maar de meeste processen in de werkelijkheid zijn niet zichtbaar. Vaak zitten er onzichtbare verbindingen tussen oorzaak en gevolg met vertragingen in tijd en afstand. Als 's morgens een trein in Almelo te laat vertrekt, kan dat betekenen dat iemand die avond om elf uur zijn bus in Heerlen niet haalt. Wim die jarenlang zonder problemen suiker uitleent aan zijn buurman kan op een dag zomaar geïrriteerd uitvallen tegen een onbeleefd winkelmeisje. Een dijk bouwen op de ene plek heeft een overstroming op een andere plek tot gevolg.

Deze ingewikkelde wisselwerking tussen meerdere oorzaken en gevolgen maakt dat het lastig is om gebeurtenissen te accepteren, laat staan ze naar je hand te zetten. Zoals we hiervoor gezien hebben is een 'oplossing' vaak weer de oorzaak van een nieuw probleem. In 2001 duiken in de bebouwde kom van Wassenaar steeds meer vossen op. Bewoners zetten de politiek onder druk om de vossen af te schieten. Biologen wijzen er echter op dat het doden van vossen averechts werkt: het heeft alleen grotere nesten tot gevolg. Bovendien is het zo dat de vossen die zwerven vaak dominante vossen zijn die een groot territorium hebben. Als er één dominante vos wordt afgeschoten, zal die onmiddellijk vervangen worden door een aantal minder dominante vossen die aan een kleiner territorium voldoende hebben. Meer dominante vossen betekent minder vossen in totaal. Door op dit moment níét te jagen zal het aantal vossen vanzelf afnemen totdat er een nieuw natuurlijk evenwicht is bereikt. Afschieten werkt wel, maar alleen als je alle vossen uitroeit. Als ik vandaag één vos afschiet, ben ik er de oorzaak van dat ik er over een halfjaar twee moet afschieten. De werkelijkheid zit vol met dit soort paradoxen. De werkelijkheid is niet zozeer een lineaire keten van één oorzaak met één gevolg. Was het maar zo gemakkelijk: dan ging je lijnen en viel je af. Klaar. Helaas is de psychobiologische dynamiek van ons lichaam iets complexer. Gebeurtenissen zijn meer een circulair, netwerkachtig systeem van feiten die elkaar op een dynamische manier beïnvloeden. Of, zoals Johan Cruijff het zei: 'Je gaat het pas zien als je het doorhebt.'

*

Wie op een ja-en-manier naar de werkelijkheid kijkt, zal deze dynamiek waarnemen (accepteren) en er op zo'n manier mee omgaan dat de werkelijkheid overeenstemt met zijn of haar verlangens en doelen. Dat is echter gemakkelijker gezegd dan gedaan. Vaak lukt het ons niet zo met gebeurtenissen om te gaan en zullen we (zelfs als we dat mogelijk niet willen) op een ja-maar-manier naar gebeurtenissen kijken. Daar hebben we allerlei strategieën voor bedacht. Zo kunnen we gebeurtenissen ontkennen, relativeren, links laten liggen of onderschatten ('komt wel goed'). We zijn daar zeer creatief in. Maar wat de vorm ook is, wie op een ja-maar-manier een gebeurtenis waarneemt, zal geen oog hebben voor wat er werkelijk gebeurt. Laat staan de situatie naar zijn hand zetten. Ja-en zeggen tegen gebeurtenissen is om meerdere redenen moeilijk. In de hoofdstukken hiervoor heb ik al een aantal redenen aangegeven waarom het zo moeilijk is ja te zeggen tegen de werkelijkheid. Als het gaat om ja zeggen tegen gebeurtenissen zijn er nog drie extra redenen.

De *eerste* reden heeft te maken met het feit dat ons waarnemingssysteem als het ware is ingericht om *snel* te reageren op gevaren. Ook kikkers reageren beter op snelle dan langzame veranderingen. Een mooi voorbeeld is de wijze waarop kikkers reageren op warm of koud water. Als je een kikker in een pan met warm water gooit, zal hij er onmiddellijk uit springen. Kikkers houden van koud water. Maar als je een kikker in een pan met koud water legt en je warmt het water geleidelijk op, dan zal de kikker niet reageren. Sterker nog, hij blijft behaaglijk liggen. Net zo lang tot hij zo versuft is dat hij 'vergeet' uit de pan te springen en door de hitte van het water dood zal koken. Ook de mens heeft de neiging beter te reageren op snelle, uiterlijke veranderingen dan op langzame, verborgen veranderingen.* Zo vertelt Marie: ‘Ik zag een keer in een speeltuin een jongen van een jaar of tien schreeuwen tegen een kleinere jongen van een jaar of vijf. Het kleine jongetje moest huilen en was bang. Mijn eerste gedachte was: wat gemeen. Ik ging erop af om die jongen een lesje te leren. Gelukkig kon hij me nog net op tijd vertellen dat het jongetje op wie hij zo boos was zijn broertje was. Het broertje had een ander kind in het gezicht geschopt. Het andere kind was niet zomaar een kind: het was het jongste broertje van de twee jongens. De grootste jongen moest de hele middag voor hen beiden zorgen. En niet alleen voor die twee, ook nog voor een meisje van een jaar of zeven. Toen ik dit hoorde, had ik met hem te doen. Ineens veranderde hij van “gemeen” in “zielig”.’

Zo’n snelle reactie is nuttig als het gaat om plotselinge bedreigingen of veranderingen, maar het gevaar is dat we de *langzame* ontwikkelingen uit het oog verliezen. Een relatie die in de loop der jaren verandert, een kind dat langzaamaan het contact met zijn ouders verliest... Sommige ontwikkelingen verlopen zo traag dat we ze niet waarnemen. Tot we op een dag wakker worden en ons afvragen of we nu gelukkig zijn met onze partner. Opeens schrikken we wakker uit een soort dagdroom. ‘Aan dingen wennen’ is de grootste bedreiging voor een goede waarneming. Zodra iets gewoon is geworden, zullen we er geen aandacht meer aan besteden.

Ook het nieuws gaat bijna altijd over de actualiteit: de plotselinge gebeurtenissen. En meer dan 90 procent van het nieuws gaat dan

---

* Voor kikkers geldt wat ook voor mensen geldt. Langzame veranderingen nemen wij niet of nauwelijks waar. Zo schrijft Harald Welzer: ‘Men onderschat systematisch hoezeer de routine van elke dag, het gewone verloop van de dingen en het voortbestaan van instellingen, media en voorzieningen bijdragen tot de overtuiging dat er verder eigenlijk niets te duchten valt: de bussen rijden, de vliegtuigen vliegen, de auto’s staan in de vrijdagse file, de winkels richten hun kerstetalages in. Evenzo bleef Hitlers wereld na zijn greep naar de macht vol alledaagsheid, kleur en vertrouwde zaken. Dat getuigt allemaal van normaliteit en schraagt de diepe overtuiging dat alles bij het oude is gebleven. Bron: *NRC Hansdelsblad*, katern Opinie en Debat, zaterdag 10 januari 2009.

ook nog eens over de dingen die niét goed gaan: rampen, oorlog, criminaliteit. Door hoe het nieuws werkt hebben we dus per definitie een blinde vlek voor zowel positieve als langzame ontwikkelingen. Vandaar dat voor ons gevoel de Berlijnse Muur 'opeens' gevallen was: de langzame ineenstorting van het communisme viel buiten onze waarneming.

Een *tweede* reden heeft te maken met onze voorkennis. Wat je kent, weet en verwacht heeft invloed op wat je waarneemt. Zodra we een theorie over de werkelijkheid ontwikkeld hebben, zal die onze waarneming beïnvloeden. Volgens de wetenschapper Popper is zelfs elke waarneming 'theoriegeladen', omdat wij zonder gedachteraamwerk helemaal niet kunnen waarnemen.

Een toiletjuffrouw in Utrecht was in 2005 een paar weken in het nieuws omdat haar sloten steeds werden dichtgelijmd. Dat gebeurde zowel op het werk als (in een later stadium) bij haar thuis. De toiletjuffrouw vermoedde dat een van haar klanten de dader was. De krant interviewde een aantal van hen. Uit die gesprekken kwam naar voren dat de toiletjuffrouw erom bekendstond klanten af te snauwen als ze niet of niet voldoende betaalden. Zelf vond ze haar irritatie vanzelfsprekend: 'Voor een grote boodschap moet je nou eenmaal meer betalen dan voor een kleine. Maar de meeste mensen nemen daar een loopje mee. Ze betalen te weinig of helemaal niet. Zo zijn mensen nou eenmaal. Ze denken alleen aan hun eigen belang. Ik kom toch gewoon voor mijn recht op?'

Arme toiletjuffrouw. Vanaf acht uur 's morgens voor haar rechten opkomen en op haar hoede zijn of mensen wel voldoende geld neerleggen. En natuurlijk zul je zien dat van de honderden klanten die voorbijkomen om de zoveel tijd iemand probeert ertussendoor te glippen. En elke keer dat zoiets gebeurt, wordt de theorie van de toiletjuffrouw bevestigd: 'De mens denkt alleen aan zichzelf.' Zo ontstaat een niet te verbreken spiraal: de toiletjuffrouw wordt steeds verbitterder, ze zal haar klanten steeds meer afsnauwen en dus zullen steeds meer mensen de neiging hebben haar het geld niet te gunnen. Fooi zal ze met haar gedrag in elk geval niet krijgen. Wie met de theorie 'de mens is slecht' naar mensen kijkt, zal slechte mensen zien. En slechte mensen 'produceren'. Per definitie.

De *derde* reden waarom we moeite hebben gebeurtenissen te accepteren is dezelfde als die waarom we vaak moeite hebben de werkelijkheid te accepteren: pijn. Sommige gebeurtenissen komen frontaal in botsing met onze wensen en verlangens. Soms zelfs heel letterlijk. Hanna: 'Van onze zes kinderen hebben we er twee voortijdig verloren. De eerste was een jongen, Tom. Hij is op driejarige leeftijd overleden als gevolg van een auto-ongeluk in Frankrijk. We reden op een tweebaansweg. Op de tegemoetkomende rijstrook stond een file. Een ongeduldige tegenligger reed, terwijl hij geen zicht had, in hoge vaart langs de file en knalde frontaal op onze auto. We konden geen kant op. Het tweede kind dat we verloren was een meisje, Gerdien. Ze kreeg oorontsteking toen ze net acht maanden oud was. Ondanks mijn bezorgdheid was de dokter ervan overtuigd dat er weinig aan de hand was. Ten onrechte. De oorontsteking ging over in een hersenvliesontsteking, waar ze – zoals dat heet – "geestelijk en lichamelijk diep gestoord" uit kwam. Op een bepaalde manier ben ik haar toen natuurlijk als dochter al kwijtgeraakt. Toen ze zes jaar oud was is ze in een inrichting opgenomen. Ik wist wel dat het niet anders kon, maar toch heb ik het heel moeilijk gevonden om de zorg voor haar aan anderen over te laten. Tot overmaat van ramp is ze in dat tehuis op haar 33e verdronken: het personeel had de banden waarmee ze in bad zat niet goed vastgemaakt en was bovendien weggegaan om koffie te drinken... Toen ben ik haar eigenlijk voor een tweede keer kwijtgeraakt. De vraag hoe je dat kunt accepteren en óf je dat wel kunt, is heel moeilijk. Over de dood van Tom heb ik veel nagedacht en ik denk dat ik dat uiteindelijk wel een plaats heb kunnen geven. Maar als het gaat om de dood van Gerdien ben ik ten slotte maar opgehouden te denken in termen als "verwerken" of "accepteren". Het is gewoon te groot en te absurd voor woorden.'

Het verlies van een kind slaat een grote leegte in het leven van een ouder. Toen mijn vader overleed was zijn moeder 91 jaar. Ze hoorde het nieuws verbijsterd aan. 'Een moeder hoort haar kinderen niet te overleven, had de Lieve-Heer mij maar weggehaald,' sprak ze. De Heer luisterde: twee maanden later overleed ook zij.

Het onverwachte einde van een positieve werkelijkheid, of het nu gaat om een leven, een baan of een relatie, betekent ook dat ons 'verhaal' over hoe de dingen zouden moeten gaan abrupt ten einde komt. Het is een gevoel alsof je in het midden van een boek zit en de resterende pagina's opeens allemaal blanco zijn. Of wanneer bij het bekijken van een videoband van een spannende thriller blijkt dat de videorecorder de laatste tien minuten niet heeft opgenomen. Een 'onaf' verhaal is een verbijsterende ervaring. Een plotselinge, wrede gewaarwording dat je het leven niet altijd in de hand hebt. Alsof na de cliffhanger de volgende aflevering nooit meer komt. Het leidt tot een leegte die door het verstand niet te bevatten of te begrijpen is. Joost: 'Onze dochter is op 23-jarige leeftijd tijdens het kanovaren overleden. De eerste maanden daarna werd ik regelmatig 's morgens wakker en dan wist ik, er is iets heel ergs gebeurd, wat was het ook alweer? En dan opeens herinnerde ik me: o ja, mijn dochter is overleden.'

Met ons verstand kunnen we de tijd overzien. We weten dat we een verleden en een toekomst hebben, we weten ook dat aan alles een einde zal komen. Alles wat we in deze stoffelijke wereld kunnen waarnemen komt en gaat. Met ons verstand weten we dat. Maar datzelfde verstand wil het ook kunnen begrijpen en verklaren. Tevergeefs.

*

Ja-maar zeggen tegen gebeurtenissen is begrijpelijk, verklaarbaar en regelmatig onontkoombaar. Toch is het mogelijk ook complexe of pijnlijke gebeurtenissen beter waar te nemen en sneller te accepteren. Om te beginnen: een ja-houding ontwikkelen ten opzichte van de gebeurtenissen is niet een kwestie van iets wat je op een gegeven moment kunt, klaar-over-en-uit. Met het hoofd beslissen, de rest volgt wel. Zo werkt het niet. Het is net als schaatsen, pianospelen of macrameeën: alleen door het langdurig en intensief te beoefenen kunnen we er een staat van meesterschap in ontwikkelen. Als je jezelf ten doel stelt de politiek in te gaan, zul je eerst tijd nodig hebben om te begrijpen hoe de dingen in de politiek werken. Langs welke schijven wordt een beslissing genomen? Hoe kook je dingen voor? Hoe kun je de pers gebruiken voor je eigen belang of het belang van de partij waartoe je behoort? Om in de politiek gebeurtenissen te begrijpen, laat staan naar je hand te zetten, is ervaring nodig. Sommige werkzaamheden zijn zelfs zo complex, dat mensen alleen na jarenlange ervaring situaties voldoende kunnen doorzien. Hoe briljant je ook als student bent, op je 20e zul je geen leiding kunnen geven aan een bedrijf met 20.000 werknemers. Het kost tijd om patronen achter gebeurtenissen te doorzien en per situatie de goede beslissing te kunnen nemen.

Wie ja zegt tegen de werkelijkheid accepteert volledig wat er gebeurt en weet dat hij ook altijd de verantwoordelijkheid zal dragen voor hoe hij die gebeurtenis ervaart. Maar 'verantwoordelijkheid dragen' is niet hetzelfde als 'de schuld zijn'. Daar bestaan veel misverstanden over. Wie ja-en zegt tegen de regen beseft heel goed dat hij niet de oorzaak is van de regen. De 'oorzaak' van regen is complex. Als je werkelijk denkt dat jij de veroorzaker bent van alles wat zich in je omgeving afspeelt, is dat tamelijk hoogmoedig. Maar… je bent wel verantwoordelijk voor de ervaring die het je geeft (irritatie, blijdschap, woede) én voor wat je ermee doet (opvangen, schuilen, dansen). Het maken van dit onderscheid is het eerste hulpmiddel om gebeurtenissen makkelijker te accepteren. Het helpt je om je aandacht te verleggen van 'waarom overkomt mij dit' naar 'welke betekenis geef ik eraan'.

Het is begrijpelijk een pijnlijke gebeurtenis als een ontslag of het verlies van een dierbare te ervaren als iets wat je 'overkomt'. Het voelt in eerste instantie alsof de buitenwereld jou iets aandoet. Maar als je je met dit standpunt vereenzelvigt, is het moeilijk daarmee in het reine te komen. Want het roept meteen vragen op als 'waarom overkomt mij dit (en een ander niet)?', 'welke betekenis heeft deze gebeurtenis?' en 'waarom nu?'. Het zijn vragen die niet te beantwoorden zijn. We hebben het gevoel dat het leven ons pijn doet. Maar we doen het onszelf aan. Het is onze liefde, ons verlangen, dat de bron is van onze pijn. Zeker als de pijn 'te groot is voor één leven' hebben we de neiging ons tegen die verantwoordelijkheid te verzetten. 'Ja, maar er gaan toch mensen dood, het is toch gewoon erg dat dat gebeurt?!' Dit lijkt logisch, maar de redenering is onvolledig. De dood van een ander mens is niet 'gewoon' erg. Hoe meer je van mensen houdt, hoe meer mensen je om je heen verzamelt naar wie je met liefde kijkt, des te groter het risico dat je hun dood als een wrede gebeurtenis zult ervaren. Zeker als het om een kind gaat, is de dood niet te verdragen. Degenen die het meegemaakt hebben, weten dat het voelt als een wrede ervaring van totale leegte en zinloosheid: de waarom-vraag zal nooit bevredigend beantwoord kunnen worden. Maar deze pijn is te voorkomen. We hóéven hem niet te ervaren: het alternatief is geen kinderen nemen en niet van mensen houden. Als je op een ja-manier naar het leven kijkt, weet je dat alleen jij verantwoordelijk bent voor elke ervaring. Liefde impliceert pijn. Dat betekent geenszins dat de pijn er minder om zal zijn. Maar waar je wel invloed op kunt hebben, zijn de verbitterende gedachten rond de pijn. Dat zijn nooit de dingen die je voelt, maar altijd de dingen die je denkt. Zo vertelt Agave: 'De dood van Eric kwam plotseling. We waren op vakantie in Frankrijk, hij werd ziek, bleek een infectie te hebben en de volgende dag was hij overleden. Ik was vier maanden in verwachting van ons eerste kindje en dat was het dan. De vraag "waarom" is natuurlijk zinloos, maar de gebeurtenissen zijn zo onlogisch, je gaat jezelf die vraag toch stellen. En je gaat ook allerlei betekenissen zoeken: waarom we besloten hadden toch een kindje te nemen, wat als we daar toch mee gewacht hadden.'

De verbittering, wrok of verbijstering die we ervaren bij pijnlijke gebeurtenissen doen we onszelf aan. Dat zou je de pijn over de pijn kunnen noemen. Dit onderscheid is van groot belang om niet alle emoties te laten samenklonteren in een niet te ontwarren 'waarom'. Eckhart Tolle schrijft daarover: 'Wanneer dat gebeurt moet je de pijn of het verdriet dat je dan voelt niet ontkennen of negeren. Aanvaard dat het er is. Pas op voor de neiging van je verstand om dat verlies heen een verhaal te bedenken waarin je de rol van het slachtoffer krijgt toebedeeld. Angst, woede, wrok of zelfmedelijden zijn de emoties die met die rol samengaan. Word je dan bewust van wat er achter die emotie zit en ook achter het door je verstand bedachte verhaal: dat gat, die lege ruimte. Kun je dat vreemde gevoel van leegte onder ogen zien en aanvaarden? Als je daarin slaagt, kom je misschien tot de ontdekking dat het geen angstaanjagende plek meer is. Je kunt tot je verbazing ontdekken dat er vrede uit voortkomt.'[42]

Maar welk verhaal we ook maken, hoe positief we de gebeurtenissen ook proberen te 'herkaderen', als we een geliefde moeten loslaten zal het *altijd* pijn doen. Per definitie. Ja-en zeggen tegen elke gebeurtenis begint met het erkennen van die pijn. En erkennen is (opnieuw) iets anders dan erin berusten. Ja zeggen betekent accepteren dat de pijn er is en dat de pijn zelf nog niet ten einde is. Alles heeft zijn tijd. Ook verdriet, rouw en leegte. Sommige pijn is zo onbeschrijflijk groot, dat hij misschien in dit leven niet over zal gaan. Of, zoals de schrijfster Anna Enquist vertelt, die haar dochter vier jaar geleden verloren heeft bij een auto-ongeluk: 'Je leeft verder, omdat je niet doodgaat. Je blijft gaande, domweg omvat je voeten blijven lopen, niet omdat er een doel is waar je heen wilt.'

Hoe bereik je een staat van zijn waarin je elke gebeurtenis vanuit een ja-en-optiek kunt waarnemen? Dat vereist meerdere inzichten en vaardigheden. De basishouding is dat niets 'moet'. Het is weliswaar zo dat dingen gebeuren, maar wat ze voor je betekenen en wat je ermee doet, hangt af van wat jij wilt. Als je vindt dat iets 'moet', dan is dat dus omdat jij vindt dat er iets moet gebeuren: uiteindelijk ligt altijd jouw norm, wens, opvatting of verwachting aan de basis van alles wat je doet. Om mezelf te helpen beseffen dat alles wat ik doe uiteindelijk mijn vrije keus is, heb ik een tijdje op de spiegel een briefje gehangen met de tekst 'niets moet, alles mag'. Elke ochtend zag ik deze mantra, glimlachte ik een keer, knikte in de spiegel en zei tegen mezelf: 'Ja, jongen, dat is de diepere ellende van dit leven, niets moet en zie het maar eens voor elkaar te krijgen dat ook echt zo te voelen.' En elke keer als ik iets deed waar ik een gevoel van tegenzin van kreeg, haalde ik adem en stelde mezelf een eenvoudige vraag: 'Waarom? Van wie moet ik dit?'

'Niets moeten' ligt aan de basis van een ja-houding ten opzichte van gebeurtenissen. Voordat je handelt zijn er de rust en ruimte om écht waar te nemen en te mogen voelen of je er iets mee wilt of niet. Het helpt je te beseffen dat dingen gebeuren. Je hoeft niet te reageren. Dat is aan jou. Niets moeten leidt tot een staat van niets doen, een staat van waarnemen en accepteren. Zoals we gezien hebben in het voorbeeld met de vossenpopulatie is niets doen vaak de beste 'bijdrage' aan een gebeurtenis.

We zijn geneigd gebeurtenissen te ordenen in twee categorieën: goed of niet goed. Tegen de eerste zijn we geneigd ja-en te zeggen, tegen de tweede ja-maar. Maar vaak laten gebeurtenissen zich niet zo makkelijk als goed of fout bestempelen. Wie ja-en kan zeggen tegen gebeurtenissen – ongeacht of je ze als 'goed' of 'fout' ervaart – heeft de sleutel in handen tot succes. Om die reden is ja-en zeggen tegen gebeurtenissen de brug tussen aan de ene kant je verlangens, doelen en kwaliteiten en aan de andere kant succes. Alleen door toe te geven aan de dynamiek van gebeurtenissen zullen we in staat zijn diezelfde gebeurtenissen naar onze hand te zetten. Een aantal voorbeelden van wat het resultaat kan zijn van een ja-en-manier van kijken.

*

Hans Marcel Becker is directeur van Humanitas. Op het moment dat er net een modelverpleegkamer gemaakt wordt voor de renovatie van de Humanitas-kliniek, krijgt Becker in Duitsland een ernstig auto-ongeluk. Hij wordt met een instabiele rugwervelfractuur teruggevlogen en moet vervolgens gedurende zes weken vastgekluisterd aan het bed in de eigen modelkamer verblijven. Een probleem? Nee. Een mogelijkheid! Al liggend ondervindt hij alle voor- en nadelen van de modelkamer aan den lijve. Het gevolg? Hij produceert bijna dertig aanbevelingen hoe de verpleegkamer verbeterd kan worden. Meer aanbevelingen dan er zonder zijn deelname ooit gekomen zouden zijn.[43]

Ander voorbeeld. Een man is niet tevreden over zijn baan. Zijn werk bevalt hem prima, maar hij heeft voortdurend ruzie met zijn baas. Tegen zijn zin gaat hij naar een wervings- en selectiebureau om zich in te schrijven. Thuisgekomen bedenkt hij zich. De volgende dag gaat hij opnieuw naar het bureau, ditmaal om hoog op te geven over zijn baas. Wat is het effect? Een paar dagen later wordt zijn baas geheadhunt. De baas gaat in op het aanbod, vertrekt en de man kan blijven werken waar hij werkt.[44]

In een autofabriek draaiden motoren proef. Het was nog een groot probleem om te zorgen dat ze voldoende weerstand zouden ondervinden om de manier waarop een motor in de realiteit functioneert te imiteren. Net zoals het voor motoren van boten niet goed is om ze boven water vrij te laten draaien, moet er een bepaalde weerstand gerealiseerd worden om de motor van een auto zo te kunnen laten draaien als-ie ontworpen is. Een heel gedoe. Totdat men bedacht om de motoren te gebruiken om energie mee op te wekken. De motoren ondervonden nu de gewenste weerstand en 25 procent van de benodigde energie werd gewonnen uit de eigen testmotoren.

Bijsluiters van medicijnen kunnen de weg wijzen naar nieuwe toepassingen voor bestaande geneesmiddelen. Zo werd een medicijn ontwikkeld om de vernauwde bloedvaten van anginapatiënten te verwijden. 'Ongelukkigerwijze' traden erecties als bijverschijnsel op. Het betekende de geboorte van Viagra. Onderzoekers van het Europees Moleculair Biologisch Laboratorium in Heidelberg hebben een computerprogramma ontwikkeld dat, op basis van de bijsluiters, overeenkomstige bijwerkingen van geneesmiddelen opspoort en probeert op basis van die bijwerkingen nieuwe medicijnen te ontwikkelen. De onderzoekers bekeken de bijsluiters van 746 geneesmiddelen. Er rolden 26 combinaties uit van twee of meer middelen met ongeveer dezelfde bijwerkingen. Twintig combinaties werden verder onderzocht. Zo konden ze onder meer vaststellen dat een angstonderdrukkend middel ook als antidepressivum gebruikt kon worden, ook al was het daar niet voor ontwikkeld en heeft het een heel andere chemische structuur dan de meeste antidepressiva. Het grote voordeel: omdat er uitgegaan wordt van reeds bestaande geneesmiddelen, waarvan de veiligheid reeds uitgebreid onderzocht is, kunnen de nieuwe geneesmiddelen die op deze manier gevonden worden sneller en goedkoper ingezet worden.[45]

Tot slot. Elle Macpherson werd als model steeds beroemder, ze stond op het punt om supermodel te worden. Ze wist echter dat er naaktfoto's van haar bestonden en dat de roddelpers inmiddels bij haar ex-vriendje had aangeklopt om die foto's boven water te krijgen. Elle schatte in dat hij ze waarschijnlijk wel zou verkopen. Een vervelende gebeurtenis, nietwaar? Wat was haar reactie? Ze bood de *Playboy* aan een naaktreportage van haar te maken. Het blad ging er meteen op in. Het resultaat? Ze had nu zelf invloed op de foto's, kon er geld mee verdienen en – misschien nog wel de leukste bijkomstigheid – de vroegere foto's die nog bij haar vriendje slingerden hadden hun aantrekkelijkheid verloren.

*

Als je zeker wilt weten dat een gebeurtenis een tragedie is, behandel hem dan als tragedie. De levenshouding die daarbij hoort is zwaar, pessimistisch en negatief. Wat een ramp, dat moest mij weer overkomen, ik heb ook altijd pech. De kans dat gebeurt waar je bang voor bent, is in dit geval zeer groot. Als je je als slachtoffer gedraagt, je passief opstelt, is de kans dat de werkelijkheid ten goede keert natuurlijk niet groot. Maar er is één groot voordeel: je voorspelling klopt. Je kunt zeggen: 'Zie je wel.' Wie weinig verwacht, krijgt weinig. Het is een selffulfilling prophecy. Daarom hebben pessimisten altijd gelijk. 'Zie je wel' is de tekst van de achterafgelijkhebber.

Je kunt ook leven met een open houding, een houding van nietweten. Dat is een andere houding. Een houding waarbij je het leven niet beoordeelt. Meestal heeft het weinig zin iets te beoordelen als 'goed' of 'fout'. Dingen gebeuren. Ze zijn een feit. Ze komen op je weg en je kunt eigenlijk weinig anders dan er ja tegen zeggen. Het helpt niet om de waarom-vraag te stellen. Zoals Eckhart Tolle schrijft: 'Overgave komt als je ophoudt met vragen "waarom overkomt mij dit?"' Wat iets betekent zal de toekomst uitwijzen. Wie zijn hart opent, ziet elke gebeurtenis als een mogelijkheid. De levenshouding die daarbij hoort is eenvoudig, licht en open: 'We zullen zien.'

| | |
|---|---|
| **Ja-maar** | **Ja-en** |
| zie je wel | we zullen zien |

# 10. Zeg ja tegen doen

*Try not. Do or do not. There is no try.*[46]
[YODA]

Een man die zijn hele leven in armoede geleefd had, komt in de hemel. Hij beklaagt zich bij God. 'God,' zo spreekt hij, 'ik heb mijn hele leven gesmeekt en gebeden om de loterij te winnen. Waarom hebt u mijn gebeden nooit verhoord?' God antwoordt: 'We hebben je verzoek gehoord en we hebben er ook alles aan gedaan om je te helpen, maar je luisterde niet naar ons.'
'Ik, luisteren naar jullie? Wat had ik dan moeten doen?'
'Een lot kopen.'

*

Op een vrijdagmiddag komt Wilma thuis met twee grote tassen boodschappen. Ze is moe. Ze heeft hard gewerkt. Het is weekend. Tussen de pakken melk, het brood en de spruitjes bevindt zich een overheerlijke doos Belgische bonbons. Wilma is aan de lijn, maar in de supermarkt heeft ze bedacht dat ze zichzelf vandaag mag verwennen. Straks heeft ze nog een uurtje voordat de kinderen uit school komen, dat is haar moment-voor-jezelf. Ze neemt zich voor één bonbon te nemen. En misschien twee. Maximaal. En dus ruimt ze bij thuiskomst snel de boodschappen op, zet de doos bonbons op tafel, schenkt een kopje thee in en gaat er eens lekker voor zitten.

Terwijl het water haar al in de mond loopt, verwijdert Wilma het cellofaan van de verpakking, opent de doos en verwijdert behoedzaam het beschermende ribbelkarton. Een hele laag verse bonbons lacht haar tegemoet. Jammie. Ze wrijft zich in haar handen. Welke zal ze kiezen? Ze leest de bijsluiter die met een plattegrondje uitlegt welke bonbon zich waar bevindt. Ze zal moeten kiezen. Gaat ze voor de amandel, mokka, noga, melk of puur? Of kiest ze de cointreau, kers, wit of hazelnoot? Wilma besluit de stevigste te nemen: de forse kersenbonbon. Ze neemt een slokje thee en zorgvuldig peuzelend werkt ze hapje voor hapje de bonbon naar binnen (1). Goddelijk. Onweerstaanbaar. De bonbon brengt haar totaal in vervoering. Wilma sluit de ogen en geniet na. Chocolade is beter dan de beste seks, bedenkt ze. En dus is ze niet verzadigd. Ze wil meer. Een tweede chocolaatje mocht van mezelf, zegt ze tegen zichzelf (2). En zo gaat het verder. Vandaag mag ik eventjes stiekem een klein beetje zondigen (3), je moet jezelf ook kunnen verwennen, zo nu en dan (4). Wilma schenkt een nieuw kopje thee in. Thee zonder bonbon kan niet (5), oeps, de thee is nog te heet om te drinken (6). Zo! Deze ziet er wel heel lekker uit (7). Nu kan het nog, dadelijk komen de kinderen (8). Ik zit zo lekker (9). Er zitten er nog maar drie in de bovenste laag (10, 11, 12).

Wilma verwijdert het tussenlaagje. Even kijken of de tweede laag er net zo uitziet. Ja, exact hetzelfde. Jammie. Deze was wel heel erg lekker, die vraagt er gewoon om opgegeten te worden (13). Eentje nemen van een nieuwe laag is wel heel zielig, dat ziet eruit alsof ik me niet kon inhouden (14), of nee, twee is eigenlijk beter dan (15). Ah! Die kersenbonbon! Oeoeoe, die was wel heel lekker (16). Straks eten de kinderen ze op (17), morgen ga ik lijnen (18 t/m 24).

*

Alle negen ja's tot nu toe gaan over de wereld van het zijn: het aanvaarden en waarnemen van de dingen zoals ze zijn. De wereld van het zijn is een niet-zichtbare wereld. Pas bij deze tiende ja betreden we de zichtbare wereld, die van het dóén. Dat lijkt wat uit verhouding. In feite vraagt dit boek je negen hoofdstukken stil te staan bij wie jij bent, wat je denkt en voelt en hoe je de wereld waarneemt. En pas het allerlaatste hoofdstuk gaat over wat je daarmee kunt doen. Is dat niet wat uit verhouding?

Veel zelfhulpboeken leggen een grote nadruk op thema's als actie, doelen stellen en effectiviteit. Als je nu maar je wereld goed organiseert, plant en bedenkt, dan zul je je doelen bereiken. En natuurlijk is doen belangrijk, het is niet voor niets het onderwerp van dit slothoofdstuk, de laatste van de 10 ja's. Maar als wat je doet *voortkomt* vanuit waar je ten diepste naar verlangt, als je het doet in harmonie met je omgeving, dan zal alles wat je onderneemt veel effectiever zijn.

Zoals bleek uit het hoofdstuk 'Zeg ja tegen je intuïtie', handelen we voor het merendeel onbewust en automatisch. Als we willen dat ons handelen meer in overeenstemming is met onze doelen en verlangens, is het van belang die doelen en verlangens goed te kennen en te respecteren. Als we gaan 'doen' zonder te 'zijn', zullen we onszelf voortdurend tegen blijven werken. Zoals een hond die achter een worst aan rent die hij zelf voortbeweegt.

Aan de andere kant is dit laatste ja van cruciaal belang. Pas als we ook dingen gaan doen, krijgt ons leven vorm. Onze talenten, doelen, emoties, aspiraties kunnen alleen realiteit worden als we gaan *handelen.* Door dingen te doen krijgt ons leven vorm. We kunnen dingen realiseren. Maar we nemen vanaf het moment dat we dingen gaan doen ook een risico. Sommige handelingen zijn niet meer terug te draaien. Elke handeling, hoe klein ook, heeft consequenties. Als je besluit een kind te krijgen, heeft die beslissing een onomkeerbaar effect op de rest van je leven. Als je iemand slaat, verwondt of beledigt, heeft dat een onomkeerbaar effect op je relatie. Als je 24 bonbons naar binnen werkt heeft dat consequenties. Alles wat je doet, heeft een effect op de wereld om je heen. Maar… ook alles wat je níét doet heeft direct of indirect effect. De waarheid niet spreken, een sollicitatiebrief niet schrijven, een geliefde niet bellen – ook als we dingen *nalaten* heeft dat gevolgen. In de wereld van het doen *moeten* we kiezen. Per definitie. Alleen, wanneer weet je of je iets moet doen of niet?

*

Een handeling lijkt een vanzelfsprekend gegeven: iets wat je doet. Maar als het erom gaat je doelen te bereiken is de kunst van het niet-doen minstens zo belangrijk als de kunst van het doen. Zoals het niet-afschieten van vossen leidt tot een daling van de vossen-populatie, kan niet-handelen leiden tot het wel bereiken van je doelen. Sommige dingen moet je juist even met rust laten om ze hun eigen gang te laten gaan.

Niet-doen is iets anders dan niets doen. Niet-doen is een bewuste keus vooralsnog niets te doen teneinde een gesteld doel te bereiken. Dat vereist juist een staat van alertheid en het vermogen ja-en tegen een gebeurtenis te zeggen. Dat is niet altijd even gemakkelijk: in tijden van onzekerheid zullen veel mensen geneigd zijn te gaan doen. Mensen die een voorkeur hebben voor slogans als 'geen woorden maar daden' lopen het risico op het verkeerde moment net de verkeerde dingen te gaan doen. In dit hoofdstuk 'Zeg ja tegen doen' ga ik ervan uit dat 'niet-handelen' een wezenlijk onderdeel is van het proces om een doel te bereiken. Als ik de term 'handelen' gebruik, bedoel ik dus zowel het handelen als het niet-handelen.

Niet-doen is een vanzelfsprekend onderdeel van alledaagse handelingen. Bij het fietsen heeft elke beweging van onze trappers een deel waarin we energie toevoegen en een deel waarin we ontspannen en meegeven. Fietsen is alleen mogelijk dankzij een precieze afwisseling van doen en niet-doen. Ook klokken luiden is een mooi voorbeeld van een handeling die uit gelijke delen niet-doen en doen bestaat. In het taoïsme is deze houding van doen door niet-doen bekend als *wu wei*: handelen door niet-handelen. Het taoïsme gaat ervan uit dat wat we doen vaak de natuurlijke orde verstoort. De oorsprong van wu wei ligt in de observatie hoe dingen in de natuur werken: gras groeit, een vogel vliegt, zomaar, zonder ogenschijnlijke moeite of inspanning. In de natuur beweegt alles met een bepaalde energie in een bepaalde richting. Wie vanuit een wu-weihouding de werkelijkheid benadert, zal in eerste instantie gericht zijn op hoe de dingen vanuit zichzelf gaan en daarin meebewegen. Het begrip wu wei komt dicht bij wat ik versta onder een ja-en-levenshouding.

Als we tegen elke handeling ja zeggen, het doel en uitgangspunt van dit hoofdstuk, dan heeft dat grote consequenties voor alles wat we doen. Het betekent dat we ons er bij elke handeling van bewust zijn deze handeling te verrichten. Ja zeggen tegen elke handeling impliceert een hoge staat van bewustzijn en verantwoordelijkheid. Het is zoals mijn vader – met dank – het mij van jongs af aan heeft bijgebracht: als je iets doet, doe het dan goed. En doe het anders niet. Het is het een of het ander. Er bestaat niet zoiets als een beetje doen. Dat is net zoiets als een beetje zwanger. Je neemt een bonbon (en draagt de verantwoordelijkheid), of je neemt hem niet.

*

Als je je laat leiden door wat je wilt en elke handeling met aandacht en precisie verricht om dat doel te bereiken, kan het zijn dat je op een gegeven moment het gevoel hebt dat het 'helemaal vanzelf' gaat. Alsof je in flow bent. Mihaly Csikszentmihalyi, hoogleraar psychologie aan de universiteit van Chicago, heeft uitgebreid onderzoek gedaan naar deze staat van zijn. Hij gebruikt het woord 'flow' om de ervaring aan te geven waarin alles wat we doen helemaal vanzelf lijkt te gaan. 'In flow zijn' zou je kunnen zien als de ervaring dat je helemaal opgaat in wat je doet. Het is het gevoel dat je de tijd vergeet. Er lijkt alleen maar hier en nu te zijn. Je doet dingen zonder 'nadenken'. Csikszentmihalyi noemde flow de beschrijving van het geluksgevoel.

Dit gevoel kennen we allemaal in meer of mindere mate. Je bent in flow als je een bocht schaatst en het gevoel hebt alsof niet jij, maar je lichaam door de bocht glijdt. Ook uitdagend werk kan je in flow brengen. Je kunt er zozeer de tijd door vergeten, dat de middag voor je gevoel net begonnen is, maar als je op je horloge kijkt blijkt het vijf uur te zijn. Als je in flow bent, ben je helemaal in het hier en nu. Er is op dat moment alleen die bocht waar je doorheen schaatst. Alle zorgen over de dingen daar, ginds, vroeger of later vallen van je af. Je zou flow dan ook kunnen beschouwen als de ultieme ervaring van ja-en zeggen tegen een handeling. Csikszentmihalyi ontdekte dat flow ontstaat als we dingen doen die we nét kunnen en waar we al onze aandacht voor nodig hebben om ze te verrichten. Dat is waarom kinderen ook zo vaak in flow zijn. Kinderen gaan vaak helemaal op in wat ze doen. En dat is niet omdat ze niet kúnnen piekeren. Ook heel kleine kinderen kunnen dat al heel goed. Maar de meeste kinderen zien zo veel uitdaging in de wereld, dat ze al hun bewuste aandacht nodig hebben om te kunnen doen wat ze willen doen. Als je in flow bent, hou je gewoon geen tijd meer over om na te denken over wie je bent, waarom je bent of waarom je doet wat je doet. Je doet gewoon. Een kind dat leert lopen, fietsen of rolschaatsen is helemaal in het hier en nu. En later als we groot zijn, bereiken we die staat van zijn niet meer met lopen, fietsen of rolschaatsen. Dat doen we inmiddels op de automatische piloot. Terwijl we lopen houden we hersencapaciteit *over* om na te denken over straks of toen. Te piekeren. Als we opnieuw in flow willen raken, zullen we iets moeten doen wat net zo uitdagend voor ons is als leren lopen voor een kind. Daarom zijn mensen met uitdagende activiteiten, zoals bergbeklimmers, musici of artiesten, relatief vaak in flow. Maar ook gewone handelingen kunnen ons in flow brengen als we ze met uitdaging en ambitie verrichten. De vraag is alleen, hoe bereiken we die staat van zijn? Kunnen we in flow zijn als we afwassen, de kinderen naar school brengen of een brief naar de brievenbus brengen?

Hoe heerlijk het gevoel ook is als je helemaal opgaat in wat je doet, het is onmogelijk het planmatig te bereiken. En als je het bereikt hebt, is het mogelijk nog moeilijker het vast te houden. Het is hetzelfde als met geluk: op het moment dat het er níét meer is, ben je je er meer van bewust dan op het moment dat het er wel is. Het grootste deel van de tijd vallen we niet samen met wat we doen. We proberen, kijken, zien wel, wachten af, twijfelen, piekeren, proberen toch maar weer, geven op of proberen tegen beter weten in door te duwen. Was het maar zo dat het 'doen' altijd probleemloos verliep. Van Wilma hebben we al gezien dat het mogelijk is bonbons te nemen terwijl je doet alsof je ze niet neemt. Er zijn duizenden voorbeelden te verzinnen van dingen doen die je eigenlijk niet zou moeten doen. Of dingen niet doen die je eigenlijk wél zou moeten doen. Hoe komt dat toch? Waarom rijden we onszelf zo vaak in de wielen? Dingen 'gewoon doen' moet toch niet zo moeilijk zijn?

*

De belangrijkste reden waarom we niet gewoon doen wat we zouden willen doen is gelegen in het feit dat we aan wat we doen allerlei conclusies verbinden over wie we *zijn.* Als we in flow zijn lijkt de wereld eenvoudig. Alle aandacht verloopt van 'wie we zijn' naar 'wat we doen'. Al onze talenten, ambities, aspiraties en emoties zijn gericht op wat we doen. Daar ligt onze aandacht. En verder niet. We wandelen, zeilen, beklimmen een berg of zingen een lied. Om te wandelen, zeilen, een berg te beklimmen of een lied te zingen. Verder niet. Maar in veel gevallen is onze aandacht niet bij wat we doen, maar bij wie we zijn. En als onze aandacht te veel op onszelf gericht is raken we 'uit flow'.

Stel, onze vriend Wim is twaalfenhalf jaar in dienst, hij wordt bedankt door zijn directeur, collega's feliciteren hem, er valt een korte stilte en de directeur vraagt aan Wim of hij nog iets wil zeggen. Maar Wim is onzeker. In plaats van zijn hersenen de opdracht te geven na te denken over wat hij zou kunnen zeggen (doen), gaan zijn hersenen spontaan met hem aan de haal. Wim hoort zichzelf denken: ik kan het niet, straks moet ik stotteren, wat zullen ze van me denken? Deze onzekerheid komt niet voort vanuit de vraag 'wat zal ik doen?', maar vanuit de vraag 'wat zullen ze van me vinden?'. De aandacht van Wim ligt binnen tien seconden niet meer op het doen, maar op het zijn. En de tragiek is, zodra dit proces eenmaal in gang gezet is, kan het binnen enkele seconden het hele systeem onderuithalen. Nog voordat Wim het woord neemt is de aandacht zozeer verschoven van doen naar zijn – 90 procent van zijn hersencapaciteit is inmiddels gericht op wat ze van hem vinden – dat precies datgene waar hij bang voor was ook gebeurt: hij komt niet goed uit zijn woorden, hakkelt wat, praat net te zacht, en Wim denkt: zie je wel, ik kan het niet. Wim is zich zo bewust van zichzelf, dat hij helemaal 'uit flow' is.

Vaak is het gevolg van deze onzekerheid dat mensen dingen maar half doen, maar even vaak gaan mensen deze onzekerheid overcompenseren. We gaan extra ons best doen om maar niet met onze eigen onzekerheid geconfronteerd te worden. Maar in feite is dezelfde structuur aan het werk. We zijn niet aan het doen omdat we leuk vinden wat we doen, we doen dingen omdat we daar allerlei betekenissen aan ontlenen over wie we zijn. Fred: 'Nu, als ik terugkijk, moet ik erkennen dat al mijn projecten grootspraak waren. Ik had het ene na het andere fantastische plan. Ik zou het helemaal gaan maken, dit was het einde, ik zou iedereen wel een poepie laten ruiken. Vol vuur en enthousiasme begon ik er dan aan, maar binnen de kortste keren was natuurlijk duidelijk dat het weer niks geworden was. Diep vanbinnen heb ik altijd gedacht: Fred, wat je ook doet, het lukt toch niet. Ik was meer bezig mezelf het tegendeel te bewijzen dan de dingen te doen die ik gewoon leuk vond.'

Een tweede reden waarom we niet doen wat we zouden moeten doen is lusteloosheid. Dingen doen is over het algemeen vermoeiend. Waarom zou je? Nu is luiheid of lusteloosheid op zich niet meteen rampzalig. Je kunt er ook naar kijken als 'effectief met je energie omgaan'. Er is niks mis met lanterfanten, niet weten wat je moet doen of een beetje aanprutsen. Waarom zou je een 6 halen als je met een 6- al over bent, toch? Zolang het goed voelt, prima, toch? Vaak voelt lusteloosheid echter niet goed. Zeker als het dicht bij verveling en zinloosheid ligt, voelt luiheid niet prettig. In het ergste geval krijgt het de vorm van apathie. Apathie is de afwezigheid van verlangen of doelen. Dat hoeft niet erg te zijn. Maar als die afwezigheid langdurig is, is de ervaring 'in flow te zijn' ver weg. Anthony Robbins zegt daarover: 'Mensen zijn niet lui, ze stellen zichzelf gewoon te lage doelen.' Als je geen uitdagingen stelt, waarom zou je dan in beweging komen? Het gaat toch goed zo?!

De derde en laatste andere reden waarom het niet zou lukken ja-en te zeggen tegen elke handeling heeft te maken met de neiging tot perfectie. Wie zichzelf te hoge doelen stelt, zal zich al snel onmachtig gaan voelen. Zoals onderpresteren niet werkt, zo werkt overpresteren net zomin. Waanzinnig je best doen is prima, maar als op de achtergrond steeds een stem fluistert 'straks mislukt het', 'het moet wel lukken', 'het is nu of nooit', dan gaat het bijna *per definitie* fout. Als je tennist, focus op de volgende bal. Als je hardloopt, focus op de volgende bocht. Als je een lezing houdt, focus op je volgende tekstblokje. Word één met wat je doet. Natuurlijk is dat moeilijk. Er zijn allerlei gebieden waar je invloed op zou willen uitoefen. Hoe je overkomt. Wat ze van je vinden. Of je de wedstrijd wel zult winnen. Maar dat zijn allerlei gebieden waar je op dat moment *geen enkele* invloed op hebt. Trek je aandacht daar dus uit terug. Concentreer je op de kleinste *circle of influence*, je volgende handeling. Niet meer. Niet minder.

*

Oké. Duidelijk. Maar hóé kunnen we zorgen dat we een worden met wat we doen, dat we er zonder verdere zorgen of gepieker helemaal voor kunnen gaan? Een aantal overwegingen.

Begin met de juiste spanning te creëren. Wie ja zegt tegen elke handeling leert precies de goede spanning te creëren: niet te veel en niet te weinig. Je zou dit ook creërende spanning kunnen noemen: een gezonde stress die je in beweging houdt. Je hoeft er niets voor bij te leren: als kind deed je niet anders. Hoe ver kan ik springen, durf ik in het diepe, kan ik al fietsen met mijn handen los? Per handeling schatte je in of je het nét wel of nét niet zou kunnen. En als je besloot net iets verder te gaan dan je voor mogelijk zou houden, had je al je aandacht erbij nodig om het ook te halen. Het is wat jongens ook doen als ze op ijsschotsen springen aan het eind van de winter. Wat kan nog net wel, wat net niet. Timothy Ferriss, schrijver van *The 4-Hour Workweek*, geeft in zijn boek een heel praktische suggestie om deze staat van zijn bij alles wat je doet te bereiken. Hij redeneert als volgt: 'Bijna bij alles wat we voor onszelf doen hebben we de neiging onze doelen *te laag* te stellen. We trekken een dag voor iets uit wat ook in een halve dag zou kunnen. Of houden ergens een uur voor vrij, terwijl we het als we door zouden werken ook in vijftien minuten zouden kunnen doen. Ferriss houdt dan ook een pleidooi voor extreem hoge doelen op de zeer korte termijn. Alsof je een wedstrijd met jezelf speelt. Alsof alles ervan afhangt. Dus als je een voorstel moet schrijven voor een bijeenkomst en je hebt er een dagdeel tijd voor, spreek dan met jezelf af om negen uur te beginnen, zonder stoppen aan een stuk door te werken en om tien uur klaar te zijn. Wat is het gevolg van deze afspraak? Je gaat niet alleen harder werken – da's niet eens het belangrijkste – je gaat vooral veel efficiënter werken. Wat gebeurt er namelijk als je alle tijd hebt? Je zet eens koffie, checkt je mail even tussendoor, belt met iemand, kortom, elke keer als je weer teruggaat naar de hoofdtaak waar je *eigenlijk* mee bezig was, moeten je hersenen weer helemaal opstarten. Door alleen te focussen op je ene taak en de druk ook voortdurend heel hoog te houden, stimuleer je je denken ook om op een veel hoger niveau te acteren. En zo snijdt het mes aan twee kanten.

Ten slotte, accepteer dat je geneigd bent na te denken over jezelf, te piekeren, uit flow te raken. Ga je er niet tegen verzetten. Dat heeft geen zin. Het zit als vermogen in ons allen dat we de neiging hebben terwijl we dingen doen ook na te denken over wat we doen. Wij zijn nou eenmaal denkende wezens. Ook dat is een spontaan proces dat je niet kunt controleren. Wat je op zo'n moment niet moet doen, is jezelf daar dan voor straffen, het feit dat je uit flow bent veroordelen. Dat is hetzelfde als de pijn over de pijn. Dit hoef je niet te doen. Zodra je merkt dat je aandacht niet meer gericht is op wat je doet maar op wie je bent, neem je het waar, zeg er ja-en tegen, lach erom en breng je aandacht op hetzelfde moment terug naar wat je aan het doen bent.'

*

Laten we het over een saai onderwerp hebben. Doorzetten. Gewoon, simpelweg doorzetten. Wat de vioolleraar met de parabel van de groeiende appel probeert te vertellen, gewoon stug, in alle rust, gestaag en consequent doorploeteren. Terwijl er van enige voortgang vooralsnog niets te zien is. Wat is daar het belang van? Wel, om te beginnen, doorzetten is natuurlijk een cruciale vaardigheid als het gaat om het *bereiken* van je doelen. Uiteraard zijn talent en aanleg belangrijke voorwaarden om succesvol te zijn, maar zelfs als je alle talent hebt, blijkt een jarenlang volgehouden en niet-aflatend doorzettingsvermogen aan de basis te liggen van alle 'genieën'. Wetenschapsjournalist Malcolm Gladwell deed uitgebreid onderzoek naar het fenomeen 'uitblinkers'. 'Zo denken wij,' schrijft hij, 'dat Mozart op zijn vierde al een briljant componist was, maar in feite was dat niet het geval. Zijn composities waren geinig, maar zeker niet uitmuntend. Bovendien noteerde zijn vader zijn composities en verbeterde hij links en rechts ongetwijfeld het een en ander.' Volgens de psycholoog Michael Howe, auteur van *Genius Explained*, zijn Mozarts vroege werken zelfs niet opvallend. 'Van de werken die alleen oorspronkelijke muziek van Mozart bevatten, is het vroegste dat we nu als meesterwerk beschouwen (nr. 9. KV 271) pas gecomponeerd toen hij 21 was: tegen die tijd was Mozart al tien jaar bezig geweest met het componeren van concerten.' Hetzelfde geldt voor schaakgrootmeesters, zoals de Russische Garri Kasparov. Op 22-jarige leeftijd kwalificeerde hij zich als jongste wereldkampioen aller tijden, en jaren daarvoor stond hij al aan de top van het jeugdklassement. 'Alleen de legendarische Bobby Fischer bereikte dit uitverkoren niveau in minder tijd: hij deed er negen jaar over,' aldus Malcolm Gladwell. Onderzoek dat gedaan is naar briljante prestaties komt voortdurend uit op tien jaar oefenen. Men spreekt ook wel van de tienduizend-uurregel.* Hoe getalenteerd je ook bent, als je niet doorzet zul je niet bereiken wat je wilt. Simpel. Het gezegde luidt niet voor niets: 1 procent inspiratie, 99 procent transpiratie. Ook hier is er weer een opvallende gelijkenis waarneembaar tussen optimisten en pessimisten. Optimisten, blijkt uit onderzoek, zetten langer door, zien de positieve kant van tegenslag, sterker nog, ze zijn ervan overtuigd dat tegenslag in hun leven op den duur een positief effect zal hebben, en ze ondernemen (misschien nog wel het belangrijkst) constructieve stappen om in de toekomst verdere tegenslag te voorkomen.[47] Pessimisten daarentegen raken snel teleurgesteld en geven ook sneller op.

Eind jaren zestig deed psycholoog Walter Mischel een experiment met 4-jarigen, bekend geworden als het 'marshmellowex-

* Malcolm Gladwell heeft zich in zijn boek *Uitblinkers* verdiept in het verschijnsel 'genieën'. Zo onderzocht hij naast Mozart en schaakmeesters de carrière van de Beatles, die onder andere in Hamburg jarenlang oefenden en optraden voordat ze in Engeland doorbraken, Bill Gates, die met zijn ASR-33 Teletype-computer in de tweede klas middelbare school in 1968 praktisch leefde in de computerruimte van zijn school, Steve Jobs, medeoprichter van Apple, die volgens Gladwell zijn 'Hamburg' heeft gehad in Mountain View California, even ten zuiden van San Francisco, het epicentrum van Silicon Valley. Om uit te blinken, zo betoogt Gladwell, is een bepaalde drempelwaarde van talent nodig. Voor IQ bijvoorbeeld is dat ergens rond de 120. Boven die drempelwaarde maakt meer talent het verschil niet, dan komt het aan op *doorzettingsvermogen*. Iedere onderzoeker met een IQ van 120 of meer kan een Nobelprijs winnen, betoogt Gladwell. Zo formuleerde hij een vergelijkbare basketballtheorie. 'Een speler van 2,03 meter is niet automatisch beter dan iemand die 5 centimeter korter is. Michael Jordan, de beste speler ooit, was tenslotte 1 meter 98. Een basketbalspeler hoeft alleen maar lang *genoeg* te zijn, en dat geldt ook voor intelligentie.'

periment'. Hij liet de kinderen twintig minuten alleen met een schuimpje. Als ze het schuimpje in die tijd níét op zouden eten, dan kregen ze nog meer schuimpjes. Ze mochten het schuimpje natuurlijk ook opeten, maar dan zou het bij dat ene schuimpje blijven. Voor een 4-jarige is dat natuurlijk een hels karwei. Zo'n heerlijke marshmellow. En dan niet eten… Mischel wilde weten of kinderen van deze leeftijd desondanks in staat waren tot impulscontrole: zouden zij de impuls op korte termijn beloond te worden met een schuimpje kunnen onderdrukken met een grotere beloning op langere termijn? Bij sommige kinderen had hij de ruimte amper verlaten of ze aten het schuimpje meteen op. Andere kinderen zaten met de kaken stijf op elkaar en de handen gevouwen strak voor zich uit te kijken. Straks krijg ik nog meer schuimpjes! Het mooie van het onderzoek van Mischel zit hem echter niet in deze test, maar in zijn vervolgonderzoeken. Hij zocht jaren later exact dezelfde kinderen opnieuw op en deed met hen – ditmaal als jongvolwassenen – een serie vervolgtests. Wat bleek? De kinderen die destijds het langst wisten te wachten bleken het in *allerlei* opzichten beter te doen. Hou je vast, want er komt een hele rij: ze waren namelijk sociaal vaardiger, effectiever op het persoonlijke vlak, zelfbewuster, konden teleurstellingen en tegenslagen beter verwerken, grepen uitdagingen spontaan aan en hielden langer vol, ze liepen minder kans om last van stress te krijgen, voelden zich minder snel opgejaagd, waren beter georganiseerd, zelfstandiger, vertrouwden meer op de goede afloop der dingen, haalden hogere cijfers tijdens hun opleiding, onderhielden stabielere relaties, werden door andere mensen als betrouwbaarder ervaren en waren – net zoals zij dat als kind al waren – beter in staat tot impulscontrole.[48] Daniel Goleman haalt in zijn boek *Emotionele Intelligentie* dit onderzoek aan, om mede op grond hiervan tot de conclusie te komen dat een succesvolle impulscontrole – naar zijn definitie vormt het een wezenlijk bestanddeel van onze emotionele intelligentie – de *beste* voorspeller is van succes. Een betere voorspeller ook dan intelligentie.

De schuimpjes van Mischel zijn natuurlijk vergelijkbaar met de bonbons van Wilma. Ook voor ons volwassenen is het vaak moeilijk impulsen op de korte termijn te bedwingen. Sporten doe ik straks wel. Lijnen komt morgen wel. Opruimen, pff, nu even niet. Om in het leven onze doelen te realiseren is het van belang om een klein ongemak op de korte termijn te accepteren om een groter doel op de langere termijn te bereiken. Gelukkig – dat is het goede nieuws – is het te leren. Impulscontrole is te oefenen. Door te *accepteren* dat dingen op korte termijn nou eenmaal vervelend zijn en door voor ogen te houden waar je het op langere termijn voor doet, kun je de termijn oprekken. Voor mij helpt het om *de ellende* van de korte termijn helemaal te accepteren. Niet te doen *alsof* het leuk is. Het is gewoon niet leuk. Zo heb ik met mezelf afgesproken dat ik voor lichaamsonderhoud drie keer in de week naar de sportschool ga. Als ik dat leuk zou moeten vinden van mezelf – als het op zichzelf een marshmellow zou moeten zijn – was ik er allang mee gestopt. Het is namelijk niet leuk. Wat me helpt om het vol te houden is de onverbiddelijke erkenning dat het simpelweg niet leuk is. Het is afzien. Dat is het.

Overigens, als ik er eenmaal ben gaat het altijd helemaal vanzelf – tot mijn eigen verbazing en ook elke keer weer, dat lijkt mijn systeem maar niet te begrijpen, een halfuur voordat ik 'moet' vraag ik me elke keer af waarom ik mezelf zo ongenadig straf, alles in me zegt op dat moment 'ga niet, ga niet, waarom zou je, je merkt er op korte termijn toch niks van, volgens mij is er ook iets leuks op televisie' – en na afloop voel ik me natuurlijk een jonge god. Elke keer hetzelfde.

*

Oké, nu hebben we de microgedragingen besproken, het doen van moment tot moment, het kunnen uitstellen van een moment van behoeftebevrediging, maar hoe staat het met het grote doen? Een eigen bedrijf beginnen. Een project tot een succesvol eind brengen. Nieuwe klanten zien te vinden. Een kind 'succesvol' opvoeden. Een relatie beginnen en daarbinnen gelukkig blijven. Dat vergt doen over langere termijn. Hoe pakken we dat aan? Hoe doe je zoiets? En wanneer beginnen we eraan?

Als het gaat om doen, met name het grote doen, wil ik je de suggestie geven voor het grootste deel op je intuïtie te vertrouwen. In de loop der jaren heb ik veel mensen deze vraag gesteld: 'Wat is de grootste beslissing die je in je leven tot nu hebt genomen, en hoe kwam die tot stand?' Bijna iedereen weet meteen waar het over gaat – een kind nemen, een huis kopen, trouwen – en zegt zonder uitzondering op de vraag hoe het besluit genomen is 'op intuïtie'. Er kan lang gedacht, gepiekerd en gepraat zijn, uiteindelijk viel het besluit op gevoel. En soms kan het ook razendsnel gaan. Ga er maar van uit dat als je de vorige hoofdstukken in je vezels hebt laten doordringen, je voortdurend 'klaar' kunt zijn voor een besluit. En dat je – zonder enig nadenken – opeens zomaar in het diepe kunt springen. Zonder op dat moment te piekeren over de consequenties. Zo vertelt Floris: 'Op m'n 16e dreigde het schoolkoor van mijn gymnasium opgeheven te worden. De leraar-dirigent vertrok, tot groot verdriet van de 75 zangers. Het werd ons meegedeeld in de aula van de school en terwijl de leerlingen opstonden om de zaal uit te lopen, was het of ik zachtjes maar dwingend bij mijn kraag gepakt werd en in de richting van de conrector, die zojuist het trieste bericht op ons losgelaten had, werd getrokken. Ik keek hem aan en zei zonder nadenken. "Zal ik het koor dirigeren?" En zo geschiedde. Ik werd de nieuwe dirigent. Een vergelijkbaar incident deed zich opnieuw voor toen ik als zanger aan het Groot Omroepkoor verbonden was. Op een dag in mijn derde jaar stapte de manager van de ene op de andere dag op. Ik vroeg aan een van de toenmalige directeuren hoe dat zat en wie de man zou opvolgen. Volstrekt vanuit het niets. De man legde het uit en zei als antwoord op mijn vraag wie de opvolger werd: "Jouw naam wordt gefluisterd." Zonder nadenken antwoordde ik: "Doorfluisteren." Een week later was ik manager en stond ik me verbijsterd in mijn kamer af te vragen wat die baan precies inhield.'

Als kind zag ik een cowboyfilm die me altijd is bijgebleven. Een dorpje in de woestijn werd met regelmaat aangevallen door een groep bandieten. Ze namen geld en goederen mee, misbruikten de vrouwen en vernederden de mannen. Tijdens een vergadering in de plaatselijke saloon bespraken de dorpsgenoten de situatie. Er moest iets gebeuren. Daar was iedereen het over eens. Een dronken, wat oudere man had het hoogste woord. Dat het een stel lafbekken was hier in het dorp, dat niemand durfde, dat als het erop aankwam iedereen rechtsomkeert zou maken, als hij nog jong was, dan wist hij het wel... Zo pruttelde de bijeenkomst een tijdje door, totdat een man in de hoek van de saloon het woord nam. 'Wie gaat er mee?' Stilte. Niemand durfde te reageren. 'Wie gaat er mee?' herhaalde de man zijn vraag. Opnieuw een ongemakkelijke stilte. 'Zie je wel, niemand gaat met je mee, ik zei het toch,' riep de dronken man. 'Het kan me niet schelen met hoeveel we gaan, ik ga,' herhaalde de held van de film. Schuchter meldden zich twee mannen. Nu waren er drie die bereid waren te gaan, bij lange na niet genoeg om de bandieten te verslaan. Maar het drietal liep naar buiten, de paarden werden opgetuigd, spullen verzameld en voordat het gezelschap vertrokken was, dienden zich nog een vierde en een vijfde man aan. De expeditie werd menens, kreeg kans van slagen. Toen de mannen het dorp uit reden was de groep inmiddels uitgegroeid tot een man of tien. En terwijl in de film de muziek aanzwol, sloten zich links en rechts eerst tientallen, en later van andere dorpen honderden mannen en vrouwen aan, op weg naar de bandieten. En uiteindelijk was de groep zo groot, dat er geen bloed hoefde te vloeien om verlost te zijn van de bandieten. Ze waren gevlucht. Het enige wat daarvoor nodig was, was de moed van één man.

Ja zeggen tegen een handeling, project of plan van grote orde vergt soms een grote innerlijke moed. Of moed, misschien is een beter woord *vertrouwen*. Weten dat dit de beste beslissing is, sterker nog, dat het je bestemming is dit te doen. En dat als je die keus maakt, het dan ook wel vanzelf goed zal komen. Gelukkig zijn we niet geboren om verstandige beslissingen te nemen of aardig gevonden te worden. Liever staand gestorven dan op de knieën geleefd.

*

Een tien jaar oude jongen bezocht een vioolleraar voor zijn eerste les. De leraar vroeg: 'Heb je weleens een appel zien groeien?' De jongen wist niet zo goed wat hij moest antwoorden. 'Kijk,' vervolgde de leraar, 'met appels is het net als met vioolspelen. Appels groeien zo langzaam dat je dat niet ziet. Zo is het ook met vioolspelen. Als je dagelijks oefent zie je de groei niet van dag tot dag. Maar toch groei je.'[49]

# Deel III
# Helikopterplatform

*

Bij een genererende of creërende
houding zijn de omstandigheden niet de
dominante factor. Dat ben jij.
De omstandigheden zijn slechts beginpunt.[50]

# Ja-maar, wat als alles lukt?

*Doe alles met zoveel ernst alsof het*
*voortbestaan van het universum ervan afhangt*
*en glimlach tegelijkertijd omdat je beseft dat het een illusie is*
*te denken dat het ook maar enig verschil zou uitmaken.*
[BOEDDHISTISCH GEZEGDE]

*Ja-maar, wat als alles lukt?* is de titel van dit boek. Tja, wat als alles lukt? Wat dan? Welk antwoord zou jij geven? Krijg je dan de man van je dromen? Het leukste werk dat er is? Een tweede huis op Bora Bora? En zul je dan 'gelukkig zijn'? Er is veel onderzoek naar gedaan. Naar geluk. Voor velen is geluk het hoogste doel in het leven. Vandaar even een korte rondleiding langs de geluksindustrie.

Wat kunnen we met zekerheid over geluk zeggen? Inmiddels heel wat, er is uitgebreid onderzoek naar gedaan. Bijvoorbeeld dat de kans dat je gelukkig bent groter wordt als je getrouwd bent. Een vaste relatie hebt. Stellen zijn gemiddeld gelukkiger dan alleenstaanden. Maar de statistieken zijn (helaas) gemiddelden. Er bestaan immers zeer veel ongelukkige stellen en andersom voldoende gelukkige singles. Dus trouwen om gelukkig te zijn is absoluut geen garantie voor geluk. Geld dan? Worden we daar gelukkig van? Wel, armoede maakt *ongelukkig*, dat weten we. Naarmate mensen minder arm zijn, worden ze minder ongelukkig. Jezelf uit de armoede omhoogwerken heeft dus zeker zin. Maar vanaf een bepaald punt worden we van meer geld op zich niet significant gelukkiger. Hier doet de wet van de afnemende meeropbrengst zijn intrede. Eerst neemt het geluk met het toenemen van het inkomen ook toe, maar vanaf een bepaald punt vlakt de gelukscurve af.[51] Voor winnaars van loterijen geldt een vergelijkbare curve. Sterker nog, in het begin, als ze hun prijs net hebben gewonnen, zijn ze – van alle stress die de geldprijs veroorzaakt – zelfs *ongelukkiger*.[52]

Vrouw of man zijn dan, maakt dat uit? Wel, vrouwen hebben gemiddeld twee keer zoveel last van depressies, ze hebben ook vaker negatieve gevoelens dan mannen. Maar daar staat weer tegenover dat vrouwen ook veel meer *positieve* gevoelens hebben dan mannen. Ze *voelen* gewoon meer. Tja. Het is maar wat je wilt. Verhuizen naar een land met een fijn klimaat dan? Je kunt toch heel depressief worden van regen? Helaas, ook het klimaat heeft geen significant effect op ons geluksgevoel. De hele dag zon betekent niet de hele dag geluk. Kinderen krijgen dan? Dat is toch een diepe wens van velen? Helaas. Ook kinderen krijgen levert niet een significant groter geluksgevoel op. Sterker nog, uit sommige onderzoeken blijkt zelfs dat het krijgen van kinderen wat *minder* gelukkig maakt. Hoe zit het dan met een ongelukkige jeugd? Maakt die ons later ook minder gelukkig? Ook hier is het antwoord nee. Mensen met een zeer ongelukkige jeugd kunnen later een zeer gelukkig leven leiden. Andersom idem dito. Mensen met een gelukkige jeugd kunnen later een zeer ongelukkig leven leiden.

Wat we weer wél met zekerheid kunnen zeggen is dat mensen in individualistische samenlevingen gemiddeld duidelijk *gelukkiger* zijn dan in samenlevingen met een sterke nadruk op het collectief.[53] In die zin heeft emigreren van Japan naar Amerika dus weer wel zin. Ten slotte blijken mensen die een religie aanhangen gemiddeld genomen gelukkiger te zijn dan atheïsten. Hun depressieniveau ligt lager en ze kunnen beter tegenslagen verwerken. Dat je het maar weet.

Alhoewel veel factoren dus in meer of mindere mate ons geluk kunnen beïnvloeden, maken ze volgens psychologen samen niet meer dan tussen de 8 en 15 procent van ons levensgeluk uit. Ze hebben slechts een geringe invloed. 'Dat is groot nieuws voor mensen die denken dat het door hun omstandigheden komt dat ze niet gelukkig zijn,' aldus Martin Seligman.[54] Naar zijn overtuiging kunnen we ons geluksgevoel binnen een bepaalde bandbreedte beïnvloeden, maar die beïnvloeding verloopt minder simpel dan we misschien zouden willen. We kunnen verhuizen, trouwen, geld verdienen wat we willen, een *garantie* op geluk is helaas niet te geven.

Dit alles roept – als vanzelf – een fundamentele vraag op: is het wel verstandig, of beter nog, is het wel praktisch om *geluk* als doel na te streven? En zo niet, waar zouden we dán in het leven naar moeten streven? Rond welk idee, principe of doel zouden we ons leven dan nog kunnen of moeten organiseren?

Veel vragen. Eerst maar de eerste. Moeten we ermee ophouden geluk na te streven? Ik zou zeggen, ja. Wat mij betreft, hang het geluk maar aan de wilgen. Het is als streven naar je blij voelen van een pianoconcert. Daarvan wisten we ook al dat het niet werkt. Hoe meer geluk je probeert te ervaren, des te minder zal het je lukken. Sterker nog, op het moment dat je gaat streven naar geluk, geef je jezelf op precies dat moment de overtuiging dat je blijkbaar níét gelukkig bent. De zoektocht op zichzelf geeft je de boodschap dat je blijkbaar nog iets mist. Als het geluk komt, komt het bij toeval. Als gratis bijproduct. Kortom, vergeet het onderwerp 'geluk'. Over geluk is heel veel onderzoek gedaan, zelfs Martin Seligman, de grondlegger van de positieve psychologie en deskundige op het gebied van geluk, komt na jaren onderzoek tot de conclusie dat het *nastreven* van geluk iets is waar we ons eigenlijk niet te veel mee bezig moeten houden. Je zou ook kunnen zeggen: de eerste stap op weg naar het bereiken van geluk is het stoppen met zoeken ernaar.

*

Maar ja, wat dan wel? Wat moeten we dan tot het organiserend principe in ons leven maken? Wat is de spil, de as, de essentie van dit leven? Hoe kunnen we meten of we het goed doen of goed gedaan hebben? Als ik straks aan het eind van dit leven terugkijk, hoe kan ik dan beoordelen of ik 'goed' geleefd heb of niet? Helaas is het antwoord dat er hoe dan ook *niets* is wat je leven per definitie richting, structuur of zekerheid kan bieden. Alles wat je bedenkt komt en gaat. Net zoals gevoelens, gedachten, emoties en geluk. Elk verhaal dat je bedenkt over waar dit leven over zou kunnen of moeten gaan, is een verhaal. Een vertelling. Zolang je erin gelooft, geeft het je leven richting en duidelijkheid. Prima. Zodra je eraan twijfelt, zul je meteen het gevoel hebben alsof de basis uit je bestaan valt. De tragiek is, als je het gaat zoeken in woorden, overtuigingen, doelen, zul je moeten constateren dat er helemaal geen vaste basis is.

Hebben we dan geen enkel anker of zekerheid? Natuurlijk wel! We hebben van moment tot moment de vrijheid om te kiezen hoe we op onze omgeving reageren. Wij zijn. Elk moment. En altijd. 'Zijn' is het hoofdstuk waarmee dit boek – niet voor niets – begonnen is. Het is het meest onzichtbare deel van ons leven, ons bewustzijn, tegelijkertijd is het onze rots in de branding. Wat er ook gebeurt, we zijn. Sterker nog, het is het enige wat niemand ons af kan nemen. Ons huis kan afbranden, ons huwelijk kan stranden, we kunnen in een depressie belanden, maar achter al die uiterlijk heftige schommelingen ligt de kalmte, de vrede van het *zijn.* Op de meest cruciale momenten in ons leven kunnen we naar die kalmte terugkeren. In dit zijn heerst de stilte en de *vrijheid* om van moment tot moment te kiezen wat we *doen.* Zo schrijft Viktor Frankl: 'Wij die in de concentratiekampen hebben geleefd, kunnen ons de mensen herinneren die door de barakken liepen terwijl ze anderen verzorgden, hun laatste stuk brood weggevend. Misschien waren het er niet veel, maar ze leverden voldoende bewijs dat men een mens alles kan afnemen op één ding na: de essentie van de menselijke vrijheid – de vrijheid om te kiezen hoe je op elke gegeven situatie zult reageren.'*

Achter alle drukte van het bestaan ligt een kalmte, een vrede, een vrijheid waar we altijd naar terug kunnen keren. Het is niet iets waar we naar hoeven te zoeken. Het ligt er. Stevig verankerd in wie we zijn. We kunnen er elk moment dat we willen naar terugkeren. Zodra we volledig ja kunnen zeggen tegen alles wat er is – zowel onze buitenwereld als onze binnenwereld – als we alles wat er is *accepteren*, dus zowel onze verlangens als onze huidige werkelijkheid, zowel andere mensen als onszelf, zowel het verleden als de toekomst, op precies dat moment ervaren we de kalmte en rust die we altijd en per definitie in ons meedragen. We hoeven er niet naar op zoek, we kunnen het zelfs niet kwijtraken. En dus is het ook onzin ernaar te streven als doel. Waarom zou je streven naar iets wat je al hebt? Sterker nog, waarom zou je naar iets zoeken terwijl dat in essentie is *wie je bent*. Het enige wat je hoeft te doen op de momenten dat je verdwaald bent, als je drukdoende bent, in paniek of onrustig bent, is je realiseren dat je het blijkbaar tijdelijk *vergeten* bent. Byron Katie zegt daarover: 'Het enige moment waarop we lijden is als we een gedachte geloven die in strijd is met dat wat is. Ik ben een liefhebber van wat is. Niet omdat ik een spiritueel mens ben, maar omdat het pijn doet als ik vecht tegen de realiteit. Als je wilt dat de realiteit anders is dan zij is, kun je net zo goed proberen een kat te laten blaffen. Je kunt het blijven proberen en uiteindelijk zal de kat je aankijken en "miauw" zeggen. Als ik mezelf tegen de realiteit verzet verlies ik. Altijd.'

---

* Viktor Emil Frankl (1905-1997) was naast een beroemd Oostenrijks neuroloog en psychiater – hij is onder andere de grondlegger van de logotherapie – eveneens bekend als overlevende van de concentratiekampen. Op 25 september 1942 werd hij samen met zijn vrouw en ouders gedeporteerd naar concentratiekamp Theresienstadt. Later werd hij overgeplaatst naar Auschwitz en Türkheim, een concentratiekamp nabij Dachau. Op 27 april werd Frankl bevrijd door de Amerikanen. Al zijn familieleden zijn omgekomen, behalve zijn zus, die er tijdig in geslaagd was naar Oostenrijk te vluchten.

*

Nou klinkt dit allemaal prachtig, en als je op een steen mediteert in India of volkomen ontspannen met een kopje thee in je hand uitkijkt over een zee met ondergaande zon, is het misschien mogelijk deze staat van zijn te bereiken, maar het wordt een stuk moeilijker als we ook ja zeggen tegen onze verlangens en doelen. De dingen die we willen *bereiken.* Hoe kunnen we vredig zijn in het moment én tegelijkertijd ontspannen blijven bij de gedachte dat we nog van alles willen realiseren dat er *nog niet* is? Dat geeft toch per definitie spanning? Wel, dat is zo. En ik geloof er ook niet in, zoals sommige 'spirituele' mensen beweren, dat we dus maar niet meer moeten verlangen. En dat verlangen 'de bron' van al het lijden is. Ik weet niet hoe het met jou, lezer, is, maar als ik voor mezelf spreek: verlangen is een natuurlijk onderdeel van wie ik ben. Mijn verlangen amputeren, onderdrukken of loslaten lijkt me net zoiets als tegen een boom zeggen dat hij niet meer moet groeien.

Maar is verlangen per definitie een probleem? Leidt het per definitie tot 'lijden'? Is het in principe een probleem ja te zeggen tegen dat wat is en tegelijkertijd ja te zeggen tegen dat waar je naar verlangt? Nee, natuurlijk niet! Er is namelijk een eenvoudige oplossing van dit dilemma. Zeg simpelweg ja tegen de spanning die deze twee uitspraken oproepen. Dus: zeg ja tegen dat wat is, zeg ja tegen dat wat zou kunnen zijn en zeg tegelijkertijd ja tegen de spanning *tussen deze twee uitspraken.* En op dat moment is er rust. Op dat moment ben je in harmonie met wie je bent.

Als je zo kunt leven, leef je als een 'stromende rivier'. Je zou kunnen denken, het doel van een rivier is de zee. Maar voor een rivier gaat het er niet om ergens uit te komen. Het gaat er ook niet om ergens van weg te gaan. Het stromen op zichzelf is een staat van zijn. De zee is niet het doel, het is eerder de *bestemming.* En als deze bestemming bereikt is (de zee), ontstaat er als vanzelf een nieuw doel, namelijk om te verdampen, wolken te vormen en te regenen. Het ligt niet in de aard van de rivier bergopwaarts te stromen, het ligt ook niet in de aard van de rivier te 'streven' naar de zee. Er is ook geen verschil in waarde, nut of betekenis tussen deze verschillende stadia. Het water is niet waardevoller dan de rivier of de wolk. Net zoals een bloem niet meer waard is dan een zaadje. Ze zijn een gelijkwaardig onderdeel van een proces. De rivier stroomt gewoon, als vanzelf. Zo kunnen wij ook in plaats van te streven naar het bereiken van doelen, ons als vanzelf door onze doelen, onze bestemming, laten aantrekken. Als we de dingen doen die ons inspireren, kan het niet anders of ons leven komt in beweging. Doelen bereiken gaat op wilskracht. Onze aandacht ligt in de toekomst. Waar we naartoe willen. Als we vanuit verlangen handelen, ons vereenzelvigen met onze bestemming, ontstaat een beweging vanuit het hier en nu. We stromen vanzelf. Als een rivier. Een natuurlijke *flow.*

*

Tussen wie we in essentie *zijn* en wat we *doen* stel ik me een pijp voor. Onderaan bevindt zich het zijn, de bron, bovenaan het doen, de fontein, datgene wat wij in het leven creëren. Daartussen bevinden zich de acht andere ja's. Als het goed is spuit al het water van beneden naar boven. Zonder weerstand. Maar hoe meer ja-maar-gedrag we vertonen, des te meer gaten zal de pijp vertonen. En des te minder krachtig zal de fontein spuiten.

Als het gaat om de relatie tussen zijn en doen, is een veel geciteerde gedachte de omkering van een rijtje van drie werkwoorden: hebben-doen-zijn. De achterliggende gedachte ligt in het verlengde van de metafoor van de pijp met de bron en de fontein. We zijn geneigd te leven vanuit de logica van hebben-doen-zijn. Dit zou je de ja-maar-levenshouding kunnen noemen: als ik maar genoeg *heb* (geld, een relatie, een huis, kinderen, een zwitserlevenpensioen), dan zal ik daarna leuke dingen kunnen *doen* (vakantie, een dagje naar de Efteling, een wereldreis), en als ik leuke dingen doe, dan zal ik uiteindelijk ook gelukkig *zijn*. Ja-maar-denken redeneert volgens deze hebben-doen-zijn-logica. Het is een dwangmatige en onvrije keten. Om iets te *zijn* moet je namelijk eerst iets *doen*. En om dingen te kunnen doen, moet je eerst een aantal voorwaarden *hebben*. Het is een voorwaardelijke, conditionele manier van denken.

Hoe zou het zijn als we de keten omkeren? Dus: zijn-doen-hebben. Als we ja zeggen tegen het feit dat we zijn, als we accepteren dat we *zijn*, perfect en volmaakt zoals en hoe we zijn, en vanuit die staat de dingen gaan *doen* waar we naar verlangen, zullen we als vanzelf datgene ontvangen wat we daarvoor nodig *hebben*. De omkering is gelijk aan het beeld van de pijp. Van zijn naar doen. Van een doelgericht naar een bestemmingsgericht leven. Met 'hebben' als bonus.

Het aardige is dat deze gedachtegang wordt bekrachtigd door het hiervoor al besproken onderzoek dat de Amerikaanse psycholoog Csikszentmihalyi heeft gedaan naar de 'zijnstoestand' van geluk. Zoals gezegd, we blijken ons het gelukkigst te voelen als we datgene doen wat zich bevindt in het gebied tussen spanning en stress. Geluk is een bijproduct van het opgaan in wat we doen. In de ogen van Csikszentmihalyi is geluk dan ook geen extern gegeven wat ons toevalt, zoals de prins op het witte paard of de zak met geld van de staatsloterij. 'Flow,' zo stelt hij, 'is niet via een sluiproute te verkrijgen.' Kortom, alles wijst erop dat de ervaring van geluk het *bijeffect* is van de zijn-doen-hebben-route.

*

En succes dan? Bezit, rijkdom, geld. Hoe staat het daar dan mee? *Hebben* is op zichzelf toch prima? Is het niet ook een teken van maatschappelijk succes? Mogen we daar dan niet naar streven? Wel, zoals we al gezien hebben, rijkdom is – als het gaat om geluk – helaas onderworpen aan de wet van de afnemende meeropbrengst. Het maakt vanaf een bepaald punt niet zoveel meer uit hoeveel geld je hebt. Als je dus rijk wilt worden om gelukkig te zijn, als dat je voornaamste doel is, zul je bedrogen uitkomen. En toch is er over succes in de zin van rijkdom en geld nog iets aardigs te zeggen. De grap is namelijk, als je gaat leven vanuit de zijn-doen-hebben-modus, neemt niet alleen de kans op geluk, maar ook de kans op succes toe. Jim Collins heeft in een langjarig onderzoek Amerikaanse bedrijven gevolgd die het financieel significant beter deden dan hun naaste concurrenten. En wat bleek? Al deze bedrijven voldeden aan drie voorwaarden. De eerste twee zijn voor de hand liggend. Ten eerste deden ze waar ze *goed* in waren. Logisch. Open deur. Ten tweede deden ze waar de markt behoefte aan had. Waar klanten voor waren. Ook dat is gesneden koek. Tot zover niets nieuws onder de zon. De derde variabele is echter – zeker in het kader van dit boek – van belang. Al deze bedrijven deden wat ze deden met *passie.* De mensen die er werkten gingen ervoor. Als er nieuwe boekhoudprogramma's ontworpen moesten worden, dan ontwierp men met passie nieuwe boekhoudprogramma's. En als men luiers maakte, dan maakte men met passie luiers. Het was het intense verlangen van medewerkers van deze bedrijven *te doen wat ze deden.* Collins komt op grond van zijn onderzoek dan ook tot de conclusie dat goede bedrijven doen waar ze goed in zijn, maar dat geweldige bedrijven bovendien doen waar ze intens naar verlangen. Passie is de doorslaggevende succesfactor.[55] Het lijkt aannemelijk dat deze conclusie ook op het persoonlijke vlak getrokken kan worden. Wie met passie doet wat hij doet, zal immers als vanzelf harder werken, langer doorzetten en minder snel opgeven. Wie gedreven is heeft simpelweg meer energie. Kortom, de kans is groot dat ook succes het makkelijkst ontstaat als *bijeffect* van de zijn-doen-hebben-route.

*

Deze gedachtegang – van zijn en doen naar hebben – begrijpen is niet zo moeilijk. Maar er dagelijks naar *leven* is iets heel anders. Voor we het weten zijn we namelijk níét in het moment. Binnen de kortste keren kunnen we door de eerste de beste tegenslag uit een staat van zijn geslingerd worden. Zo belandde ik een keer midden in de nacht op een verlaten benzinestation. Ik had gewerkt, was moe, wilde het liefst snel naar huis. Ik moest tanken, maar de pomp reageerde niet. Ik deed de slang terug in de houder en nam hem opnieuw uit de houder. Opnieuw geen reactie. Was de pomp mogelijk niet vrijgegeven? Ik zwaaide naar de man achter de kassa. Hij zag me niet. Ik zwaaide nog een keer. Nog steeds geen reactie. Ik liep geïrriteerd naar binnen. 'Is pomp elf misschien niet vrijgegeven?' De man keek voor zich. 'Ja, dat klopt. Ik zal hem aandoen,' antwoordde hij. Ik liep naar buiten, nam de benzineslang nogmaals uit de houder, maar het vertrouwde geluid dat ik kon gaan tanken was nog steeds niet te horen. Ik deed de slang nogmaals in de houder, haalde hem er weer uit, opnieuw gebeurde er niks. Blijkbaar was de pomp nog steeds niet vrijgegeven. Mijn ergernis nam toe.

Ik haalde adem en probeerde mijn irritatie te relativeren. Oké, dacht ik bij mezelf, dit is irritant, maar laat ik mezelf eens bewust de opdracht geven om te kijken naar de dingen die op dit moment wél goed gaan. Die gedachte had zich nog maar nauwelijks gevormd, of een schier oneindige reeks 'successen' trok aan mijn geestesoog voorbij. Van dat wat er wél was. Er was sowieso benzine te krijgen. In overvloed. In hoeveel landen staan mensen met jerrycans de hele dag tevergeefs in de rij? Er was een toilet, ik kon koffie krijgen, broodjes, lekkers, tijdschriften. De verlichting deed het, mijn auto was in orde. Zo raasde het door mijn hoofd. Alles om me heen was een perfecte wereld van dingen die het allemaal deden. En ik stond me op te winden over één ding. Over een benzinepomp die nog niet was vrijgegeven. En waarom? Moest ik ergens aan het front verschijnen? Zo mijmerde ik door. Ik was al helemaal gelukkig aan het worden bij dit verlaten benzinestation. Tot ik in mijn ooghoek een man in de deuropening zag gebaren. De bediende. 'U kunt tanken!' De schat. Helemaal naar buiten gekomen. Voor mij.

Al die keren dat we in ons leven geneigd zijn te kijken naar de dingen die niet goed zijn, kan het bevrijdend zijn simpelweg de aandacht te verleggen naar wat er wél is. Een subtiele, voortdurende accentverschuiving van ja-maar naar ja-en. Harrie en Marieke konden geen Franse bistro vinden. Maar wat was er allemaal wél? Wat zouden ze gezien hebben als ze hun aandacht verlegd hadden?

Als je in de file staat kun je je ergeren aan de drukte, de rook, het lawaai. Je kunt ook genieten van de gedachte dat al deze mensen samen duizenden plannen, wensen en ambities hebben. Levens. Ze willen ergens heen om te werken, te recreëren, te communiceren. Hun geliefde te bezoeken. Hun inspanningen houden deze wereld gaande. Houden jouw leven gaande. En dan kun je in plaats van een file opeens een zilvergrijs lint van honderden auto's zien, die in de ochtendnevel het prille zonlicht weerkaatsen. Schoonheid is overal. Het ligt besloten in hoe we kijken.

*

Tot slot. Zoals gezegd, het is de kunst de dingen te doen vanuit een staat van 'niets moet, alles mag'. Ga de dingen doen waar je ten diepste naar verlangt. Maar... daarmee hou ik geen pleidooi voor nonchalance of gemakzucht. Alsof het er allemaal niet toe zou doen. Integendeel. Het leven wordt er namelijk wel zo leuk op als je de dingen doet die liggen in het gebied tussen spanning en stress. Die we spannend en uitdagend vinden. Vervolgens is het de kunst om het met zo veel mogelijk *overgave* te doen. Er helemaal in op te gaan. Alsof je leven ervan afhangt. Dus als je een relatie begint, begin een relatie. Ga ervoor. Helemaal. Als je op het altaar staat en je gevraagd wordt of je deze man of vrouw tot je wettige echtgenoot of -note neemt, zeg dan ja. Helemaal. Als je vader wordt, word dan ook vader. Als je een huis koopt, koop dan een huis. En als je gaat voetballen, ga dan ook voetballen. Leef het leven met passie. Waarom? Daarom! Verder niet. Het leven is gewoon leuker als je het *leeft*. Al was het maar omdat de kans op geluk en succes als bijproducten toeneemt. Dus als je gaat pimpampetten, ga dan ook pimpampetten. Als je antieke Friese staartklokken gaat verzamelen, ga dan ook antieke Friese staartklokken verzamelen. Zeg er ten diepste ja tegen. Als je het doet, doe het dan ook goed. Alleen… doe het volledig in het besef dat het een spel is. Niet in de zin van spelletje, maar spel in de zin van jouw verhaal, waarheid, vertelling, nut of zin. Het is jouw constructie, jouw leven. Het dient verder nergens toe. Er is geen heilig moeten, geen dwingend voorschrift of hoger doel – zelfs geluk niet – dat behaald zou moeten worden. Er is geen als-danconstructie. Wees ook niet bang om fouten te maken. Fouten maken is een cruciaal onderdeel van het spel. Sterker nog, creatieve mensen maken *meer* fouten dan minder inventieve mensen. Veel meer zelfs.[56] Maar als je het speelt, speel het vol overgave en overtuiging. In de wetenschap dat het spel van een *hogere orde* is dan de ernst. Immers, 'ernst tracht spel uit te sluiten, maar spel kan zeer wel de ernst insluiten'.[57]

*

En als het spel is afgelopen, de staartklokkenverzameling in vlammen opgaat of je geliefde overlijdt, wees verdrietig, boos of kwaad. Elk spel heeft een begin en een einde. Regelmatig moet je in het leven als een hond die in het water is gevallen je haren uitschudden en verder trekken. Maar zodra je verder trekt, doe het met overgave. Niet meer. En zeker niet minder. Wat als alles lukt? Lachen toch!

**Ja-maar**
als ik pimpampet
dan ben ik gelukkig.

**Ja-en**
als ik pimpampet,
pimpampet ik.

# Deel IV
# Bagage

*

Toen de Israëlieten voor het eerst oog in oog stonden met de reus Goliath was hun reactie: ‘Die is zo groot, die kunnen we nooit verslaan.’ David sprak echter: ‘Die is zo groot, die kan ik nooit missen.’

# Literatuur

## Creativiteit


ABRAHAMSON, ERIC en DAVID FREEDMAN, *De Wet van de Stimulerende Wanorde.* Uitgeverij Mouria, 2007.

ARDEN, PAUL, *Wat je ook denkt, keer het om*, Spectrum, 2007.

ARDEN, PAUL, *Kunnen is zilver, willen is goud*, Spectrum, 2007.

BAKKER, HAN, *Creatief Denken*, Uitgeverij Nelissen, 1998.

BLACK, OCTAVIUS en SEBASTIAN BALLY, *The Mind Gym*, A.W. Bruna Uitgevers B.V., 2006.

BONO, EDWARD DE, *Simplicity*, Penguin Books, 1998.

BONO, EDWARD DE, *Denken over denken*, Lannoo Mimesis, 1995.

BONO, EDWARD DE, *Lateral Thinking*, Penguin Books, 1970.

BOSHOUWERS, STAN, *Handboek voor hemelbestormers*, Thema, 2005.

BRAAK, HANS VAN DE, *Ontsnappingskunst*, Amsterdam University Press, 2002.

CLAXTON, GUY; BILL LUCAS, *Ontdek je creativiteit*, Thema, 2004.

CLAXTON, GUY, *Hare Brain, Tortoise Mind: How Intelligence Increases When You Think Less*, Fourth Estate, 1997.

EASTAWAY, ROB, *Creatief denken*, Forte, 2008.

FISHTER, ROGER en WILLIAM URY, *Getting to Yes: Negotiating an Agreement Without Giving In*, Random House Business Books, 2007.

FLORIDA, RICHARD, *The Rise of the Creative Class*, Basic Books, 2002.

GUNSTER, BERTHOLD, *Huh?! De techniek van het omdenken*, A.W. Bruna Uitgevers B.V., 2008.

GUNTERN, GOTLIEB, *Het ongelijk van de patrijs: zeven gouden regels ter bevordering van de creativiteit*, Lannoo, 1996.

HAFKAMP, KOOS, *Creatief denken*, Academic Service, 2005.

KNOOPE, MARINUS, *De creatiespiraal*, KIC Nijmegen, 1998.

LEWIN, ROGER, *Complexiteit, het grensgebied van de chaos*, Uitgeverij Contact, 1993.

MAEDA, JOHN, *The laws of simplicity*, MIT Press, 2006.
OECH, ROGER VON, *Creative Whack Pack* (kaartspel), US Games Systems Inc., Stamford.
PARKER, GEORGE, *Het grote boek van de creativiteit*, Archipel, 2004.
PINK, DANIEL, *A Whole New Mind*, Riverhead Books, 2005.
POLET, SYBREN, *De creatieve factor*, Wereldbibliotheek Amsterdam, 1995.
TROMPENAARS, FRANS, *Creativiteit en innovatie*, Nieuw Amsterdam Uitgevers, 2007.

## Gezondheid, geluk

CARTER-SCOTT, CHÉRIE, *Als het leven een spel is, dan zijn dit de regels*, Forum, 2003.
CARTER-SCOTT, CHÉRIE, *Als de liefde een spel is, dan zijn dit de regels*, Forum, 2006.
CLIFTON, DONALD O. en MARCUS BUCKINGHAM, *Now, Discover Your Strengths*, Simon & Schuster, 2001.
FERRIS, TIMOTHY, *The 4-Hour Workweek*, Random House Inc., 2007.
FRITZ, ROBERT, *Je leven als kunst*, Ankh-Hermes, 2005.
GLADWELL, MALCOLM, *Uitblinkers*, Uitgeverij Contact, 2008.
GLOUBERMAN, DINA, *Burnout; hoe het einde van de wereld een nieuw begin kan zijn*, Forum, 2003.
KALSE, JOHN, *De kracht van ja*, Uitgeverij Ankh-Hermes bv, 2004.
KATIE, BYRON, *Vier levensvragen die je leven veranderen*, Forum, 2007.
KAUFMAN, BARRY NEIL, *Sonrise*, New World Library, 1994.
RICHO, DAVID, *The Five Things We Cannot Change*, Shambala, 2006.
RIDDER, WILLEM DE, *Handboek spiegelogie*, Uitgeverij de Zaak, 1999.
SCHAPER, FRANK, *Geen tijd voor burnout*, Scriptum Psychologie, 2004.

## Psychologie

BOHM, DAVID, *On Dialogue*, Routledge, 1996.

BELITZ, CHARLENE en MEG LUNDTSTROM, *The Power of Flow*, Three Rivers Press, 1999.

BERNE, ERIC, *Games People Play, the basic handbook of transactional analysis*, Ballantine Publishing Group, 1964.

BRIZENDINE, LOUANN, *The Female Brain*, Kindle Edition, 2007.

CIALDINI, ROBERT B., *Invloed*, Uitgeverij Nieuwezijds, 2001.

COLEMAN, DANIEL, *Sociale Intelligentie*, Uitgeverij Contact, 2007.

CSIKSZENTMIHALYI, MIHALY, *Creativiteit*, Uitgeverij Boom, 1998.

CSIKSZENTMIHALYI, MIHALY, *Flow*, Uitgeverij Boom, 1999.

COOPERRIDER, DAVID e.a., *Appreciative Inquiry Handbook*, Berrett Koehler, 2008.

DIEKSTRA, RENÉ F.W., *De kwestie van geluk*, Karakter, 2002.

DIJKSTERHUIS, AP, *Het slimme onbewuste*, Uitgeverij Bert Bakker, 2007.

ERICKSON, MILTON H., *Mijn stem gaat met je mee*, Karnak, 1987.

FRITZ, ROBERT, *De weg van de minste weerstand*, Ankh-Hermes, 1999.

GILBERT, DANIEL, *Stumbling on happiness*, HarperCollins Publishers, new edition, 2007.

GLADWELL, MALCOLM, *Intuïtie*, Uitgeverij Contact, 2005.

GLADWELL, MALCOLM, *Het beslissende moment*, Uitgeverij Contact, 2006.

GOLEMAN, DANIEL, *Emotionele Intelligentie*, Uitgeverij Contact, 1996.

GOLEMAN, DANIEL, *Sociale Intelligentie*, Uitgeverij Contact, 2007.

PLOMP, JOLET, *Loslaten kun je leren*, Spectrum, 2008.

RAMACHANDRA, V. en SANDRA BLAKESLEE, *Het bizarre brein*, Kosmos Uitgevers, 1998.

RASSIN, ERIC, *Waarom ik altijd gelijk heb: over tunnelvisie*, Scriptum Psychologie, 2007.

ROBBINS, ANTHONY, *Awaken the Giant Within*, Simon & Schuster Ltd, 1991.
SACKS, OLIVER, *De man die zijn vrouw voor een hoed hield*, Meulenhoff, 1986.
SCHWARZ, BARRY, *The Paradox of Choice: Why More is Less*, HarperCollins Publishers Inc., 2004.
SEGERSTROM, SUZANNE C. *Optimisme*, Uitgeverij Nieuwezijds, 2007.
SELIGMAN, MARTIN E.P., *Gelukkig zijn kun je leren*, Spectrum, 2002.
SITSKOORN, MARGRIET, *Het maakbare brein*, Uitgever Bert Bakker, 2007.
SUROWIECKI, JAMES, *The Wisdom of Crowds: Why the Many Are Smarter Than the Few and How Collective Wisdom Shapes Business*, Random House Inc., 2004.
URY, WILLIAM, *De kracht van Nee!*, Business Contact, 2007.
WATZLAWICK, PAUL en SASHIA HULSMAN, *Geluk is ook niet alles*: een handleiding voor ongelukzoekers, Van Loghum Slaterus, 1983.
WATZLAWICK, PAUL e.a., *Het kan anders*, Bohn Stafleu Van Loghum, 1974.
WIJNBERG, JEFFREY, *Gekker dan gek – Hoe provocatieve therapie werkt*, Scriptum Psychologie, 2004.
WIJNBERG, JEFFREY, *In het diepste van de ziel is niets te vinden*, Scriptum, 2003.
WISEMAN, RICHARD, *Zie jij de gorilla?*, A.W. Bruna Uitgevers B.V., 2005.
WISEMAN, RICHARD, *De geluksfactor*, Meulenhoff, 2003.
WISEMAN, RICHARD, *Quirkology, Onalledaags onderzoek naar ons dagelijks leven*, A.W. Bruna Uitgevers B.V., 2008.

## Management

BECKER, HANS MARCEL, *Levenskunst op leeftijd*, Eburon, 2003.
CALUWÉ, LEON DE en HANS VERMAAK, *Leren veranderen*, Samsom, 1999.

COLLINGS, JIM, *Good to Great*, Business Contact, 2004.
COVEY, STEPHEN R., *De zeven eigenschappen van effectief leiderschap*, Business Contact, 2004.
COVEY, STEPHEN R., *De 8ste eigenschap*, Business Contact, 2005.
DEUTSCHMAN, ALAN, *Veranderen doe je zo*, Forum, 2007.
FRITZ, ROBERT en BRUCE BODAKEN, *The Managerial Moment of Truth*, Free Press, 2006.
GODIN, SETH, *De Dip*, A.W. Bruna Uitgevers B.V., 2007.
GREENE, ROBERT, *The 48 Laws of Power*, Penguin Books, 2000.
GROEN, THEO e.a., *Innoveren, begrippen, praktijk, perspectieven*, Uitgeverij het Spectrum, 2006.
HAMMOND, SUE ANNIS, *The Thin Book of Appreciative Inquiry*, 2nd edition, Thin Book Publishing, 1998.
JACOBS, DANY, *Strategie, leve de diversiteit*, Pearson Education Benelux, 2005.
JACKSON, PAUL en MARK MCKERGOW, *Oplossingsgericht denken*, Thema, 2002.
KAPLAN, SARAH en RICHARD N. FOSTER, *Creative Destruction; Why Companies That Are Built to Last Underperform the Market*, Doubleday Publishing, 2001.
LEVITT, STEVEN D. en STEPHEN J. DUBNER, *Freakonomics*, De Bezige Bij, 2006.
MORGAN, GARTH, *Images of Organization*, Newbury Park, Sage, 1986.
PETERS, TOM, *Re-imagine!, Business Excellence in a Disruptive Age*, Dorling Kindersley, 2006.
PETERS, TOM en ROBERT WATERMAN, *Excellente Ondernemingen*, 12e bijgewerkte druk, Uitgeverij Business Contact, 2005.
SEMLER, RICARDO, *Het weekend van zeven dagen*, Forum, 2003.
SENGE, PETER, *The Fifth Discipline*, Random House Business Books; herziene uitgave, 2006.
SENGE, PETER e.a., *The Dance Of Change, The Challenges tot Sustaining Momentum in Learning Organizations,* Doubleday, 1999.

VISSER, COERT, *Doen wat werkt: oplossingsgericht werken in organisaties*, Kluwer, 2005.

## Spiritualiteit, intuïtie

ADRIENNE, CAROL, *Leven als bestemming*, Forum, 1998.
BEGG, DEIKE, *Toevallig wel!?*, Synthese Uitgeverij, 2002.
BELITZ, CHARLENE en MEG LUNDSTROM, *The Power of Flow*, Three Rivers Press, 1998.
CAPRA, FRITJOF, *De tao van fysica*, 1976.
CHOPRA, DEEPAK, *De zeven spirituele wetten van succes*; Becht, 1999.
CHOPRA, DEEPAK, *Synchronisch leven*, Kosmos Uitgevers, 2003.
COELHO, PAULO, *De alchemist*, Arbeiderspers, 1998.
DEWULF, DAVID, *Mindfulness: een pad van vrijheid*, Adecco, 2007.
DREU, JAN DE, *Leef*, Uitgeverij Roozemond, 2003.
GIGERENZER, GERD, *Gut Feelings. The intelligence of the unconscious*, Viking, New York.
HAGEN, STEVE, *Boeddhisme in alle eenvoud*, Uitgeverij J.J.H. Gottmer, 1999.
HARTONG, LEO, *Ontwaken in de droom*, Samsara Uitgeverij, 2003.
HOPCKE, ROBERT H., *De Zin van Toeval*, A.W. Bruna Uitgevers B.V., 1998.
JAWORSKI, JOSEPH, *Synchroniciteit*, Indigo, 2000.
JINPA, GESHE THUPTEN, *De Dalai Lama*, Uitgeverij Bzztôh, 1996.
JOSEPH, H., *Zinvol toeval*, Synthese, 2000.
JUN, CARL GUSTAV, *Synchroniciteit*, Lemniscaat, 2000.
LASZLO, ERWIN, *Kosmische visie*, Ankh-Hermes, 2004.
MAEX, EDEL, *Mindfulness*, Uitgeverij Lannoo, Tiel, 2006.
PERT, CANDACE B., *Molecules of Emotion. Why You feel the Way You Feel*, Pocket Books, 1997.
PERT, CANDACE B., *Everything You Need to know to Feel Go(o)d*, Hay House, 2006.

RICHARD, MATTHIEU, *Gelukkig Leven*, Asoka, 2005.

ROTH, GABRIELE, *Dans het Leven*, Altamira-Becht, 2004.

RUIZ, MIGUEL, *The Four Agreements*, Amber-Allen Publising, 1997.

SENGE, PETER e.a., *Presence*, Academic Service, 2006.

SHELDRAKE, RUPERT, *Chaos, Creativity and Cosmic Consciousness*, Trialog, 2001.

SUZUKI, SHUNRYU, *Zen-begin – Eindeloos met zen beginnen*, 1970.

MCTAGGART, LYNNE, *Het Veld, de zoektocht naar de geheime kracht achter het universum*, Ankh-Hermes, 2007.

MCTAGGART, LYNNE; *Het intentie-experiment*, Ankh-Hermes, 2007.

TOLLE, ECKHART, *De kracht van het nu*, Ankh-Hermes, 2001.

TOLLE, ECKHART, *De stilte spreekt*, Ankh-Hermes, 2003.

TOLLE, ECKHART, *Een nieuwe aarde*, Ankh-Hermes, 2005.

TRAUFETTER, GERALD, *Die Weisheit der Gefühle*, Rowohlt Verlag GmbH, 2007.

WALSCH, DONALD NEALE, *Een ongewoon gesprek met God* (trilogie), Kosmos Uitgevers.

WORLEY, LEE, *Coming From Nothing; The Sacred Art of Acting*, Turquoise Dragon Press, 2001.

## Systeemtheorie

BRYAN, BILL, MICHAEL GOODMAN en JAAP SCHAVELING, *Systeemdenken, ontdekken van onze organisatiepatronen*; Academic Service, 2006.

CHOY, JOEP, *De vraag en het antwoord; systemische interventies voor conflicten in organisaties*, Nisto Publicaties, 2005.

RICHARDSON, GEORGE, *Feedback Thought in Social Science and Systems Theory*, University of Pennsylvania Press, 1990.

RICHARDSON, GEORGE P., *Feedback Thought*, Pegasus Communications, 1991.

SATIR, VIRGINIA, *The New Peoplemaking*, Science and Behavior Books Inc., 1988.

## Theater

BROOK, PETER, *De lege ruimte*; Uitgeverij International Theatre & Film Books, 1993.

JOHSTONE, KEITH, *Impro*; International Theater & Film Books, 1990.

## Algemeen

BRAUNGART, MICHAEL en WILLIAM MCDONOUGH, *Cradle to Cradle*, North Point Press, 2002.

CORNELIS, ARNOLD, *De vertraagde tijd*, Essence, 1999.

HARING, BAS, *De ijzeren wil*, Uitgeverij Houtekiet, 2003.

HARING, BAS, *Voor een echt succesvol leven*, Nijgh & Van Ditmar, 2007.

WALLACE, DANNY, *Ja. De wonderbaarlijke ervaringen van Danny Wallace na zijn besluit op alles JA te zeggen*, Unieboek, 2006.

# Eindnoten

1 Ja-en, *Der Spiegel*, 2 augustus 2005.
2 Angst, *de Volkskrant*, 14 augustus 2004.
3 *The influence of anxiety for social exclusion on prosocial behaviour in groups*, afdeling Sociale Psychologie, VU Amsterdam, opdrachtgever NOW Maatschappij- en Gedragswetenschappen – MaGW, projectleider dr. J.W. Ouwerkerk; leverancier gegevens: Nederlandse Organisatie voor Wetenschappelijk Onderzoek (NWO), 2004.
4 www.ccsd.ca/events/inclusion/papers/dechman.htm.
5 Weggeman, Mathieu; *Waarom zouden we doodgaan?*, Prometheus, 2008, pag. 33.
6 Het citaat is afkomstig van de flaptekst van Peter Venmans' boek *Over de zin van nut*, Uitgeverij Atlas, 2008.
7 Abrahamson, Eric en David Freedman, *De wet van de stimulerende wanorde*, Uitgeverij Mouria, Amsterdam, 2007.
8 Baker Motley, Constance.
9 Maex, Edel; *Mindfulness*, Uitgeverij Lannoo, Tiel, 2006, pag. 85.
10 Tolle, Eckhart; *De kracht van het nu*, Ankh-Hermes, 2001.
11 *Het verstoorde leven: dagboek van Etty Hillesum 1941-1943*, Uitgeverij De Haan, 1981. Het citaat is opgetekend uit *Gelukkig leven* van Matthieu Ricard, Asoka, 2005.
12 Dijksterhuis, Ap; *Het slimme onbewuste*, Uitgeverij Bert Bakker, Amsterdam, 2007.
13 Claxton, Guy; *Hare Brain, Tortoise Mind: How Intelligence Increases When You Think Less*, Fourth Estate, UK, 1997.
14 Senge, Peter, et al., *Presence*, Academic Service, 2006.
15 Claxton, Guy; *Hare Brain, Tortoise Mind: How Intellegence Increases When You Think Less*, Fourth Estate, UK, 1997.
16 Het onderzoek is uitgevoerd door James Ost, psycholoog aan de University of Portsmouth, 2008. Hij presenteerde de uitkomst tijdens het British Association Festival of Science in Liverpool.
17 Darley, J.M. en C.D. Batson; 'From Jerusalem to Jericho; A Study of Situational and Dispositional Variables in Helping Behavior', *Journal of Personality and Social Psychology* 27, pp. 100-108, 1973.
18 Wiseman, Richard; *De Geluksfactor*, Meulenhoff, Amsterdam, 2003, p. 78.
19 Claxton, Guy; *Hare Brain, Tortoise Mind: How Intelligence Increases When You Think Less*, Fourth Estate, 1997, pag. 260.
20 Segerstrom, Suzanne C.; *Optimisme*, Uitgeverij Nieuwezijds, 2007.
21 Brizendine, Louann; *The Female Brain*, 2006.
22 Roth, Gabrielle; *Dans het leven*, Altamira-Becht, 2004, pag. 45.
23 Het project is een idee van de in Duisburg gevestigde gynaecoloog Frank Hoffmann. Bron: *AD*, segment Thema, 19 mei 2008.

24 Glouberman, Dina; *Burnout; hoe het einde van de wereld een nieuw begin kan zijn*, Forum, Amsterdam, 2003.
25 Traufetter, 41.
26 Schooler, J.W., Ariely D. en G. Loewenstein, 'The Pursuit and Assessment of Happiness can be Self-Defeating'; In I. Brocas en J.D. Carillo (Eds.), *The psycho-logy of economic decisions*, deel 1 (pp. 41-70), New York, 2003.
27 Claxton, Guy; *Hazenbrein en Schildpadgeest*, pag. 39 e.v.
28 Malcolm Gladwell, *Intuïtie, de kracht van denken zonder erbij na te denken*, Contact, 2005, pag. 13.
29 Traufetter, Gerald; *Die Weisheit der Gefühle*, Rowohlt Verlag GmbH, 2007, pag. 50.
30 Traufetter, Gerald; *Die Weisheit der Gefühle*, Rowohlt Verlag GmbH, 2007, pag. 189.
31 Traufetter, Gerald; *Die Weisheit der Gefühle*, Rowohlt Verlag GmbH, 2007, pag. 98.
32 Claxton, Guy; *Hare Brain, Tortoise Mind: How Intelligence Increases When You Think Less*, Fourth Estate, 1997, pag. 82.
33 Visser, Coert; *Doen wat werkt: Oplossingsgericht werken in organisaties*, Kluwer, Alphen aan den Rijn, 2005, pag. 23.
34 Buckingham, Marcus; *Ga met je sterke punten aan de slag!*, pag. 38.
35 www.elizabethlayton.com.
36 Naast het boek dat Barry Neil Kaufman schreef maakte de NBC onder de titel *Son-Rise: A Miracle of Love* een film over het levensverhaal van de Kaufmans.
37 Benjamin Hoff, *Tao van Poeh*, Sirius en Siderus, 1985.
38 Brizendine, Louann; *The Female Brain.*
39 Lewis Carolls *Alice in Wonderland.*
40 Steve de Shazer: 'Oorzaken van problemen zijn vaak niet eenvoudigweg het omgekeerde van de oorzaken van succes. Het is goed om te weten wat niet werkt, maar het is pas echt behulpzaam om te weten wat wel werkt.' Bron: Visser, Coert en Gwenda Schlundt Bodien; *Paden naar oplossingen*, pag. 13.
41 Willem van de Put, directeur Health Net International, NRC Zaterdagbijlage van 31 januari 2009.
42 Eckhart Tolle, *De Kracht van het Nu.*
43 Bron: Levenskunst op leeftijd, *Hans Marcel Becker*, Eburon, Delft, 2003, blz. 111.
44 *The Mind Gym*, A.W. Bruna Uitgevers B.V., Utrecht, 2006, pag. 256.
45 NRC, wetenschapsbijlage, 19 juli 2008.
46 De uitspraak is van Jedi Master Yoda, uitgesproken tegen Luke Skywalker in *Star Wars V: The Empire Strikes Back*, 1980.
47 Wiseman, Richard; *De Geluksfactor*, Meulenhoff, Amsterdam, 2003, p. 197 e.v.
48 Mischel et al., 1989; Mischel & Ayduk, 2004.
49 Visser, Coert en Gwenda Schlundt Bodien; *Paden naar oplossingen*, pag. 210.
50 Het citaat is van Robert Fritz.
51 www.loopbaan.nl; interview van Onno van Buuren met Ruut Veenhoven, november 2006.

52 J. Gardner en A.J. Oswald; 'Money and well-being', *Journal of Health Economics*, oktober 2006.
53 www.loopbaan.nl; interview van Onno van Buuren met Ruut Veenhoven, november 2006.
54 Seligman, Martin; *Gelukkig zijn kun je leren*, 2002.
55 Collins, Jim; *Good to Great*, Business Contact, 2004.
56 Kaufman & Ray, 1999.
57 Huizinga, Johan; *Homo Ludens*, 1938.

# Dankwoord

Dit boek zou er in deze vorm niet gekomen zijn zonder de steun van een groot aantal mensen. Allereerst Joost van den Ossenblok van A.W. Bruna Uitgevers B.V. Hij was het die in den beginne voorstelde dat ik een boek zou schrijven. Zonder hem zou ik dat mogelijk nooit bedacht hebben. Dank daarvoor. Marieke Frieling, Johannette van Zoelen, George Parker, Floris Rommerts, Hans Janssen, Ruben Nieuwenhuis, Pieterjan Dwarshuis, Sybren Kuiper, Caroline Buiskool, Job Jansen, Violet Falkenburg, Herberd Prinsen, Paul de Ridder en Geert van den Berg wil ik bedanken voor hun ondersteuning, adviezen en interviews voor de eerste uitgave van dit boek.

En dan de herziene versie. Het bleek een hachelijke onderneming. Regelmatig werd ik overvallen door m'n eigen ja-maars. Waarom? Er is toch al een boek? Wie weet wordt de herziene uitgave alleen maar slechter. Hier zit toch niemand op te wachten?! Gelukkig heb ik me gesteund gevoeld door een aantal intensieve meelezers en -denkers. Voor de tweede uitgave wil ik dan ook Jan Ruigrok, Ruud Tiessen, Willem van Boekel, Bart van der Schaaf, Steye van Dam, Carolien Geurtsen, Wilmie Voortman, Tim Winkel, Job Jansen en Marjo van der Meer bedanken. Hun medeplichtigheid maakte deze versie tot wat hij was. Hopelijk een betere. Zo niet, dan weet je aan wie het ligt.

Mijn zoon Jan Gunster wil ik bedanken voor de vormgeving van deze tweede versie. Wat een genot met je zoon te mogen werken. Lachen. Ten slotte wil ik mijn (zakelijke) partner Annemargreet Dwarshuis bedanken. *The miracle continues…*

Berthold Gunster